EDUCA

教育与中国农村减贫

EDUCATION AND POVERTY ALLEVIATION IN RURAL CHINA

TION POVERTY ALLEVIATION

李强谊 著

前　言

联合国在千年发展目标中将减贫作为首要任务，可见，缓解和消除贫困是国际社会共同的责任与追求。亚当·斯密和西奥多·舒尔茨等经济学家均认为，个人收入在很大程度上取决于他的人力资本水平，而教育对人力资本形成起着至关重要的作用。由此可以看出，提升贫困人口自身素质、自我发展能力等人力资本因素，从而增强其内部“造血”功能，是促进贫困人口摆脱贫困的根本路径。为此，深入研究教育发展的减贫效应，一方面可以扩展教育发展与贫困缓减的研究理论，丰富相关研究成果；另一方面有助于评估贫困家庭“两不愁、三保障”精准脱贫质量，提高未来扶贫工作的针对性和有效性，为中国反贫困事业提供更有价值的决策参考。

本书围绕“教育发展对中国农村减贫的影响”这一主题展开。首先，详细回顾了国内外关于教育与贫困之间关系的研究，并做了简短的文献述评。进而结合农村贫困产生的原因以及反贫困的措施和手段，深入分析了教育促进农村减贫的作用机制，就此引申出教育发展对中国农村减贫的影响这一主题。其次，在此基础上，基于宏观与微观、空间与非空间、静态与动态、单维贫困与多维贫困等分析视角，借助空间滞后模型（SAR）、空间误差模型（SEM）、Logit 模型、双重差分模型以及断点回归模型实证分析了中国农村居民受教育水平、受教育层次、受教育类型以及《义务教育法》实施和高校扩招政策实施对农村贫困的影响。最后，综合实证结果，并结合中国农村教育发展与农村贫困的实践与经验，就提升农村居民受教育水平、优化农村居民受教育层次结构、强化职业教育发展等方面提出了促进农村反贫困战略实施的相关政策建议。

不得不指出，教育反贫困问题是一个宏大的课题，本书仅从受教育水平、受教育层次、受教育类型、教育政策等视角进行了探讨。由于笔者学术积累有限，书中定会存在不足之处，敬请各位专家和读者批评指正。在本书写作和出版过程中，得到了我的博士导师钟水映教授的悉心指导和大力支持，在此，表示由衷的感谢。同时我还要感谢社会科学文献出版社陈凤玲老师和田康老师的大力支持。

总体而言，本书适合经济学、管理学、社会学等领域的理论研究人员和社会实践人士阅读和参考。

目　　录

第一章　绪论

一　教育与反贫困

（一）反贫困、人力资本与教育

1. 反贫困是永恒的话题

贫困作为一种社会现象，在世界各个国家都普遍存在，不独发展中国家存在较多贫困人口和较高贫困发生率，就是发达国家，也难以根除贫困现象。因此，反贫困是人类过去、现在和将来都要面临的一个永恒课题。联合国在千年发展目标中将反贫困作为首要任务，可见，缓解和消除贫困是国际社会共同的责任与追求。

作为世界上最大的发展中国家，在世界反贫困事业进程中，中国是积极的实践者，为世界反贫困做出了突出贡献。自1978年改革开放以来，中国的扶贫方式和扶贫对象随发展阶段变化发生了重要转变。其中，扶贫方式先后经历了从救济式扶贫到开发式扶贫，再到人力资本积累式扶贫的转变；而扶贫对象则从最开始的以国定贫困县为单位到以村为单位，再到以家庭为单位。经过近40年的努力，中国在经济增长和反贫困事业中取得了巨大成就。在经济快速增长的同时，中国贫困发生率呈现大幅度下降的趋势。根据《中国农村贫困监测报告（2017）》得知，按照国家2010年贫困测度标准，中国农村贫困人口在1978年为77039万人，贫困发生率为97.5%；相比1978年而言，2016年全国农村贫困人口减少了72704万人，减少至4335万人，贫困发生率降为4.5%。可见，中国减贫成效非常显著，也为世界反贫困事业做出了典范。

但由于经济、文化、地理、环境等存在区域差异，农村贫困人口分布极为不均。根据《中国农村贫困监测报告（2017）》可知，以2016年为例，东部、中部以及西部地区的农村贫困人口分别为490万人、1594万人、2251万人，由此可以发现西部地区农村贫困人口占全国农村贫困人口的一半以上。同时，由于面临着返贫率高、减贫速度趋缓、相对贫困问题严重等诸多问题，中国反贫困任务依然很严峻。尽管目前中国正在展开大规模的精准扶贫等反贫困措施，努力在2020年消灭现有统计标准下的贫困现象，但从现实到理论，贫困现象始终是客观存在的，反贫困始终是一个国家和社会的重要社会经济课题，正如世界银行反复强调应该重点关注社会群体中收入较低的40%群体一样。本书中的贫困，意指按照收入水平等指标表征的底层人口所处的状态，它既具有相对意义，也具有绝对意义。

2. 人力资本是推动经济长期增长的主要动力

众所周知，对于一个国家或者地区而言，物质资本、技术、人力资本等因素都会对经济增长产生积极作用，只是在不同时代作用有所差异而已。虽然物质资本一度被认为是推动经济增长的主要动力，但纵观世界经济发展历程，物质资源的匮乏并不一定阻碍一个国家或者地区经济的快速增长，如物质资源匮乏的日本就是很好的例子。经济是否能够持续快速增长的关键在于人力资本存量的高低（邵琳，2014）。早在18～19世纪，许多经济学家就发现人的知识和能力与收入之间具有密切联系。后来，诺贝尔经济学奖获得者西奥多·W. 舒尔茨（Thodore W. Schultz）在人力资本研究问题上做出了突出贡献，并提出了人力资本的概念，由此他也被称为“人力资本之父”。舒尔茨认为人力资本是劳动者综合素质的体现，是能够创造个人价值和改造社会的综合能力；随后他以美国为例，实证分析了人力资本对美国经济增长的影响，结果发现人力资本投资是推动美国经济持续高速增长的主要因素，并且它的贡献已经超过了物质资本和劳动力等生产要素（Schultz，1960，1961）。

此后，Romer（1986）、Lucas（1988）也同样认为，人力资本投资是推动经济持续增长的内在因素，同时具有较强的外部性，能够对其他生产要素的使用效率和形成产生积极的促进效应。进入21世纪以来，众多研究表明人力资本是一种非常重要的生产要素，对经济增长起到了明显的促进作用，尤其是它能够持续有效地推动经济增长，所以也被认为是经济增长、技术创新的主要动力和源泉（王金营，2002；王弟海，2012；詹新宇，2012；周少甫、王伟和董登新，2013；李静、楠玉和刘霞辉，2017）。伴随着经济增长方式的转变，各国经济发展已经从传统的要素驱动转变为创新驱动，在这种背景下，人力资本对经济增长的决定性作用更加凸显，因此，充分发挥人力资本对经济增长的助推作用越发重要。因为人力资本不仅能够以递增效应推动经济增长，还能够在很大程度上避免物质资本和劳动力边际收益递减的不利局面，从而克服经济增长停滞不前的困境。

在投资、消费和出口“三驾马车”的推动下，中国经济发展取得了辉煌的成就，并已进入中等收入国家行列（董志华，2017）。相关研究认为人力资本是中国创造经济增长奇迹的重要动力（Fleisher，Li and Zhao，2010）。伴随着中国经济的腾飞，人口老龄化问题日趋严重，人口数量红利不断减少，与增加人口数量相比，努力提高人口素质、充分利用各年龄层次的人力资源应是中国未来经济增长更有效、更科学的发展方式。因为人口质量红利可以弥补逐渐消失的人口数量红利，继续推动经济持续增长。理论界也同样认为人力资本是增加家庭或者个人收入的重要因素，在提高家庭或者个人收入水平上起到决定性作用。在早期，亚当·斯密（Adam Smith）和舒尔茨等经济学家均认为，个人收入水平的高低在很大程度上取决于其人力资本积累水平的高低。贫困人口之所以收入水平低下，是由于他们的人力资本水平较低从而引起收入创造能力不足（Sen，1976；Raffo，Dyson and Gunter et al.，2009），而教育对人力资本形成起着至关重要的作用。

3. 教育是提升人力资本水平从而实现反贫困之根本

根据以舒尔茨为代表的人力资本理论可知，人力资本投资不足和人力资本存量缺乏，是导致人类陷入贫困的根本原因。著名的印度经济学家阿玛蒂亚·森（Amartya Sen）也同样指出，人类之所以贫困，物质的缺乏并不是主要因素，贫困者本身人力资本不足，导致其创造收入的能力被剥夺才是主要的因素。世界银行在《1990年世界发展报告》中提到，反贫困取得较好成就的国家，往往是那些注重教育、健康、医疗等人力资本投资的发展中国家（世界银行，1990）。部分学者也认为贫困的恶性循环和反贫困低效率等主要是由人力资本匮乏导致的（李锐和赵茂林，2006）。究其缘由是作为推动经济持续发展的主要动力，人力资本的缺乏会阻碍经济持续增长，从而会降低居民收入水平和扩大收入差距，进而导致居民贫困发生（谢沁怡，2017）。贫困主体的能力贫困是导致贫困的根源，而人力资本是影响贫困主体的重要因素。教育作为人力资本投资的最主要方式，在人力资本积累和形成过程中，起到了关键性的作用，在人类反贫困过程中做出了不可估量的贡献。阿玛蒂亚·森在可行能力理论中指出，提高受教育水平能够有效地抑制贫困的发生，该理论在大量的实证研究中得到了印证。可见在长期反贫困战略中，人力资本投资是世界各国重要的反贫困措施，也是世界银行大力推崇的重要反贫困手段。

因此，在反贫困过程中，政府应该根据时代的背景和顺应时代发展的需要，逐步转变以往传统的扶贫思路，将反贫困的重点放在努力提高贫困人口自身综合素质和能力上，变以往的“输血”式扶贫为“内部造血”式扶贫，从而提升贫困人口的自我脱贫能力。中国有句谚语讲得好：“浇树浇根，帮人帮心。”实践也证明，农村地区脱贫致富的最大阻力主要来源于低素质的人力，通过加大教育投入、开发人力资源，变“授人以鱼”为“授人以渔”，乃农村地区反贫困之根本。“扶贫先扶智”“治贫先治愚”“脱贫防返贫”是教育扶贫的基本战略思想。由此可见，贫困根在教育，脱贫重在教育，国家应该从根本上加大教育投入、重点发展教育事业，努力优化贫困人口的人力资本造血机制，斩断贫困的代际传递链条，挖掘贫困人口自身发展潜力，从而让他们彻底摆脱贫困。

（二）教育与反贫困研究的意义

关于教育与经济增长关系的研究成果不胜枚举，但是直接探讨教育与贫困之间关系的研究相对较少，而将不同受教育水平、不同受教育层次、不同受教育类型、《义务教育法》实施、高校扩招政策实施和收入贫困、长期收入贫困以及多维贫困融入统一框架下的研究则更是寥寥可数。本书在已有研究的基础上，采用多种实证分析方法考察了受教育水平、受教育层次、受教育类型、《义务教育法》实施、高校扩招政策实施对收入贫困、长期收入贫困以及多维贫困的影响，并提出了教育发展反贫困政策及其实现路径，这些对于农村反贫困研究具有重要的理论意义和现实意义。

（1）理论意义。本书首先对贫困的概念、外延进行了简短回顾，对比分析了静态收入贫困与动态收入贫困，单维贫困与多维贫困，宏观贫困、微观贫困与中观贫困，并且分析了贫困的影响因素，以及中国反贫困的主要方式。从早期收入贫困的定义出发，到能力贫困、权利贫困等方面，即从满足人类最基本的生存需要向满足基本需要和发展需要方向拓展。这些对于理解贫困的内涵有着重要的参考价值，也丰富了贫困理论。此外，本书研究还结合了时代发展背景，从理论上重点探讨了农村居民致贫的原因、反贫困的措施和手段，顺应了马克思主义政治经济学的基本方向，同时也符合我国提倡的“教育反贫困”的战略思想。

（2）现实意义。反贫困是需要世界各国共同努力的目标，是中国全面建成小康社会的重要组成部分，同时也是农村经济发展过程中非常关键的一环。研究农村反贫困有利于促进整个社会和谐、健康和有序发展，因此研究反贫困问题具有重要的现实意义和实践价值。发展教育事业，是21世纪的需求，是时代的需要，也是人类发展的需要。通过发展教育提高贫困人口的素质，塑造贫困人口自我造血功能，对于加快贫困地区脱贫致富具有重要的现实指导意义。全书在“精准扶贫、精准脱贫”的战略背景下，通过利用各种模式分析中国农村贫困的成因、反贫困的方式、农村贫困的现状、教育减贫相关政策等诸多方面，重点剖析农村教育发展对贫困的影响，从而凸显教育减贫的重要性和必要性。本书的研究一方面能够对农村贫困家庭“两不愁、三保障”精准脱贫质量进行有效评估；另一方面能够提高未来扶贫工作的针对性和方向性，进而为中国农村反贫困事业提供重要的决策参考。

二　反贫困相关国内外文献综述

（一）贫困的内涵及外延

1. 贫困的内涵

对贫困问题的研究由来已久，消除贫困，实现人类全面发展，是人类追求的共同愿望。从国内外来看，关于贫困的最早研究可以追溯到16世纪，当时法国的空想社会主义者认为贫困是资本主义制度和社会的必然产物，但是并没有给出确切的贫困定义。后来，亚当·斯密在《国富论》中较早地提出了贫困的定义，亚当·斯密认为一个人是穷还是富，主要由他能够享有的生活必需品、便利品等的多少决定。此后，关于贫困问题的研究开始逐渐增多，对贫困的定义也越来越广泛，如英国学者朗特里（Benjamin Seebohm Rowntree）在1901年出版的《贫穷：对城市生活的研究》一书中提到，一个家庭或者个人的总收入水平无法维持基本的生存需求，即为贫困（Rowntree，1901；王小林，2012）。朗特里首次从收入（物质）视角对贫困进行了定义，这一经典的定义为后续人类研究贫困开了先河，将贫困问题研究推到了新的高度。后来，美国经济学家欧桑斯基（Mollie Orshansky）在1963年开始用收入定义美国的贫困（Orshansky，1963；王小林，2012）。

贫困实际上是一个模糊、宽泛的概念，随着人们对贫困认识的不断深入，贫困的概念也愈加广泛，逐渐从“生存”视角延伸到“发展”“能力”等视角。Goedhart、Halberstadt 和 Kapteyn（1977）认为贫困就是在购买实物、服务等方面缺乏可支付能力。汤森德（Townsend，1982）则提出了“资源缺乏贫困论”，并且认为贫困是“资源分配不平等导致的生活相对困难状态”。英国学者奥本海默（Oppenheim）却将贫困定义为物质上、精神情感上的匮乏，同时也表现为食物、衣着、住房等方面的开支低于社会平均水平，同时它具有不确定性，随着时间和空间而变化（姚云云和班保申，2016）。后来印度经济学家阿玛蒂亚·森指出，贫困人口由于机会的缺失和基本生存能力被剥夺，无法从外部获取收入以支持自身基本的生活需要，因此不能享受正常的生活（Sen，1976）。紧接着，他进一步指出贫困并不仅表现为收入水平低下，而且和基本能力有着密切联系。基本能力的缺失主要表现为营养不良、受教育水平低、健康状况差、过早死亡以及不能享受医疗服务、没有政治参与权等。因此，要改善贫困人口的生活现状，需要将目光投入教育、健康等基本生存需要，提高贫困人口的基本能力进而提高其收入水平。随后，贝弗里奇（2004）将“疾病、匮乏、无知、肮脏”等定义为贫困，阐述了贫困人口在教育、住房、医疗、食物等方面的缺失状况。

在国内，不少学者也对贫困的内涵进行了研究，如周彬彬（1991）认为贫困就是经济收入低于社会可接受的生活标准要求。童星和林闽钢（1994）指出贫困应该是经济、文化、社会落后的总称，是由收入水平低下造成的基本生存需求得不到满足。康晓光（1995）认为贫困代表一种生存状态，如果个人基本物质生活条件和参加社会活动机会难以获得，就会导致个人在社会文化和生理上的基本生活状态无法维持。樊怀玉和郭志仪（2002）将贫困定义为由收入不足导致无法维持基本生活的一种社会状况。唐玉凤、黄如兰和吴娜（2008）则从相对含义视角出发，将贫困人口定义为社会底层的弱势群体。冯贺霞、王小林和夏庆杰（2015）从基本需求和基本能力视角出发，详细分析了收入贫困与多维贫困的内涵，并且对两者进行了详细的对比分析。除此之外，国内外还有诸多学者结合贫困的不同内涵从多种角度展开了大量研究（Duncan and Rodgers，1991；Bayudan-Dacuycuy and Lim，2013；Libois and Somville，2018；程名望、Jin Yanhong 和盖庆恩等，2014；王春超和叶琴，2014；郭熙保和周强，2016；贺立龙、黄科和郑怡君，2018）。

综合来看，随着社会的发展，贫困的概念和度量在学术界逐步深化和完善，由最开始的收入贫困发展到后来的能力贫困，再到权利贫困。贫困的内涵界定也一直在不断变化，这也说明了贫困并不只是收入（物质）上的缺乏，也应该包括物质资本以外的非物质资本的缺乏。因此，贫困应该具有相对性、多维性等特征（周强，2017）。

2. 贫困的层次性

按照研究层次的不同，贫困又可以分为宏观贫困、中观贫困以及微观贫困。其一，宏观贫困主要从国家层面出发，探讨发达国家、发展中国家贫困问题，做国家之间的贫困对比分析等（张克中和郭熙保，2009）。其二，中观贫困主要研究一个国家或者地区内部的贫困情况，如农村贫困、城市贫困、县域贫困、村（镇）贫困等。其三，微观贫困主要以家庭或者个人为研究对象，探讨家庭内部或者个人的贫困情况。对这三个层面的贫困进行分析有助于加深我们对贫困的理解，以下我们分别对这三个层面的贫困做简要梳理。

首先，宏观贫困。这类研究相对较早，最初对贫困的研究基本都是从宏观视角出发展开的，并且形成了很多关于贫困的理论，如大推进理论、低水平均衡理论、不均衡发展理论等。这些理论基本都分析了发展中国家资本、人口与经济增长之间的关系，并探讨了如何摆脱贫困陷阱。又比如舒尔茨在出版的《穷国的经济学》一书中，详细分析了穷国的经济发展状况、穷国落后的原因等。Alkire、Roche 和 Vaz（2017）在构建了多维贫困指标体系后，对比分析了 34 个国家多维贫困的变化情况。同年，Fosu（2017）以发展中国家为考察对象，重点研究了经济增长、不平等对贫困的影响，结果发现经济增长在很大程度上能够促进贫困减缓，但是收入不平等加剧了贫困程度，因此他强调发展中国家要重视收入不平等问题。后来，Inoue（2018）探讨了1980～2013年全球120个发展中国家金融发展对贫困的影响。中国学者江刚（2001）发现全球气候变暖对穷国的影响最大，这主要是因为贫困国家往往依赖传统农业生产，而农业生产对气候变化最为敏感，加上这些国家又缺乏应对气候变化的一些措施和能力，因此受到气候变化的影响最大。胡晓山（2005）则指出由世界银行和国际货币基金组织（IMF）发起的“重债穷国计划”理论上能够减轻受援国的债务负担，并通过增加穷国的投资和消费拉动经济增长，但是在实际过程中，由于受到很多外界不确定因素的影响，这个计划的实际价值并没有那么大。尚卫平和姚智谋（2005）分析了多维贫困的测度方法，并且测度比较了国家之间的贫困程度。也有学者基于贫困程度和收入分配变化视角审视了中国经济增长情况（胡兵、赖景生和胡宝娣，2007）。张克中、冯俊诚和鲁元平（2010）则以公共支出结构和效率为出发点，探析了财政分权对贫困的影响。王弟海（2012）在一个扩展的Ramsey模型中发现富国具有高资本、高健康和高消费水平，而穷国正好相反。而蔡昉（2013）根据新古典增长理论把中国经济发展问题嵌入相应的增长类型和阶段，如“李约瑟之谜”“刘易斯转折点”和“中等收入陷阱”等。祁毓和卢洪友（2015）也做了类似的研究。

其次，中观贫困。中观贫困的研究通常从县域、村级或者地区层面展开，成果相对较多。如翟荣新和刘彦随（2008）以云南省73个国定贫困县为例，探析了这些国定贫困县农业发展存在的问题，并在通过建立数学模型做了因子分析后，提出了相应的政策建议。袁媛、王仰麟和马晶等（2014）则构建了包含经济维度、自然维度、社会维度等的多维评价指标体系，分别对河北省136个县的贫困状况进行经济单维度与经济、社会、自然三维度的评估。近年来，随着“连片特困区”的提出，更多的学者开始关注连片特困区的贫困情况，如丁建军（2014）

基于综合发展指数计算视角研究了中国11个集中连片特困区的贫困程度，而邹波、张彬和柴盈（2016）则分析了中国连片特困区的绿色贫困问题。除此之外，还有学者提出了贫困村分类瞄准的机制（邓维杰，2013）。就中国而言，由于地区之间经济、文化、社会等的发展存在较大差异，贫困现象具有极强的地域性，绝大多数贫困人口分布在西部地区。对此，不少学者针对西部地区贫困问题展开了一系列的研究，如童玉芬和尹德挺（2009）发现西北部地区贫困人口总量大，生态贫困状况严重，而且贫困人口中少数民族占据较高比重；并且民族地区贫困呈现“空间陷阱”特征（张丽君、董益铭和韩石，2015）。加上中国户籍制度的限制，城乡之间的贫困差异问题也不容忽视，诸多研究表明城市和农村贫困变化趋势不尽相同，且呈现动态、复杂性的特征（王美昌和高云虹，2017）。

最后，微观贫困。微观贫困研究家庭或者个体的贫困状况，从这个角度来讲，研究贫困问题更加具体，更加具有针对性，更加精准有效。由于贫困是一个相对概念，有绝对贫困和相对贫困之分，任何一个国家和地区都会存在贫困家庭或者个体，只是贫困程度的高低存在差异而已（张莹和万广华，2006）。国家提出“精准扶贫、精准脱贫”的扶贫思想，充分体现了国家对贫困家庭、贫困个体（居民）的重视。因此，研究微观贫困更加具有现实意义，同时也避免了“胡子眉毛一把抓”的地区大扶贫政策下的弊端，使得扶贫更加具有针对性、更加精准有效（周强，2017）。由于从微观层面研究贫困具有独特的优势，能够综合经济学、社会学、管理学等多学科的特点，因此受到了诸多学者的青睐。尤其是近年来，随着国内外微观调查数据平台的快速发展，很多微观数据免费对外公开，采用微观数据分析家庭或者个人贫困的文献日益增多（Chakravarty，Mukherjee and Ranade，1998；Mcculloch and Calandrino，2003；Yu，2013；Li and Sicular，2014；Ghalib，Malki and Imai，2015；Zhang，Zhou and Lei，2017；Hou，Liao and Huang，2018）。例如，Fan、Gulati和Thorat（2008）采用印度的微观调查数据分析了农村经济增长对家庭贫困的影响。而 Imai、Arun 和 Annim（2010）则利用印度的微观调查数据分析了金融发展对家庭贫困的影响。夏庆杰、宋丽娜和 Simon Appleton（2007）利用中国住户收入调查（CHIP）数据估算了中国 1988 ~2002 年城镇绝对贫困的变化趋势。张雪梅、李晶和李小云（2011）对 2000 年以来中国妇女从收入贫困到多维贫困进行研究评述和展望。蒋翠侠、许启发和李亚琴（2011）则对多维贫困指数计算方法进行了改进，并结合中国健康与营养调查（CHNS）数据做了实证分析。洪兴建和邓倩（2013）利用 CHNS 微观调查数据分析了中国农村贫困的动态变化。王春超和叶琴（2014）基于收入和教育视角，分析了中国农民工多维贫困的演进。而张川川、John Giles 和赵耀辉（2015）则评估了新型农村社会养老保险政策对农村贫困的影响程度；同年，解垩（2015）采用中国家庭跟踪调查（CFPS）数据分析了公共转移支付对老年人多维贫困的影响。王美昌和高云虹（2017）则利用中国综合和社会调查（CGSS）数据分析了城乡家庭贫困发生率。此外，国内学者姚毅（2012），樊丽明和解垩（2014），向运华和刘欢（2016），樊士德和江克忠（2016），刘一伟和汪润泉（2017），侯亚景和周云波（2017），谭燕芝、张子豪和眭张媛（2017）等借助 CHNS、CFPS、CGSS、中国健康与养老追踪调查（CHARLS）等具有代表性的微观数据，考察了中国家庭贫困发生率及其动态变化状况。

总体来说，宏观贫困、中观贫困以及微观贫困虽然具有差异性，但是三者之间是相互补充、相辅相成的。宏观贫困强调以国家为研究对象，而中观贫困强调以区域为研究对象，微观贫困则强调以家庭、个体为研究对象。对三者的了解可以加深对贫困的认识。

3. 贫困的静态性与动态性

从现有关于贫困的研究来看，目前绝大多数研究将重点放在特定时间的贫困，即静态贫困上。按照 Chaudhuri 和 Ravallion（1994）的解释，静态贫困可以理解为家庭或者个人在特定时点上的贫困状态。有关静态贫困的研究成果非常丰富（Addabbo and Baldini，2000；张莹和万广华，2006；张克中、冯俊诚和鲁元平，2010；程名望、Jin Yanhong 和盖庆恩等，2014；陈飞和翟伟娟，2015；温涛、朱炯和王小华，2016；王小华、王定祥和温涛，2014）。虽然静态贫困研究能够识别贫困状态，但是仅仅停留在静态层面，无法进行动态分析（Ravallion，1988；Rodgers and Rodgers，1993；Hulme and Shepherd，2003；Duclos，Araar and Giles，2010；Wan and Zhang，2013；Fujii，2017）。静态贫困研究只能分析特定时点上的贫困状态，不能给出一段时间内贫困的变化情况，更不能回答家庭或个人何时陷入贫困，何时脱离贫困，以及贫困持续时间有多长等问题（李小云、张雪梅和唐丽霞，2005；周强，2017）。

据此，从动态层面分析贫困就显得非常重要。学者们从不同角度观察贫困的动态性（Jalan and Ravallion，1998；Baulch and Masset，2003；Hoy and Zheng，2011；Wan and Zhang，2013；Ward，2016），并试图将时间因素纳入贫困的分析框架中，使得贫困分析具有了时间因素。Bane 和 Ellwood（1986）是较早开始研究动态贫困的学者。后来，世界银行在 2001 年提出“贫困的脆弱性”，这其实就反映出了贫困的动态特征。但是，对于如何定义贫困的脆弱性，如何定义动态贫困，学术界并未达成共识，大多从时间维度来研究动态贫困（Jalan and Ravallion，2000；Duclos，Araar and Giles，2010；Bayudan-Dacuycuy and Lim，2013；Alkire，Roche and Vaz，2017）。

从国内研究来看，章元、万广华和史清华（2012）是国内较早从动态视角分析贫困的学者。在他们 2012 年发表的文章中，以家庭和个人为研究对象，将总体贫困分解为慢性贫困和暂时性贫困两种类型，结果发现，考察区域内农村家庭总体贫困状况呈现下降趋势，但是慢性贫困相对严重，而暂时性贫困相对缓和，且慢性贫困在总体贫困中所占比重要明显大于暂时性贫困。随后，在 2013 年，他们进一步研究发现暂时性贫困下降能够导致总体贫困下降，且人力资本等因素对暂时性贫困的作用不明显，但能够有效降低慢性贫困和总体贫困（章元、万广华和史清华，2013）。此外，万广华、刘飞和章元（2014）采用了类似的研究思路，分析了人力资本、社会资本等因素对非贫困、暂时性贫困和慢性贫困等三类贫困的影响。在国内，罗楚亮（2010）、邹薇和方迎风（2011）、叶初升和赵锐（2013）、郭熙保和周强（2016，2017）、侯亚景（2017）等也对动态贫困进行了研究，他们的研究重点主要是测度分析动态贫困，并且对它进行分解；同时，也有个别文献考察影响动态贫困的因素。

从另外一个角度来讲，代际贫困也是动态贫困的一种表现形式（Harper，Marcus and Moore，2003；Horii and Sasaki，2012）。由此，也有不少学者从代际贫困角度分析了动态贫困（谢婷婷和司登奎，2014；卢盛峰和潘星宇，2016）。代际贫困表示父代与子代之间贫困状态的传递，子代贫困往往受到父代贫困的影响。Becker 和 Tomes（1979，1986）率先通过建立世代交迭模型分析了贫困的流动性。随后，有关贫困代际传递的研究开始增多，如王海港（2005）、郭熙保和周强（2017）等。后来，也有学者将时间因素纳入贫困代际传递研究中，以分析贫困代际传递的长期性，如方鸣和应瑞瑶（2010）、张立冬（2013）、郭熙保和周强（2017）。综合来看，学术界将贫困的研究从静态贫困逐渐延伸到动态贫困和代际贫困，进而转到长期代际贫困，由此可见贫困具有流动性、时间性的特征。

（二）贫困的影响因素

研究贫困的影响因素，是研究贫困问题的重要环节之一。就现有研究成果来看，贫困的决定因素主要集中在两个视角，分别为宏观视角和微观视角。其中，宏观视角主要基于国家政策、收入差距、经济增长、地理区位、基础设施等宏观因素（Balisacan and Pernia，2002；Adams，2004；Fosu，2015）；而微观视角主要基于家庭、个体特征和行为等微观因素。就宏观视角而言，收入差距、经济增长与贫困三者之间的关系是始终贯穿该研究的一条主线（叶普万，2004）。综合国内外文献也可以发现，大量研究表明收入水平提升、经济增长对缓解贫困起到关键性的作用（Dollar and Kraay，2002；Yao，Zhang and Hanmer，2004；Fosu，2017；夏庆杰、宋丽娜和 Simon Appleton 等，2010；单德朋、郑长德和王英，2015）。在实践中，华盛顿共识所坚信的“涓滴效应”成为全球主流的发展理念，并且也表明经济增长和收入水平的提高能够减少贫困人口。但是收入差距的扩大并不利于贫困人口数量的下降，反而会加大贫困发生率（Son and Kakwani，2008；Fosu，2010；Benjamin，Brandt and Giles，2011；罗楚亮，2012，尹飞霄，2013）。除此之外，不少学者也关注了经济增长和收入分配之外的其他影响贫困的宏观因素，如关注 FDI 与贫困之间的关系（Shamim，Azeem and Naqvi，2014；Magombeyi and Odhiambo，2018）。中国学者刘渝琳和林永强（2011）利用平滑转移向量误差修正模型研究发现，FDI 对中国贫困减缓有显著影响，且二者之间的关系具有很强的非线性特征。而张克中、冯俊诚和鲁元平（2010），储德银和赵飞（2013）关注了财政分权对农村贫困的影响。刘晓昀和辛贤（2003），康继军、郭蒙和傅蕴英（2014），汪三贵和王彩玲（2015）则指出基础设施建设能够有效缓解农村贫困状态。甚至还有不少学者关注了全球化对贫困的影响（Tsai and Huang，2007；张茵和万广华，2007）、气候因素对贫困的影响（Barbier，2015；Zhou，Chen and Li et al.，2017；尹飞霄，2013）。

相比于宏观视角研究而言，微观视角的研究略显单薄，但是随着近年来微观调查数据的增多，从微观视角研究贫困的文献也开始逐渐增加。综合已有文献来看，在研究家庭或个人贫困中，诸多学者考察了人力资本对贫困的影响，一致认为教育、健康等核心人力资本是影响贫困的关键因素（Autor，Levy and Murnane，2003；Bayudan-Dacuycuy and Lim，2013；Libois and Somville，2018；王海港、黄少安和李琴等，2009；章元、万广华和史清华，2012；卢盛峰和卢洪友，2013；王春超和叶琴，2014）。而徐月宾、刘凤芹和张秀兰（2007），程名望、Jin Yanhong 和盖庆恩等（2014），郭熙保和周强（2016）则研究了家庭特征对家庭贫困的影响，研究表明，老年人口数量、儿童数量越多，家庭越容易陷入贫困，并且家庭女性成员的占比越高，越有利于家庭摆脱贫困。此外，卢盛峰和卢洪友（2013）、刘一伟（2017）还发现从事非农生产的农户家庭比从事农业生产的农户家庭更容易摆脱贫困。也有部分学者从农户行为视角出发，研究了农户行为变动对贫困的影响，如 Du、Park 和 Wang（2005），向运华和刘欢（2016）研究发现农民工的流动能够在一定程度上缓解农村贫困，但是这种缓解效应相对有限，这主要是因为农村贫困人口的流动性并不大；对于该观点也有学者持相反意见（程名望、史清华和徐剑侠，2006；章元、万广华和史清华，2012）。还有学者认为土地流转越顺利、当地医疗卫生条件越好，越利于家庭摆脱贫困（王春超，2011；侯亚景和周云波，2017）。从村庄视角出发，卢盛峰、陈思霞和张东杰（2015），周强和张全红（2017）发现村庄学校数量的多寡直接影响当地居民的受教育程度，从而影响农户贫困状况。

（三）反贫困的方式与手段

反贫困是发展中国家非常重要的发展目标之一，在反贫困的历程中，形成了诸多反贫困方式。较为典型的反贫困方式大致可以分为三类：救济式扶贫、开发式扶贫以及人力资本积累式扶贫（岳映平，2015）。在识别出贫困的具体情况后，可以根据致贫特点采取差异化的反贫困措施。

1. 救济式扶贫

在众多发展中国家反贫困的历程中，救济式扶贫是一种非常典型的反贫困方式。作为社会保障制度方式之一，救济式扶贫方式主要是为了让贫困居民得到基本的生活保障，满足他们的基本生存需求（毕少斌和刘爱龙，2012）。在救济式反贫困方式中，对贫困居民通常采取的是直接的实物支持或者资金救助，其本质是一种简单的“输血式”反贫困方式（陈标平和胡传明，2009）。

通常情况下，贫困地区地理位置偏远、基础设施落后、劳动生产率低下，其总收入水平几乎难以保障当地居民基本的生存需求。为了帮助这些当地居民摆脱贫困状态，国家通常采取直接救济的方式使他们脱贫。其中救济式扶贫的主要手段为对贫困居民予以粮食补贴、实物救助、生活资金补助等，简单来说，即“钱－棉－粮”式的直接援助。一般是直接扶贫到村到户，扶贫的对象相对明确、精准，能够直接满足贫困居民的基本生存需求。由于救济式扶贫具有一定的可取之处，所以一些国家采纳了这一方式。中国学者王延中和王俊霞（2015）强调了社会救助对反贫困的作用。不过，救济式扶贫方式仅仅能够缓解贫困人口的燃眉之急，无法从根本上解决贫困问题，因此从总体来看，效果不佳（毕少斌和刘爱龙，2012）。这主要是因为接受救济的贫困居民自身缺乏创收的能力或者机会，在受援的实物、资金等资源被消耗完之后，他们又将陷入贫困状态，并未实现真正的脱贫，返贫率很高。同时，救济式扶贫是需要大量的国家财政支撑的，对于发展中国家，尤其是比较落后的国家来说，难以长期支持。毕少斌和刘爱龙（2012）同样指出救济式扶贫会导致贫困居民在公民权利和社会权利方面出现明显断裂，这在一定层面上也导致其反贫困功效甚微。虽然救济式扶贫能够在特定时间内缓解贫困人口的生存问题，但是并不是长久之计。

总体而言，救济式扶贫是一种被动的受援方式，它只能满足贫困人口的基本生活需要，但是不能从本质上提高贫困人口的自身生产力和生存能力；相反，还可能造成贫困人口的自信心和自尊心受到伤害，进而形成“等、靠、要”的不健康思想。

2. 开发式扶贫

开发式扶贫的重点放在对贫困地区自然资源的开发和利用上，通过改善当地生产条件和发展商品生产等，增强贫困地区的自我发展能力，旨在通过经济建设帮助贫困地区摆脱贫困。开发式扶贫是相对于传统的救济式扶贫的缺点而展开的扶贫方式，通过引导贫困地区的人口积极参与到国家的开发建设中，把自己的努力与国家扶持有机地结合起来，依靠自身力量解决自身的温饱问题。可以说，开发式扶贫是一种“造血”

式扶贫方式，通过借助外力来推动贫困地区发展，助推贫困人口脱贫致富（陈标平和胡传明，2009）。在开发式扶贫方式中，比较常见的扶贫手段有绿色农业扶贫、金融扶贫、旅游扶贫等。

（1）绿色农业扶贫。很多贫困地区有着丰富的绿色资源，为发展绿色农业奠定了良好的基础（葛宏、吴宝晶和欧阳放，2001）。但是自古以来，由于传统生产方式的影响，各自为政的分散经营模式是贫困地区极为普遍的生产方式，这种粗放型经营模式并不利于产业的可持续发展，而且生产出来的农产品质量欠佳、规模较小。因此，国家设立了一系列农业生产优惠政策，如农业补贴、粮食种植补贴、免交农业税等，并主动为贫困户提供技术指导，从而增强绿色农业的市场竞争力。农业绿色生产为贫困户提供了更多的就业机会，也给贫困地区居民带来了可观的收入，从而可帮助他们实现脱贫致富的目标（莫光辉，2016；雷明，2017）。

（2）金融扶贫。贫困居民通常没有正式的就业单位，没有固定的收入，几乎没有储蓄。在农业生产过程中，贫困居民需要的贷款规模小且不确定，并且贷款需求具有较强的季节性特征，他们通常希望贷款方式简单、快速、灵活（兰桂华和吴树华，2007）。在金融扶贫中比较典型的扶贫方式为小额信贷，小额信贷自 1970 年以来，在发展中国家非常流行，并成为农户贷款的一种主流的金融扶贫方式。经过 40 多年的发展，形成了如泰国 BAAC 模式、印度尼西亚人民银行乡村信贷部（BRI-Unit）模式以及“乡村银行”（GB）模式等多种方式。在实践中，许多国家通过小额信贷办法解决了贫困户融资难的问题（Imai，Gaiha and Thapa et al.，2012；Akudugu，2012；Mamun，Mazumder and Malarvizhi，2014；苏静，2015）。胡宗义和罗柳丹（2016）分析了金融对反贫困的作用，发现小额信贷是有效缓解农户贫困的一种方式。此外，吕勇斌和赵培培（2014）通过省级面板数据发现农村金融规模扩大有利于减缓贫困。而鲁钊阳（2016）采用分位数回归方法得出结论，在不同的分位点下，民族地区农村金融发展的反贫困效应存在差异。

（3）旅游扶贫。旅游扶贫是发展中国家可持续反贫困的重要途径之一，具有就业门槛低、产业关联性强、投资少、见效快等特点。近年来，旅游扶贫已经受到国内外学者的广泛关注，同时也得到政府部门的青睐。如中国学者赵磊（2011）发现旅游业发展能够促进农户收入增加。甚至还有学者认为，由于旅游目的地的地理区位、知名度、旅游设施等存在差异，旅游业就业人口的工资水平存在较大差异（Thomas，2014）。旅游业发展能够给贫困人口带来短期收益，并且在经济发展水平较低的地区，旅游扶贫效果更加显著（Sharpley and Naidoo，2010；Croes，2014）。

3. 人力资本积累式扶贫

救济式扶贫和开发式扶贫是中国反贫困过程中两种常见的扶贫方式，救济式扶贫具有时间短、效果直接的优点；而开发式扶贫具有扶贫面积广、辐射范围大的优点。不过两者的缺点也非常突出，救济式扶贫和开发式扶贫均无法从根本上消除贫困，因此寻求持续有效的脱贫方式非常紧迫。长期以来，发展中国家通常以实物投资来带动经济增长，在经济发展初期，实物投资拉动经济增长的效果较为明显，但是在经济发展到一定阶段后，实物投资难以奏效，这时需要重点发挥人力资本投资的推动作用，一个国家或者地区不重视人力资本投资，必定会导致发展后劲不足。尤其是在农村贫困地区，人力资本的缺乏已经成为贫困居民摆脱贫困的主要障碍（从立丽和李新然，2008）。众多反贫困实践表明，低素质的人力是农村贫困地区摆脱贫困的最大阻力。因此，提高贫困人口的人力资本水平，变“授人以鱼”为“授人以渔”，变“输血”为“造血”，是农村地区反贫困的根本（宋本江，2009）。而张友琴和肖日葵（2008）还特别指出，发展教育是提升贫困人口人力资本最为关键的实践路径，而且对社会、家庭整体福利水平也有很大的帮助。因而，教育投资不管是对于国家还是对于个人而言，都具有非常明显的积极作用，可以看作推动当今社会发展的“金钥匙”；与此同时，教育投资也是人力资本的核心内容，提升人力资本关键在于教育。

综合来看，人力资本积累式扶贫是一种“造血”式扶贫方式，同样是“造血”式扶贫方式，但是人力资本积累式扶贫区别于开发式扶贫。因为人力资本积累式扶贫往往通过贫困人口自身的内部力量，提升贫困人口自身的素质、能力等人力资本，从而增强他们的“造血”功能，进而使之摆脱贫困。因此，人力资本积累式扶贫实质上是一种“内部造血式”反贫困方式（陈标平和胡传明，2009）。

（四）教育对贫困的影响

教育对贫困的影响一直是学术界和政府关注的热点问题（Cremina，2012；李锐和赵茂林，2006；王嘉毅、封清云和张金，2016）。理论研究比较一致的观点认为教育属于人力资本的范畴，教育能够积累人力资本，提高劳动者的生产率，进而起到提高受教育者的收入水平和消除贫困的作用（Schultz，1960，1961）。但是在学界也存在不同的声音，认为教育加深了贫困或者教育对贫困没有影响（Bonal，2007）。根据国内外研究现状，学者们从不同角度对教育发展与贫困之间的关系展开了大量研究（Brown and Park，2002；Grace，2010；Rolleston，2011；Tarabini and Jacovkis，2012；Zhang，2014；李晓嘉，2015；柳建平和刘卫兵，2017），下面我们主要从受教育水平、受教育层次、职业教育、《义务教育法》实施和高校扩招政策实施等方面对教育贫困的影响进行归纳和总结。

1. 受教育水平对贫困的影响

国内外大多数学者认为受教育水平是影响收入分配的重要因素，通常情况下受教育水平与收入之间存在高度线性相关关系，受教育水平越高，收入水平越高。如 Mankiw、Romer 和 Weil（1992）认为正式教育是提升贫困人口人力资本的重要途径，并且能够有效提高贫困人口的产出效率。Tilak（2007）以印度为例，在研究不同受教育水平与贫困之间的关系时发现，受过教育的家庭和没有受过教育的家庭，贫困发生率存在明显差异，且前者的明显要低于后者的。后来，Raffo、Dyson 和

Gunter 等（2009）则进一步例证了受教育水平与贫困是密切相关的。

中国学者对此也展开了一些研究，如刘纯阳（2005）以湖南西部贫困县为例，基于农民增收视角，研究发现受教育水平的提升对农民收入起到显著的促进作用，从而有助于降低农村贫困程度。刘修岩、章元和贺小海（2007）采用上海市农户微观调查数据，通过建立两阶段 Probit 模型，实证考察了教育与贫困之间的关系，结果认为教育与贫困之间存在显著的负向关系，提高农户受教育水平有助于农户摆脱贫困，且受教育水平越高，农户陷入贫困的概率越低。杨国涛、东梅和张会萍（2010）以宁夏西海固 720 个农户调查数据为样本，研究表明农户受教育水平并未通过显著性检验，因此，受教育水平对农户贫困的影响难以判断。杜凤莲和孙婧芳（2011）基于 CHNS 数据，在研究贫困的影响因素时发现，户主受教育水平、家庭人口规模等是影响贫困的重要因素，且户主受教育水平与贫困之间存在负向关系。李晓嘉（2015）通过构建联立方程模型，基于 CFPS 数据，研究发现提升劳动力受教育水平能够显著地降低农户陷入贫困的概率；而且进一步发现，延长受教育年限对绝对贫困群体的工作收入影响甚微，但延长受教育年限对相对贫困群体的工作收入的影响非常明显，不过两者的作用方向均为正。同时，她还指出受教育水平低下是阻碍农户脱贫致富的重要因素。高艳云和王曦璟（2016）以 CFPS 数据为例，研究了教育改善贫困的地区异质性，结果表明受教育水平的提高能够改善收入贫困和多维贫困，而且在多维贫困中，教育的边际减贫效果更大。此外，樊士德和江克忠（2016）、刘一伟和汪润泉（2017）也同样发现受教育水平与贫困之间存在负向关系，且这一关系均通过了显著性检验，说明受教育水平的提高有助于脱贫。

也有学者从收入视角出发展开研究，如朱农（2003）采用修正后的 Probit 模型，利用农村微观调查数据研究发现，教育对收入的影响是正向的，且受教育水平越高，农村家庭的收入水平也越高。李春玲（2003）借助多元回归模型得到类似结论，并且还发现教育收益率在城乡之间存在明显差异，城市就业人员的教育收益率显著高于农村就业人员。还有学者通过实证方法，研究了受教育水平对居民代际贫困的影响，结果发现，受教育水平能够有效阻止居民代际贫困传递（卢盛峰和潘星宇，2016；郭熙保和周强，2017）。

众多的学者从增收的视角研究了受教育水平提高对农村减贫的影响。如白菊红和袁飞（2003）以河南省1000户农户调查数据为样本展开研究，结果发现劳动力受教育水平与农民收入之间存在非常密切的正向关系，随着受教育水平的提高，农户收入上升。王春超（2004）则以湖北3300户农户调查数据为样本进行研究，发现劳均受教育水平与农户收入之间存在显著的正相关关系，随着劳均受教育水平的提高，农户收入上升。但是也有部分学者认为，受教育水平对贫困的影响不明显，甚至无影响。例如，中国学者谭燕芝、张子豪和眭张媛（2017）采用CFPS数据，研究发现户主受教育水平与绝对贫困和相对贫困之间的关系在统计上不显著。

2. 受教育层次对贫困的影响

综合国内外文献可以发现，学者们从不同视角研究了不同受教育层次对贫困的影响，并取得了一些研究成果。如研究不同受教育层次的教育回报率（Frazis，2002；Zhang，Zhao and Park et al.，2005；Kimenyi，Mwabu and Manda，2006；陈晓宇和闵维方，1998；李实和丁赛，2003；范静波，2011；李晓嘉，2015；周强和张全红，2017）；研究不同受教育层次与收入之间的关系（宋玉兰、张梦醒和范宏民等，2017）；研究不同受教育层次对就业的影响（刘万霞，2013）；研究不同受教育层次对经济增长的影响（叶茂林、郑晓齐和王斌，2003；杭永宝，2007；陈晋玲，2013；张凡、骆永民和方大春等，2016）。

也有不少学者借助不同的研究方法和数据，直接探析不同受教育层次对贫困的影响。如章元、万广华和史清华（2013）采用中国农村固定观察点微观调查数据，以上海、江苏、山东、浙江、山西等五个省市1995~2003年的1832个面板农户数据为研究对象，在对贫困进行分解之后，借助截尾分位数模型，研究发现受教育程度为初中层次变量、高中及以上层次变量与暂时性贫困、慢性贫困以及总体贫困之间均表现为显著的负向关系，同时，高中及以上层次变量的减贫效应要明显高于初中层次变量。张莉（2015）基于青海、内蒙古、广西、陕西、云南、重庆6个省区市2000～2012年的省级面板数据，实证分析了不同受教育层次对农村贫困的影响，结果表明受教育层次的差异导致减贫效果截然不同。总体而言，不同受教育层次劳动者比重的提高所对应的减贫效果存在差异。具体来说，除高中以外，小学、初中、大专及以上受教育层次劳动者比重提高能够显著地降低农村贫困发生率和农村贫困深度，对于FGT总体贫困指数而言，不同受教育层次劳动者比重均与它表现出显著的负相关关系。同时，也有学者从老年人的多维贫困视角出发，研究了不同受教育层次对老年人多维贫困的影响（解垩，2015，2017）。

此外，郭熙保和周强（2016）以城镇居民和农村居民为研究样本，采用2000～2011年CHNS数据，研究了长期多维贫困的致贫因素。研究发现，家庭户主的受教育层次越高，该家庭陷入长期多维贫困的概率就越低。柳建平和刘卫兵（2017）以甘肃14个贫困村农户调查数据为例，借助Logit模型考察了不同受教育层次对农户收入和贫困的影响，结果认为各级受教育层次均能够显著地提高农户的收入水平；他们进一步研究发现，与文盲相比，具有小学文化、初中文化、高中文化和大专及以上文化受教育层次的农户家庭，陷入贫困的概率均较低，尤其是高中受教育层次的减贫效果最佳。因此，在西部地区，将居民的受教育层次提高到高中层次会对减贫产生非常显著的影响。而杨娟、赖德胜和邱牧远（2015）则通过构建一个四期的世代交迭模型，分析了义务教育和非义务教育对居民代际收入流动性的影响；同时也考察了义务教育和非义务教育对居民收入差距的影响，并且认为教育投资水平低会导致人力资本积累不足，从而促使收入差距扩大、代际收入流动性低、贫困得不到缓解。因此，需要加大教育的投入力度，提高居民的受教育程度。此外，也有学者认为不同受教育层次的父代对代际贫困传递存在较大影响（李长健和胡月明，2017）。

3. 职业教育对贫困的影响

职业教育作为教育体系的重要组成部分，在反贫困过程中也起到了举足轻重的作用。OECD 研究报告表明，职业教育能够为战胜贫困带来广泛益处，同时也可以为劳动者实现终身学习打下基础，从而增加收入并减少缓贫困（王大江、孙雯雯和闫志利，2016）。近年来，职业教育反贫困的作用和地位在学术界和政界均引起了足够的关注和重视。众多学者从不同角度分析了职业教育反贫困的特征、模式、责任机制、存在的问题以及策略等，并取得了较为丰硕的研究成果。

不过这些研究大多从定性的角度出发，如陆小华（1998）较早地提出要重点发挥职业教育的反贫困效能，并且指出在发展职业教育反贫困的过程中，职业教育应该有所创新，应该和实践密切联系起来，在实践中探讨挖掘新的施教方式，完善职业教育的反贫困模式。朱容皋（2009）则分析了职业教育反贫困的内在动力和作用途径以及责任问题。王大超和袁晖光（2012）对贫困地区职业教育的发展进行了分析，指出贫困地区应该重点发展职业教育，并且职业教育的对象要以贫困群体为主，目标是提高贫困群体的技能，注重理论与实践相结合、因地制宜地制定职业教育教学模式。王国光（2016）指出，发展职业教育是发展中国家反贫困的一条重要途径，并且以尼日利亚为例，分析了职业教育反贫困的路径。许锋华和盘彦镟（2017）以连片特困民族地区为例，重点分析了如何构建职业教育反贫困的定向培养模式，并针对性地提出了职业教育反贫困的实现保障。廉僖（2017）分析了职业教育助力精准扶贫研究现状，并且对此进行了反思。章元、万广华和史清华（2013），程名望、Jin Yanhong 和盖庆恩等（2014）则从定量角度对职业教育的减贫效果进行了探讨。

此外，还有不少学者从教育回报率角度出发，比较了职业教育和普通教育的回报率问题（Neuman and Ziderman，1991；Hollenbeck，1993；Moenjak and Worswick，2003；Meer，2007；Kahyarara and Teal，2008）。

Pema 和 Mehay（2012）、Popescu 和 Roman（2018）则直接研究了职业教育与就业之间的关系。中国学者对职业教育与收入或贫困之间关系的研究相对较晚。例如，王海港、黄少安和李琴等（2009），周亚虹、许玲丽和夏正青（2010），颜敏（2012），陈伟和乌尼日其其格（2016）分别从不同角度对职业教育的减贫效果进行了分析。

4.《义务教育法》实施和高校扩招政策实施对贫困的影响

有关《义务教育法》实施对减贫影响的直接文献相对罕见。从国内研究来看，大多数学者重点探讨了《义务教育法》实施对居民的受教育程度和教育回报率的影响。如王广慧和张世伟（2009）研究发现，受《义务教育法》的影响，男性和女性之间的受教育年限增量存在明显差异，《义务教育法》实施后，男性和女性的受教育年限分别增加约 0.8 年和 1.6 ~ 1.9 年。国家统计局 2014 年的相关资料显示，中国 6 岁以上人口的人均受教育年限从 1982 年的 5.3 年上升至 2013 年的 9.3 年。也有学者从制度角度出发，研究《义务教育法》实施的经济效应。根据制度贫困理论可知，制度是否完善是影响贫困状况的重要因素，而《义务教育法》是中国推动教育发展的重要政策制度。因此，近年来，开始有学者注意到这一政策制度因素对教育发展的影响，并展开了相应的实证考察。例如，刘生龙、周绍杰和胡鞍钢（2016）以《义务教育法》为例得到类似的结论。国外学者中 Piopiunik（2014）从教育传递视角出发，发现联邦德国在 1946 年和 1969 年实施义务教育改革后，母亲受教育年限的增加对子女的受教育机会存在显著影响。此外，也有学者研究了《义务教育法》实施对个体健康的影响（李振宇和张昭，2017）。虽然这些研究不能直接反映《义务教育法》实施对减贫的影响，但可以从侧面反映《义务教育法》实施与减贫之间存在联系，这也为我们后文的研究奠定了基础。

自 1999 年实施“高校扩招”政策以来，我国接受高等教育的学生数呈现快速增加趋势（张先锋、李燕云和刘有璐，2017；马磊和魏天保，2017）。从现有研究来看，有关高校扩招的研究主要集中于高校扩招与教育机会均等化方面，即有高校扩招政策后，更多学生拥有接受高等教育的机会，但这能否缓解教育公平问题，学者们的结论并未达成一致。Blanden 和 Machin（2013）对英国实施教育扩张进行了研究，结果发现教育扩张使得更多富有家庭子女拥有接受高等教育的机会，相反在贫苦家庭中这种机会则相对较少，从而导致接受高等教育的机会在贫富家庭中分布不均衡。但也有学者得到相反结论，教育扩张使教育不平等问题在不同群体之间得到缓解（王伟宜，2013）。后来，张兆曙和陈奇（2013）也同样研究发现，高校扩招政策实施后，农村女性接受高等教育的劣势问题得到缓和。甚至还有学者认为，高校扩招后，教育投资差异导致城乡之间的不平等问题得到缓解（邢春冰，2013）。此外，马磊和魏天保（2017）通过采用 CGSS 数据，研究了高校扩招后大学学历溢价的变动情况，结果发现 2003～2013 年，拥有大学学历的劳动力收入水平要比只有高中学历的劳动者高出 32.4%～98.8%。此外，还有一些学者对此也做了类似分析（Pfeffer，2008；Ballarino，Bernardi and Requena et al.，2008；Polat，2017）。

5. 教育发展其他方面对贫困的影响

除了以上受教育水平、受教育层次、职业教育以及《义务教育法》实施和高校扩招政策实施对贫困的影响研究外，学者们还从教育发展的其他视角展开了不少研究。

（1）从教育投资视角出发，研究教育投资对贫困的影响，并认为教育具有代际传递性（Castelló-Climent and Doménech，2008；Doorn，Pop and Wolbers，2011；Riphahn and Trübswetter，2013）。如 Barham、Boadway 和 Marchand 等（1995）研究发现在信贷约束下，由于缺乏资金，贫困家庭的子女无法受到足够的教育。还有学者认为父代的受教育水平在贫困的代际传递中起到关键性的作用（Aldaz-Carroll and Morán，2001；Christiaensen and Alderman，2004）。Fang、Zhang 和 Fan（2002）借助 OLS 回归模型发现，在中国政府的各项公共投资中，教育投资的减贫效果最佳。但 Wedgwood（2007）通过采用坦桑尼亚的数据，实证分析了教育投资对贫困的影响，结果发现教育投资并未对消除贫困起到明显的作用。Gustafsson 和 Shi（2004）通过采用中国省级面板数据发现，中国教育支出占比逐渐增加，与此同时农村贫困程度也在不断下降；而单德朋（2012）的研究结果却是教育支出的减贫效果不明显。关爱萍和李静宜（2017）基于甘肃省贫困村的1408户农户，研究发现以教育投资为主的人力资本投资能够显著地降低农户家庭贫困程度，教育投资越多，农户陷入贫困的概率越低。邹薇和张芬（2006）通过扩展卢卡斯内生经济增长模型，研究发现教育能够有效缩小农村地区收入差距，减缓贫困。

（2）研究教育公平对贫困的影响。如杨俊和黄潇（2010）通过CHNS数据发现，缩小教育差距，有利于贫困的减缓。受教育机会也是教育公平的表现，因此，有学者从受教育机会角度出发进行研究。如周强和张全红（2017）根据2000～2011年CHNS数据，以社区（村）的小学、初中和高中学校数量作为衡量受教育机会的代理变量，研究了受教育机会对家庭多维贫困的影响，结果发现，各级受教育机会对家庭贫困状况产生了显著的影响，且不同层级的受教育机会对家庭贫困的影响存在较大差异性，而这一影响在农村和城镇之间同样也存在显著差异。此外，也有学者从人力资本积累和代际职业流动视角出发，分析居民接受教育机会对贫困的影响，研究也表明受教育机会的多寡在一定程度上影响人力资本积累状况，进而影响居民职业流动状况，人力资本积累越高，居民流入高收入阶层的可能性越大（卢盛峰、陈思霞和张东杰，2015）。

（3）研究教育质量对贫困的影响。单德朋（2012）在构建理论模型的基础上，以西部地区2000～2011年的省级面板数据为例，研究发现教育质量与城市贫困之间存在密切联系，且教育质量的减贫效果比受教育水平更为显著。王玺玮（2017）以湖北省13个市州面板数据为例，也做了类似的研究，并且两者结果相似，教育质量的提升能够缓解贫困。

（4）教育致贫的相关研究。教育致贫论者认为提高受教育程度反而会加大贫困程度。“因教致贫”的概念于2004年由“新华视点”正式提出。随后，在学术界有部分学者开始研究这一问题。其中，彭兴庭（2005）认为教育导致农村家庭贫困是一种非常普遍的现象。杨小敏（2007）以家庭为分析单位，借助经济学预算线分析了教育致贫的作用机制，并在此基础上分析了教育致贫的具体原因，从而针对性地提出了解决教育致贫问题的对策建议。随后，曹海娟（2010）也分析了导致教育致贫的各种可能因素，并探析了教育致贫问题发生的机理。而毛伟、李超和居占杰等（2014）基于人力资本、亲贫困增长等理论，通过构建半参数广义可加模型，研究发现教育数量显著恶化了贫困状态。但是也有学者指出，教育致贫的现象并不是发生在每个教育阶段，主要是发生在高中以上教育阶段（文宏和谭学兰，2015）。

三 全书研究思路、内容、方法和创新点

（一）研究思路

本书以农村教育发展能够降低贫困程度为切入点，通过研究农村教育发展对农村减贫的影响，分析了其中的作用机理和影响效果，以优化农村教育发展反贫困政策。全书研究具体有四个子目标：一是在理论层面，揭示教育发展对农村减贫影响的内在机理；二是在实证层面，从宏观与微观、静态与动态、空间与非空间、单维贫困与多维贫困视角，实证检验教育发展对农村减贫的影响；三是对1986年以来《义务教育法》的实施和1999年以来高校扩招政策实施的减贫效果进行评估；四是提出优化农村教育发展的政策建议。

本书围绕“教育发展对中国农村减贫的影响”这一主题展开。首先，详细回顾了国内外关于教育与贫困之间关系的研究，进而结合农村贫困产生的原因和反贫困的措施和手段，深入分析了教育促进农村减贫

的作用机制，就此引申出教育发展对中国农村减贫的影响这一主题。其次，在此基础上，基于宏观与微观、空间与非空间、静态与动态、单维贫困与多维贫困等分析视角，借助空间滞后模型（SAR）、空间误差模型（SEM）、Logit 模型、断点回归设计（Regression Discontinity Designs, RDD）模型以及双重差分（Difference in Difference，DID）模型实证分析了受教育水平、受教育层次、受教育类型、《义务教育法》实施和高校扩招政策实施对中国农村贫困的影响。最后，综合实证结果，并结合中国农村教育发展与农村贫困的实践与经验，就提升受教育水平、优化受教育层次结构、强化职业教育发展等提出了农村反贫困的相关政策建议。

（二）研究内容

全书主要包括 7 个章节。

第一章，绪论。首先，对全书的研究背景和研究意义进行了阐明，在此基础上引出本书的研究主题“教育发展对中国农村减贫的影响”；其次，对教育与贫困之间关系的相关研究进行了文献综述；最后，分析了本书的研究思路、研究方法、研究内容和创新点。

第二章，教育促进农村减贫的概念与理论。本章主要分为四小节。首先，对本书涉及的关键变量教育与农村贫困进行了概念界定；其次，分析了农村贫困产生的原因，重点剖析了贫困产生的外部原因和内部原因；再次，分析了教育促进农村减贫的作用机理、教育促进农村减贫的数理表达以及教育促进农村减贫的现实依据；最后，勾勒出本书的分析框架。

第三章，受教育水平对农村贫困影响的实证研究。首先，基于宏观视角，运用空间计量分析方法，采用省级宏观面板数据，并结合空间和非空间、静态和动态等分析角度，探析了受教育水平对农村贫困的影响。其次，从微观视角出发，采用 CFPS 2010 ~ 2016 年数据，通过构建 Logit 模型，分析了农村家庭劳动力受教育水平对家庭收入贫困的影响。

再次，从动态贫困视角出发，根据家庭贫困持续时间，研究了农村家庭劳动力受教育水平对家庭长期收入贫困的影响。最后，结合生活用水、做饭燃料、住房、医疗保险与健康等维度构建出多维贫困指标体系，并在此基础上，评价了农村家庭劳动力受教育水平对家庭多维贫困的影响。

第四章，受教育层次对农村贫困影响的实证研究。在第三章的基础上，本章首先从静态视角出发，采用中国家庭动态跟踪调查微观数据库资源，通过构建 Logit 模型，分析了农村家庭劳动力受教育层次对家庭收入贫困的影响。其次，在此基础上，从动态贫困视角出发，根据家庭贫困持续时间，研究了农村家庭劳动力受教育层次对家庭长期收入贫困的影响。最后，从多维贫困视角出发，分析了农村家庭劳动力受教育层次对家庭多维贫困的影响。

第五章，受教育类型对农村贫困影响的实证研究。本章基于 CHNS 1989～2011 年的微观数据，采用 Logit 模型，实证分析了职业高中教育与普通高中教育对农村居民贫困的影响。

第六章，教育减贫实践的效果评估。本章首先采用 CFPS 数据，基于断点回归设计方法实证评估了 1986 年开始实施的《义务教育法》对个体受教育水平及居民贫困的影响效果。其次，在 1994～2016 年省级宏观面板数据的基础上，利用双重差分方法进一步评估了高校扩招政策实施对农村居民贫困的影响效果。

第七章，结论与政策建议。本章首先根据实证检验结果归纳出全书的研究结论；然后，结合实证研究的结论，提出了优化农村教育发展的政策建议，以期更进一步提升教育发展的减贫成效。

（三）研究方法

为了更加深入地研究教育发展对农村减贫的影响，本书采取了多种研究方法，以期获得更加稳健和更加有意义的研究结论。综合来看，主要包含以下研究方法。

（1）理论分析与实践分析相结合。借助国际上的贫困理论、反贫困理论以及人力资本理论，展开文献检索、资料整理，并结合中国农村教育发展与反贫困的实践与经验，剖析了中国农村贫困产生的原因，从而构建出农村教育发展作用于农村贫困减缓的理论分析框架。在此基础上，采用宏观和微观数据进行了实践考察和验证，显然，这充分体现了理论与实践相结合的学术研究分析方法。

（2）静态分析与动态分析相结合。首先，从静态层面对中国农村贫困的现状及教育发展促进贫困减缓进行了梳理；然后，借助统计学领域的描述性统计分析方法，探讨了当前中国农村贫困的动态变化趋势，从而揭示了新阶段扶贫发展的重点和方向；最后，通过对农村家庭特定时点的贫困和跨时期贫困状态转化进行了分析。综合来讲，这体现了静态或比较静态分析方法与动态分析方法的融合。

（3）规范分析与系统分析相结合。在文献分析的基础上，找出现有研究的不足，提出了本书的研究思路；随后构建出教育发展促进农村减贫的理论分析框架，并且通过实证方法予以检验，这体现出规范分析的过程。同时，通过对大量文献资料的搜集和整理，以及对本书所涉及的微观家庭调查数据进行筛选，对实证部分数据进行挖掘和分析等，这是一个系统分析的过程，同时也展现了本书的核心思想和研究意义。

（4）定性分析与定量分析相结合。本书的研究对象分为两种，第一以省域为分析单位，第二以家庭或者个人为分析单位。首先，结合当前中国农村教育发展和农村贫困现状，从定性的角度分析了中国农村贫困产生的原因，挖掘出贫困产生的根源。然后，在贫困识别和测度的基础上，从宏观和微观视角出发，实证检验了教育发展对中国农村减贫的影响效应，在这一过程中，主要运用了以下几种定量方法：空间滞后模型（SAR）分析方法、空间误差模型（SEM）分析方法、Logit 模型分析方法、双重差分方法和断点回归设计方法。

（四）研究的创新点

（1）本书对贫困成因及教育促进农村减贫的作用进行了深入的分

析。首先，结合经典的贫困成因理论分析了中国农村贫困产生的原因，并挖掘出贫困产生的根源，凸显教育与贫困之间的内在联系，为推动农村反贫困指明了方向。其次，分析了教育促进农村减贫的作用机理、数理表达以及现实依据，丰富了教育促进农村减贫的相关理论基础。再次，结合教育发展内涵，在不考虑教育异质性的条件下，研究了受教育水平（即受教育年限的长短）对农村减贫的影响；同时也在考虑到教育异质性的情形下，分析了受教育层次、受教育类型对农村减贫的影响。最后，对中国教育发展过程中两个重要实践——《义务教育法》实施和高校扩招政策实施的减贫效果进行了评估。相比于以往研究来说，本书更加细化了教育发展促进农村减贫的相关研究。

（2）本书充分利用了实证分析方法，论证教育对农村减贫的作用。基于定性分析、定量分析、实证分析和比较分析等，借助空间滞后模型（SAR）、空间误差模型（SEM）、Logit 模型、双重差分模型以及断点回归模型等多种实证研究方法，从宏观与微观、空间与非空间、静态与动态、单维贫困与多维贫困等多视角，较为系统地研究了教育发展与农村贫困之间的联系，并通过大量的图、表进行了形象的展示，使得研究样本更加具有代表性，保证研究成果更加符合现实，从而丰富了教育发展促进农村减贫的实证分析成果，使得研究结论更加富有理论价值和现实意义。

（3）本书细致分析了受教育水平、层次、类型对减贫的效果。进一步明确农村地区受教育水平的提升和受教育层次的提高能够有效降低农村贫困发生的概率，且这一效应在地区之间存在差异，总体上西部地区的教育减贫效应要优于东部和中部地区。与此同时，发现与普通高中教育相比，职业高中教育的减贫效果更为明显，这为研究教育发展与农村减贫之间关系提供了新的视角。

第二章　教育促进农村减贫的概念与理论

对相关概念进行界定是本书研究的基础和出发点，准确而清晰地界定本书的相关概念有助于构建全书的研究框架。此外，农村贫困的产生是一个非常复杂的过程，通常是各种致贫因素交织在一起，形成一个巨大的“贫困网络陷阱”。在这个“贫困网络陷阱”中，既有内部因素又有外部因素，既有制度因素又有经济因素，既有历史因素又有现实因素，既有资源环境因素又有人文因素。本章主要从教育与贫困的联系出发，通过层层厘清教育与贫困之间的内在逻辑关系，构建出全书的逻辑分析框架，从而为后续研究奠定理论基础。

一　教育与农村贫困概念的界定

（一）教育

教育的逻辑起点是人类社会的产生，教育与人类社会密切相关，是人类文明发展到一定阶段的产物。教育是一个非常大的概念，一般来说可以将教育划分为广义的教育和狭义的教育。其中，广义的教育指在学校、家庭和社会中接受的教育。狭义的教育，通常指学校教育，含义是通过教育机构组织的有计划、有目的的教育过程，有效地对受教育对象施加影响，把他们培养成社会所需要的人的一种实践活动。本书所关注的教育是指学校教育或者正规教育，而非社会或者企业的在职培训教育。

（二）教育发展

教育发展同样是一个非常广义的概念，本书只从教育发展的几个方面展开研究，主要包括受教育水平、受教育层次、受教育类型，同时在教育减贫实践效果评估中也涉及《义务教育法》的实施和高校扩招政策的实施。

（三）受教育水平

受教育水平是一个综合且具有包容性的概念，通常用来形容一个国家和民族以及个人的知识水平和受教育程度。本书从狭义角度出发，将受教育水平定义为平均（个人）受教育年限。采用受教育年限具有多种优点，如避免主观性、数据获取简单可靠、排除价格因素的干扰等。最重要的是受教育年限与人力资本之间具有较强的正相关性，是表征人力资本积累的一个重要指标，也是目前用来衡量教育发展的一个非常普遍的指标。

（四）教育结构

通常来讲，教育结构既包括成人教育、职业教育、基础教育、高等教育等各种不同层次和类型的教育组合，涉及不同受教育类型结构，也包含不同受教育层次结构，还有不同办学形式结构等，因此教育结构具有多层次性、多方面性的特点。本书所关注的教育结构主要有两个方面：其一，受教育层次结构，指小学层次、初中层次、高中层次和大专及以上层次的教育结构；其二，受教育类型结构，即职业教育与普通教育，且本书重点关注的是职业高中教育和普通高中教育。

（五）农村贫困

农村贫困是相对于城市贫困而被提出来的，是一个“地域贫困”

的概念，是农村地区贫困情况的总称。本书定义的农村贫困，主要是从经济视角出发的，指按照收入水平或消费水平等指标表征的底层人口所处的状态，它既具有相对意义，也具有绝对意义，也就是通常所讲的“收入贫困”。同时，在考察多维贫困程度时，也涉及能力贫困层面的教育、医疗、住房、健康和卫生设施等非货币性福利贫困。

总之，虽然对全书几个重要的概念进行了界定，但是在实际运用的过程中，由于全书研究的对象既有宏观样本又有微观样本，且同时涉及多个数据库资源，所以基于数据的可获得性和可操作性等原因，在具体的实证分析过程中对指标的度量和定义可能不尽一致；但不管怎么说，最终均未脱离全书的基本概念范围，并都是在统一的框架下展开的。

二　农村贫困产生的原因

学术界对贫困的成因有诸多不同的解释。对于不同的国家、不同的地区和不同的人口，贫困产生的原因不尽相同。有制度方面的原因，也有资源环境方面的原因，还有经济方面的原因，以及人力资本方面的原因。制度、资源环境、经济等均属于外部原因，而人力资本则属于内部原因。在我国精准扶贫、精准脱贫攻坚的机遇窗口期，深入探究贫困产生的原因是一项复杂且任重道远的工作，但它能为精准扶贫、精准脱贫提供理论支撑，确保脱贫攻坚战的各项措施精准落地。以下从农村贫困产生的外部原因和内部原因两个方面做简要分析。

（一）农村贫困产生的外部原因

1. 从制度层面对贫困的解释

制度因素是导致农村贫困产生的重要因素，当前制度短缺、制度不利等方面表现得比较明显。例如，城乡户籍制度分割、现有土地产权制度不明晰以及社会保障制度偏向城市等已经成为中国农村贫困产生的重要因素。

首先，城乡二元户籍制度。城乡二元户籍制度割裂了城乡关系，农村户口和城镇户口享受不同的福利待遇。城乡二元结构使农村居民相比城市居民而言，在身份、权利、地位等诸多方面一直处于弱势地位。例如，外出务工的农民受到待遇和保障制度的排斥，无法融入城市成为市民，无法获得城市居民所应享有的待遇，这限制了农村劳动力向城市的自由流动。同时，户籍制度人为把城市和农村划分为两个人力资本市场，这不利于人力资源的优化配置，人才流动因此受到限制，农村劳动力在城市不能享受到与城市人口相同的一些就业优势，无法分享城市发展的成果。此外，户籍制度也影响了农村产业结构升级，阻碍了农村经济快速发展，导致农村发展滞后。因此，破除城乡二元结构、消除地域歧视、打破社交禁锢、促使城乡接轨，逐步实现城乡一体化和公共服务均等化，以土地换社保、变农民为市民，是中国改革户籍制度的基本思路。

其次，不明晰的土地产权制度。土地是农民最基本的生产资料，由于产权不清晰、归属不明，土地可能被国家征用或调整，这不利于依法保障农民的土地承包权益，严重打击了农民经营土地的积极性。农村土地确权就是夯实农村产权制度的地基，不清晰的土地产权制度在很大程度上使得农村土地无法顺利流转，进而导致农村土地规模化生产和经营受到极大限制。土地流转不畅通会降低土地生产效率，这不利于维护农民的财产权利。在中国经济进入新常态的大背景下，要进一步明晰土地产权，完善相应的土地流转制度和配套措施，让农村土地能够健康、有序地流转，从而持续增加农民收入，为实现乡村振兴战略目标提供坚实的制度支撑。

最后，偏向城市的社保制度。社会保障是国家给贫困人群构建的最后一道防线，由于中国存在明显的城乡二元结构，长期以来，政府在进行投资时，相关制度和政策几乎都是偏向城市的，形成了一种非农偏好，导致城乡差距较大，农村居民不能像城市居民那样分享经济社会发展的成果。农村社会保障制度对于农民特别是贫困人口来说，是保障他们能够享受基本生活的重要基础。虽然农村社会保障是一种（准）公共产品，国家理应承担主要的财政支出；但实际上财政支持力度弱、组织机构不完善、保障体系完善程度不够、相关制度建设滞后等问题，导致城乡社会保障水平差距非常明显。建立和健全农村基本社会保障制度，让农村居民和城市居民共享社会经济发展成果是现代社会发展的需要。

现有不完善的土地制度、分割的户籍制度和偏向城市的社保制度等确实是农村贫困产生的原因。马克思的制度根源论指出，制度的不完善是导致贫困产生的重要原因。贫困的界定通常取决于应对贫困的各项政策，理解贫困，首先应该去理解政策。这也反映出政策不利将决定贫困人口在整个社会阶层所处的位置，而贫困人口是与那些导致贫困的政策相关的（周怡，2002）。在制度比较完备的条件下，对于贫困地区技术、资源与资本等方面的缺失，能够从完备的制度中加以弥补，从而改善贫困人口的生活状况。但是一旦制度短缺，技术将停滞不前，资源和资本将得不到有效利用，从而造成资源与资本浪费（陈忠文，2013）。在制度短缺的情况下，即使投入资源和资本再多，也无法对贫困起到有效缓解作用，贫困无法消除（王雨林，2007）。

2. 从经济层面对贫困的解释

物质资本的缺乏是影响贫困产生的重要经济因素之一。在中国，由于历史等原因，家庭的资本积累严重不足，贫困居民拥有的土地、资本等非常有限，这是贫困产生的重要外部原因。由于物质资本的缺乏，贫困人口只能从事一些非常简单的劳动，收入水平低下，甚至难以维持基本的生存需要；与此同时，在教育、健康等方面的投资自然很少。由于资本积累不足导致其他方面需求无法得到满足，各方面的能力难以得到有效提升，并且这种不利影响会不断被放大，且这种现象在中国农村地区，尤其是贫困地区非常突出。在经典的贫困理论中，低水平均衡陷阱理论、贫困恶性循环理论、临界最小努力理论以及循环积累因果关系理论均指出，收入水平低下是导致发展中国家陷入贫困的重要因素，而资本形成不足又是造成收入水平低下的核心因素，因此它们都重点强调了资本形成的重要性（周禹彤，2017）。

此外，对于中国农村经济发展而言，产业结构、农产品结构等是重要影响因素。产业结构影响经济增长，同时也会对贫困产生较大影响。而农产品结构则会直接影响农民收入水平，进而对贫困造成影响。长期以来，中国产业结构不合理，尤其是在农村地区，第二、第三产业发展滞后。在中国东部、中部以及西部地区产业结构分布极为不均衡，三大地区差距较大，这也是导致各地区贫困存在差异的重要原因。根据中国农村贫困现状可知，农村贫困居民基本都集中在经济发展落后、产业结构不合理的偏远地区和山区。事实上，就减贫的效果而言，发展第三产业对减贫的效果最好，因为第三产业对劳动力的吸纳能力较强，且部分第三产业对劳动力的技能水平没有太高的要求，很多的实践过程也印证了这一点（尹飞霄，2013）。

3. 从资源层面对贫困的解释

中国是一个发展中国家，经济发展的水平还不高，农村的发展水平更低。从地理区位看，中国的绝大多数贫困地区分布在边远地区、山区、丘陵地区、高原区，这些地区物质资源匮乏。自然条件是人们进行物质生产的基本条件，恶劣的自然条件是导致贫困地区贫穷落后的基础性原因。再加上地理位置偏僻，远离中心城市，交通不便利，与外界的沟通与联系少之又少，呈现贫困乡远离县城、贫困县远离省城的现状。某些贫困地区因为地理位置偏僻、交通基础设施不便、人才紧缺、技术落后等诸多方面的因素，而对当地资源开发和利用不够。从某种程度来讲，贫困地区资源的贫乏，并非真正意义上的贫乏。事实上，贫困地区拥有丰富的自然资源，同时矿产资源也较为丰富，储藏量大、品位高。但是受到技术水平、资金不足等多方面因素的制约，贫困地区难以对当地资源进行有效开发，资源优势无法形成。加上封闭的社会网络与社交禁锢，没有获取资源和信息的渠道，形成了经济和社会的封闭性特征。由此，贫困地区的资源就形成了“富饶”与“贫乏”并存现象。从目前来看，对于贫困地区而言，由于诸多方面的原因，对资源的开发和利用远远不够，从而就形成了资源的贫乏现象。

从全球国家分布来看，世界上大多数第三世界国家分布在亚热带地区和热带地区，而经济增长快速的国家则基本都位于温带地区（陈忠文，2013）。可以说，这并不是机缘巧合，一个国家的发展必然与自身的自然资源、气候存在密切的联系。在日常生活中，人类生产和生活通常都是以自然资源为基础的，自然资源主要包括森林、土地、水域、矿藏等，但是一种物质能否被称为资源，取决于人类的利用，所以资源具有一定的动态性。由于人类技术的进步，资源的利用手段发生了较大的改变，自然资源的丰歉确实能够影响经济增长的速度。许多贫困国家由于自然资源匮乏，发展相对落后，贫困发生率较高（叶普万，2004）。而自然资源丰富的国家，一则能够充分利用自然资源来带动经济发展，二则能够出口资源换取外汇资金，从而购买国外先进的技术和设备来推动本国经济发展。当今很多不发达国家之所以落后，一个非常重要的原因就是本国自然资源的匮乏，因此，自然资源的不丰裕也是贫困产生的原因之一。

4. 从环境层面对贫困的解释

贫困地区受社会经济发展水平的制约，抵御恶劣气候的能力弱，不利自然灾害冲击容易导致家庭陷入贫困困境。这也说明贫困地区由于受到环境方面的影响，贫困人口的脆弱性非常强，难以抵制自然灾害的不利冲击。不仅如此，随着社会的发展、生活条件的改善，贫困地区人口日益增多，导致当地生态环境受到威胁，并且日趋恶劣。结合当前贫困现实情况来看，大多数贫困地区位于山高坡陡谷深地带，当人类的活动超过环境的承载量时，就会引起贫困的加剧。虽然自然环境较好，能够保证农业的生产需要，但是由于降雨、大风、风沙等各方面的原因，贫困地区土地沙化、干旱严重或洪涝和土地流失严重，植被大幅度地减少，保土、保水、保肥能力大大降低。因此，地理环境的贫困效应——地理环境制约发展导致贫困是一个至关重要、不可回避的现实问题。自然环境不利将导致一个国家或地区经济发展滞后，同时恶劣的环境会对居民的健康和生产造成巨大威胁，从而加大居民陷入贫困的概率。自然环境决定论的代表人物 Lewthwaite（1966）指出，自然环境对人类的生活和生产起到了重要的支配作用，也是国家和地区经济发展的决定性因素。人类是资源环境的产物，自然环境会影响人类的生活和生产。因此，国家或者地区由于自然环境的差异，必定会有一定的经济发展差距，而居民生活水平会受到自然环境的影响。

就当前现状来说，中国的贫困原因已不再是“面上的”——制度和政策的缺失等，而是“点上的”——特殊区域环境和生产条件等一系列具有明显地域性特征的约束条件。陈南岳（2003）认为，在中国贫困人口中，生态贫困人口所占比例较高，而且贫困人口分布具有非常明显的地域集中特征，而这些地区贫困之所以形成，主要是因为当地生态环境恶劣、农业生产效率低下、居民健康状况不佳等。结合中国当前的贫困现状来看，西部地区的贫困人口占全国贫困人口总量的一半以上，而中部地区的贫困人口也较多。进一步可以发现这些贫困人口集中分布在 14 个集中连片特困区，这些地区往往是资源匮乏、环境恶劣、基础设施落后的偏远山区。这些地区难以发生农业革命，现代化发展更是困难。当然，自然环境决定论确实具有一定的道理，这在中国实践中也得到了一定的验证，不过自然环境只是致贫的一个重要因素而已，并不是唯一致贫原因。

（二）农村贫困产生的内部原因

内因是事物的本质，是事物发生根源之所在。就农村贫困产生的原因而言，贫困人口才是贫困产生的主体，主体贫困才会导致贫困的发生。农村贫困地区产生贫困的内部原因主要是人力资本的缺乏，贫困地区人力资本的缺乏主要表现在两个方面：第一，农村贫困地区总体教育条件差，师资力量薄弱，居民整体受教育程度不高；第二，贫困地区居民的贫困文化严重且思想观念落后。下面我们重点围绕着这两个方面展开分析。

1. 农村贫困地区总体教育条件差，师资力量薄弱，居民整体受教育程度不高

中国农村贫困地区人口受教育水平低、教育资源匮乏、师资力量薄弱等问题非常突出，从而导致贫困地区的求学者在升学以及就业过程中不断碰壁，进一步加剧了农村教育资源的不足。教育的缺乏会导致贫困的发生，而贫困则又会导致教育投入的不足，所以说教育在贫困中具有双重身份。通常来讲，教育缺乏—就业机会少—生产率难以提高—收入水平低下—生活质量差—陷入贫困—教育更缺乏，从而形成恶性循环。

（1）农村贫困居民整体受教育程度不高。根据国家统计局数据可知，中国农村劳动人口平均受教育年限从1985年的5.6年，小幅度增加到1990年的6.2年，到2000年达到7.7年，随后增长幅度较慢，直到2016年才达到9.0年；若以1985年为基期，1985～2016年农村劳动人口平均受教育年限年均上升1.54%，上升幅度较慢，最终仅仅达到初中水平，这说明中国农村劳动人口的受教育程度虽然得到了提升，但依然偏低。受教育程度低导致农村贫困居民在就业过程中处于不利地位，同时也制约着他们其他方面能力的发展，所以在很大程度上不利于贫困居民摆脱贫困的束缚。长期以来，城乡二元结构之下，政府对城市学校的教育经费投入要比对农村学校的高出很多，加上城市教育发展本身具有一定的先天优势，城乡教育的不平等程度加大，进而形成教育的“马太效应”。这既不利于农村教育的发展，也不利于中国整体教育的发展。

（2）农村师资力量落后且地区差异明显。专任教师的学历层次高低能够在一定程度上反映出教师素质水平的高低，教师学历层次较高，一般素质也较高。学历层次较高的教师，自身接受的知识多、范围广，教学方法新颖，学生接受的知识量自然也会较大。但是在农村地区，由于教师学历层次比城市要低，学生接受的知识量和知识面都会受到制约，这在一定程度上阻碍了农村学生的发展。根据《中国教育统计年鉴》相关数据可知，2015 年中国农村地区小学、初中和高中专任教师的学历层次，小学以专科学历为主，初中以专科和本科学历为主，而高中以本科学历为主。具体来看，就小学而言，专任教师学历为研究生、本科、专科、高中、高中以下的比例分别为：0.18%、32.96%、53.35%、13.34%、0.18%。就初中教师而言，本科学历最多，占 71.92%，其次是专科学历，占 26.84%，而研究生学历、高中学历以及高中以下学历则分别占 0.66%、0.56%和 0.02%。高中专任教师以本科学历为主，占 91.08%，其次是研究生学历，占 9.86%，专科以下学历占比较小。而从城市来看，在小学师资中，本科学历占 62.90%，其次是专科学历，占 32.80%，而研究生学历占 1.61%；在初中师资中，本科学历占 84.85%，其次是专科学历，占 10.79%，而研究生学历占 4.23%；在高中师资中，本科学历占 88.61%，其次是研究生学历，占 9.86%，而专科学历仅占 1.50%。由此可以看出，当前农村地区与城市地区在师资力量方面确实存在较大差异，政府需要采取相应措施扭转这种不利局面。

同时，中国各省区市农村专任教师学历情况之间同样存在较大差异。具体来看，以 2015 年为例，海南、广西、四川、江西、新疆分别排在后五位，其本科以上师资占比分别为 20.51%、34.07%、36.15%、37.57%、38.11%；北京、上海、天津、浙江、江苏则排名在前五位，其本科以上师资占比分别为 90.32%、77.04%、73.09%、72.20%、60.32%。其中，西部省区市本科以上师资占比大多为 45%以下，而中部省份本科以上师资占比大多为 45%～55%，但是东部省市本科以上师资占比则大多为 60%以上。综合来看，中西部省区市较为落后，而西部省区市更是处于劣势地位，西部地区也是当前贫困人口最多的地区。

根据舒尔茨的人力资本理论可知，贫困的主要根源是人力资本投资不足。因此，应对农民进行人力资本投资，促使他们获得新技能、新知识，并将之运用到农业生产中，从而提高农业生产效率，进而让他们脱离贫困的束缚。在现代经济发展过程中，人力资本理论同样认为，人力资本比物质资本、劳动力等更为重要。同时阿玛蒂亚·森在能力贫困理论中也重点强调了受教育机会的缺失导致了可行能力的缺失，进而产生贫困人口，并指出发展教育以重建贫困人口的可行能力，是从根本上消除贫困的必然选择。此外，个体素质论中也提到个体的求职、挣钱机会都是相同的，但是往往那些素质高、受教育水平高、勤劳上进、具有创业精神的个体更能够抓住挣钱的机会，因此能够获得更高的收入。相反，那些安于现状、受教育水平低下、不思进取、不节俭、缺乏创业精神的个体往往不能抓住挣钱的机会，从而沦落为贫困阶层。

2. 思想观念陈旧，贫困文化严重

思想观念是社会生活的精神方面，是对社会制度、自然资源、地理环境、人口、物质资料的生产方式的反映。陈旧的思想观念和小农经济的运作模式严重制约着中国农村经济的发展，阻碍了贫困人口摆脱贫困。下面针对当前农村发展状况，重点分析三种较为典型的落后思想。首先，“读书无用论”思想与贫困。“读书无用论”并非对知识的否定，而是对教育这一项对未来的投资所带来的效益持否定的态度。农民尤其是贫困户因没有走出家门开阔眼界，再加上经济状况不好，认为教育支出与教育回报不匹配，就业风险还很大。因此，许多农村子女初中未毕业便辍学外出打工，多是由于落后的观念所致，认为花大把钱上学后还是得出来打工，不如现在就出去打工，还能多挣几年钱，为家庭分担经济负担。其次，“重男轻女”思想与贫困。在农村，“养儿防老”“传宗接代”的陈旧思想依然很严重，认为子孙的多寡是社会地位的一种表现。因此，一方面会导致人口的增加，人口的增加必然会对自然环境和自然资源产生沉重的压力；同时人口多的家庭，各项开支也大，进而严重影响家庭成员生活水平的提高，使得家庭负担加重，导致家庭陷入贫困。另一方面，还有许多家长认为女孩子早晚要嫁人，上了学也没什么用，而且应该供应兄弟上学，所以很多女孩子初中未毕业就直接辍学在家帮忙或外出打工。最后，“小农经济思想”与贫困。小农经济的特点：生活上自给自足；生产上男耕女织；观念上缺乏商品经济意识和市场经济观念；抵抗风险能力差。“小农经济”抑制了农村家庭以外的分工协作，小作坊、手工式生产方式导致成本非常高，效率却很低。正是由于受这种落后的思想观念的影响，农村贫困人口很难接受新鲜事物，导致农村经济发展滞后（尹飞霄，2013）。

在一些贫困地区，“等、靠、要”的贫困文化思想极为盛行。刘易斯（Lewis，1959）在他的论文“Five Families：Mexican Case Studies in the Culture of Poverty”中首次提到“贫困文化”这个概念。文中提到的“贫困文化”与个人、家庭、社会、社区等因素相关联。具体来看，可以从四个方面加以解释。其一，从社会视角来讲，贫困人口是“贫困文化”的主要载体和体现者，贫困人口脱离社会主流，往往生存在一个自我封闭的环境中，这加剧了贫困人口的贫困状况。其二，从社区角度来讲，“贫困文化”是贫困社区的一种特殊的文化现象，通常情况下，贫困社区内的家庭生活水平低下，从而推动了“贫困文化”的发展。其三，从家庭角度来讲，“贫困文化”往往存在于一些特定的家庭中，家庭贫困，子代就会受到父代的影响，“贫困文化”将继续传递，从这个层面来讲，“贫困文化”具有代际传递性。其四，从个体角度来讲，具有“贫困文化”的个体，往往安于现状、眼界狭小，注重于眼前的利益，全部心思都放在满足当下的需求上，但是对将来的发展则鲜有考虑。

3. 农村贫困成因的总结

综合来看，农村贫困的形成是一个非常复杂的稳态，通常是各种致贫因素交织在一起，形成一个巨大的“贫困网络陷阱”。在这个“贫困网络陷阱”中，既有内部因素又有外部因素，既有制度因素又有经济因素，既有历史因素又有现实因素，既有资源环境因素又有人文因素。尽管如此，在形成贫困的过程中，所有的致贫因素可以归纳为两个主要方面，即外部和内部因素。根据马克思的辩证法原理可知，外因只是变化条件，而内因才是变化的真正根据。因此贫困形成的真正原因，是内因，而贫困形成的内因即为个人能力的欠缺。从表面上来看，收入水平低下即为贫困的表现，但是从贫困的本质来看，是能力或者手段的缺乏。因此，在帮助贫困者满足基本生存需求的同时，努力提升贫困者自身的反贫困能力和手段，塑造贫困人口的自我“造血”功能，真正帮助贫困人口彻底摆脱贫困，才是反贫困的核心思想和最终目标。

三　教育促进农村减贫的理论分析

由于教育缺乏，贫困就容易产生，因此，本节主要围绕教育促进农村减贫的理论分析展开，在现有反贫困理论的基础上，重点阐明教育促进农村减贫的理论基础、作用路径、数理表达和现实依据，从而为后续研究奠定基础。

（一）教育促进农村减贫的理论基础

教育促进农村减贫的相关理论较多，其中最主要的是人力资本反贫困理论，还包括大推进反贫困理论、促进结构转变的反贫困理论以及非均衡发展反贫困理论等。如何缓解和消除贫困，是当今社会需要共同努力的目标，以下简要地对这些理论进行说明。

1. 人力资本反贫困理论

人力资本反贫困理论主要是在舒尔茨的人力资本和阿玛蒂亚·森的能力贫困的基础上形成的。作为一种非常经典的经济发展理论，人力资本反贫困理论的形成和发展不仅丰富了当代经济发展理论的内涵，而且在世界各国反贫困的实践中起到了非常重要的指导作用，对推动世界各国反贫困事业做出了突出的贡献。舒尔茨作为人力资本理论的奠基人，出版了一系列著名的著作。其中，在1964年出版的《教育的经济价值》中正式提出了人力资本理论，并较早地从人力资本视角分析了缓解发展中国家农村贫困的办法。舒尔茨指出，耕地、空间、食物和能源等物质资源并不是改善贫困人口福利的根本，改善贫困人口福利的根本应该是提高其知识水平、技术水平和人口质量等非物质资本因素。此外，在《改造传统农业》一书中，舒尔茨也同样提到，要改变传统农业的生产方式，最关键的是要引进最新的、现代化的农业生产要素。这些要素既包括（具有高素质、高技能的）人的要素，也包括物的要素。因此，应对农民进行人力资本投资，促使他们获得新技能、新知识，并将其运用到农业生产中，从而提高农业生产效率，进而让他们脱离贫困的束缚。由此看来，舒尔茨的人力资本理论的核心观点主要有两个。其一，人力资本是推动经济持续增长的重要动力和源泉，人力资本积累的多寡决定着一个国家或者地区的经济发展水平，而个人的收入也取决于自身的人力资本存量。其二，教育投入能够提升一个国家或者地区的人力资本存量，同时教育也能够增加个体的人力资本，提高个人的知识存量和技能，进而促进个体收入水平提高。

继“人力资本理论”“权利贫困”之后，以诺贝尔经济学奖获得者阿玛蒂亚·森为代表的学者，在对贫困本身的研究中，提出了“能力贫困”学说。阿玛蒂亚·森认为，任何一种贫困的根源都是能力的不足或者其他方面的缺失。贫困不仅是收入低下或者经济窘迫的外在表现，还可能表现为住房、医疗卫生、教育、工作等方面的权利被剥夺。阿玛蒂亚·森的能力贫困理论，将贫困的原因从经济层面逐渐拓展到文化、政治、法律、制度等领域，从经济发展观扩展到人与社会的自由发展观。同时该理论告诉我们，人类只有享受更多的行动自由，拥有更多机会，才能从根本上消除贫困。因此，根据阿玛蒂亚·森的能力贫困理论可以发现，理解贫困需要从可行能力视角出发，贫困的形成主要是因为可行能力被剥夺，要消除贫困就必须提高个体的可行能力。归纳来讲，阿玛蒂亚·森认为收入低下仅仅是贫困的外像，人口贫困产生的本质在于能力不足，而教育是塑造人口能力的最重要途径，是从根本上消除贫困的必然选择。

所以，提高贫困人口的个人能力是解决贫困的根本之道，也是减少失业的有效途径。贫困人口能力缺乏的根源大多在于人力资本不足，贫困人口由于人力资本不足，在求职或生产过程中往往处于劣势，生活在社会底层。因此，加大对贫困人口的人力资本投资力度，进而提升其自身的可行能力，为推进当前反贫困战略提供了理性选择。从表面上看，从人力资本视角和能力视角对贫困的界定有所差异，但是两者具有一个共同点，即将贫困者自身作为反贫困的重点，最终都聚焦于贫困者本身；与此同时，两者都将教育投资看成反贫困的最直接和最根本途径。由此可以得知教育与贫困之间存在互相转化的过程，而这可以通过简单的图形进行展示（如图 2 - 1 所示）。综合来讲，正是由于这些学者们的共同努力，人力资本反贫困理论得以形成。

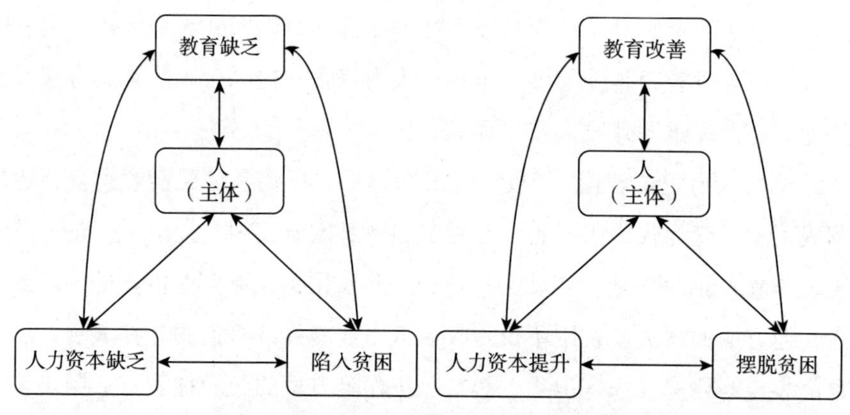

图 2 - 1　教育与贫困之间相互转化的简单示意

显然，根据人力资本反贫困理论，贫困产生的根源在于人力资本的匮乏，进而导致贫困者无法具有促进自身发展与生存的能力和动力。所以改善贫困人口福利的关键在于提高贫困人口自身人力资本水平，让他们形成内部造血功能。正如世界银行指出的，发展中国家在反贫困过程中要加大公共投资，提高其运行效率，同时在不影响安全的情况下，降低部分军费开支，而将更多的资金投向教育、卫生等基础项目。通过推进人力资本反贫困战略，能够充分发挥贫困人口人力资源在个体增收和经济增长过程中的关键作用，并在宏观和微观视角下凸显反贫困的可持续发展和良性循环，进而为贫困人口从被动“接受者”逐渐向“生产者”和“创造者”转变提供新的视野。相较于传统的反贫困理论而言，抓住了贫困的根源，从贫困的主体出发，是人力资本反贫困理论的关键突破之处，并且很多发达国家采取的“积极福利”政策就是对人力资本反贫困理论的实践运用。总之，人力资本投资不仅能够提高贫困人口自身的劳动能力，提升福利水平，更重要的是能够让他们提高把握机会的能力，从而提升自身未来福利水平。

2. 大推进反贫困理论

大推进理论是由英国著名的经济学家保罗·罗森斯坦－罗丹（Paul Rosenstein-Rodan）在 1943 年提出的，该理论的核心思想是发展中国家要想解决经济发展处于停滞状态的问题，就需要对国民经济各部门进行规模足够大的投资，从而推动国民经济高速持续发展。后来，在 1961 年发表的《关于大推进理论的说明》中，罗森斯坦－罗丹进一步对大推进理论做了详细说明。他认为，发展中国家基本都面临着劳动生产率低下和收入水平低的双重困境，通过工业化能够帮助它们脱离贫困。发展工业必须全面地、大量地对各个工业部门投入资本，如此才能够推动工业化的实现，国民经济才能得以发展。这主要是因为两个方面的原因。其一，在实现工业化的过程中，投资规模扩大、工业企业大量崛起，就会带动就业增加和消费增加，从而取得规模经济效应。其二，经济发展过程中具有三种不可分性，分别为生产供给的不可分性、市场需求的不可分性以及储蓄供给的不可分性。但是投资规模过小导致并不能达到预期结果，必须有足够大的投资量才能实现外部性，推动国民经济高速发展。

3. 涓滴效应反贫困理论

“涓滴效应”最早由美国著名的经济学家阿尔伯特·赫希曼（Albert Otto Hirschman）提出。赫希曼在 1957 年发表了《不发达国家中的投资政策与“二元性”》一文，随后在 1958 年再次出版了著作《经济发展战略》，提出了增长极会对国民经济发展产生“涓滴效应”和“极化效应”。涓滴效应（Trickle-down Effect）又可以译为滴漏效应、渗漏效应，通常也称为“涓滴理论”（Trickle-down Theory）或者渗漏理论、滴漏理论。涓滴效应的核心思想是在经济发展过程中并不给贫困地区、贫困阶层特殊的支持和优待，而是通过先富起来的地区和群体的投资、消费来刺激经济发展，最终惠及贫困地区和贫困阶层，进而带动贫困地区和贫困阶段走上富裕之道。虽然涓滴效应强调的核心是创造就业机会和改善经济环境条件，但是后来，不少学者将该理论延伸至贫困、失业等领域。根据该理论可以认为在经济发展过程中，即使没有通过特别的手段对贫困人口予以救助，经济增长的涓滴效应也会创造更多的就业机会，从而使得贫困人口能够顺利就业且获得更高收入，进而有利于摆脱贫困状态。此外，还有学者将“涓滴经济学”用来形容里根经济学，当时里根政府认为政府救助并不是帮助贫困人口最好的办法，而是应该通过经济增长，带动全社会财富总量增加，进而惠及贫困人口。

4. 非均衡发展反贫困理论

阿尔伯特·赫希曼在1958年出版的著作《经济发展战略》中提出了非均衡发展理论，认为在一个经济体中，经济快速发展不可能在任何地方都能够发生，而是以区域性的地理分布特征出现，因此，地区经济发展不均衡是经济发展过程中不可避免的现象，地区间经济发展本身就是不均衡的。就当前中国的经济发展现状来说，西部地区、中部地区以及东部地区三者之间呈现非均衡发展态势，而贫困人口主要集中在经济发展落后的西部地区，其贫困人口占据了总体贫困人口的一半以上。国家先后采取了西部大开发、中部崛起等发展战略来推动中西部经济发展，这些措施实施后取得了较大的成就。其实，赫希曼认为地区之间的经济发展差距将不断扩大，但是从长期来看，通过“涓滴效应”会使得经济落后的地区得到惠利，从而缩小地区差距，贫困问题自然会得到一定的缓解，因此，他指出一个国家或者地区要优先发展“引致投资最大化”的项目。

5. 促进结构转变的反贫困理论

在促进结构转变的反贫困理论中，最著名的应该属刘易斯的二元经济模型。1954年威廉·阿瑟·刘易斯（William Arthur Lewis）发表了

《劳动力无限供给下的经济发展》一文，文中首次提出了“无限过剩劳动供给”模式，即著名的二元经济结构模型。刘易斯认为发展中国家通常存在两个经济部门，第一个是以传统的生产方式生产，生产率低下且人均收入低的传统农业部门；第二个是现代化生产的城市工业部门，工业部门生产率较高、工资较高、福利保障制度较完备。在经济发展初期，在广大农村地区存在大量的剩余劳动力，且这些劳动力并未实现充分流动，其边际生产率几乎接近于零甚至为负。虽然在城市工业部门已经实现了劳动力的充分就业，但是其工资水平要远高于农业传统部门。因此农村剩余劳动力会逐步向城市转移，劳动力流动速度开始加快，并慢慢融入城市工业部门，相应的农村传统农业部门的劳动力数量会下降，而劳动生产率却随之升高，收入水平自然也会上升。由于农村劳动力不断流入城市工业部门，工业部门将逐渐扩大生产规模，通过雇用更多的农业部门剩余劳动力来获取利润，进而将利润转化为投资，并扩大生产，再吸收更多的劳动力。这种现象一直要持续到两个部门工资水平相等。大量农村剩余劳动力加入工业部门，会推动工业化的逐步实现，农业部门劳动者收入和生产率也不断提升，进而推动整个国民经济快速发展。

6. 简要述评

综上所述，在反贫困方面已经形成了非常丰富的理论。既有从贫困主体出发的人力资本反贫困理论，也有从促进资本形成出发的反贫困理论，如大推进反贫困理论和涓滴效应反贫困理论，还有从促进非均衡经济增长出发的反贫困理论，甚至有从促进结构转变出发的反贫困理论。这些反贫困理论从不同角度分析、诠释了反贫困的途径。总而言之，这些理论为本书的研究提供了非常有价值的参考。但本书研究的主体内容是以教育为出发点的反贫困分析框架，且主要基于微观家庭或者个体而展开。教育是人力资本投资的主要内容，两者之间联系紧密，基于此，本书研究以人力资本反贫困理论为主要基础理论展开。

（二）教育促进农村减贫的作用路径

根据人力资本反贫困理论，教育是人力资本的核心组成部分，发展教育是促进人力资本提升最重要的途径。教育的作用在于培养人们阅读、书写、计算等能力，同时还能够提高人们的信息获取能力、资源配置能力、流动能力以及自觉脱贫能力等，从而提高劳动生产率，改善收入状况，由此可从根本上改变贫穷落后的现状。教育促进农村减贫的作用机理，总体来讲可以归纳为以下几个方面。

1. 教育能够提高贫困人口的知识储备能力

一般情况下，贫困人口的受教育水平普遍偏低，在计算、书写、阅读等能力方面往往处于劣势。教育则能够提高贫困人口的计算、书写、阅读等能力，而这些能力能够有效地促进贫困人口对科技知识的传播和吸收，也能够提升他们在成本收益方面的核算水平。舒尔茨在人力资本理论中指出，耕地、空间、食物和能源等物质资源并不是改变贫困人口福利的根本，改变贫困人口福利的根本应该是提高他们的知识储备能力、技术水平等非物质资本因素。因而，知识储备能力的提高，特别是知识水平的提高和新劳动技能的掌握，不仅能够让贫困人口在生产效率和生产能力方面得到提升，还能够使之增强就业能力，提高工资待遇水平，进而在劳动力市场上获得更高的回报。应促进人力资源向人力资本转化，提高贫困人群的自我发展能力，进而让他们摆脱贫困。

2. 教育能够提高贫困人口的信息获取能力

由于贫困地区地理位置偏僻、交通不便、信息闭塞，很难获取到大量新的信息，加上人们的思想观念普遍较为落后，所以只有打破贫困人口传统的陈旧的落后思想观念，才能够促进他们的人力资本提升，增加他们的自身脱贫能力。教育是贫困人口获取信息的重要渠道，尤其是在信息化时代，教育能够强化贫困人口获取信息的能力，降低贫困人口获取信息的成本，从而有利于突破故步自封的不利格局。与此同时，教育能够增加贫困人口的求知欲和好奇心，这有利于提高贫困人口吸收先进思想、先进技术等的能力。正如邓小平曾经指出的：科学技术是第一生产力，一个国家的发展离不开科学技术，人类发展也离不开科学技术。对于贫困人口来说，要摆脱贫困也离不开科学技术。因此要抓教育、尊重知识、尊重人才，也要注重科学技术的辐射带动作用，让贫困人口共享科技红利。教育还能够促使贫困人口更加容易掌握新技术、掌握新方法、使用新工具等，使得贫困人口在求职市场上更能够抓住机会，对市场的各种信息变化更加敏感，从而成为信息获取的能手，而这对于提高贫困人口的劳动生产率和生产效率也非常重要。

3. 教育能够提高贫困人口的资源配置能力

教育能够提高贫困人口的理性认识水平，能够让他们在劳动力、资金、土地等要素有限的情况下，权衡投入和产出。通过合理的资源配置让有限的资源都能够得到有效利用，从而选择一个利益最大化的配置方案，使贫困人口拥有的劳动力、资金、土地、时间等资源的配置效率得到大幅度提高，土地生产率上升，收入也随之增加，贫困状况由此得到改善。此外，教育还能够提高贫困人口的资源管理能力，只需要用较少的人力、财力和物力，让他们在短时间内学会一些基本的现代科学管理知识。而贫困人口则可以将自己所掌握的现代科学管理知识，灵活地运用到自己的生产中，如合理安排种植业的布局、规避种植风险、提高抵抗风险能力等，进而能够有效减少因投资决策失败而造成的贫困。

4. 教育能够提高贫困人口的流动能力

随着经济的快速发展，产业结构的不断优化和升级，以往以劳动密集型产业为主的生产模式逐渐转变为以技术和资金密集型产业为主的生产模式。劳动密集型产业对劳动者的知识水平要求较低，但是技术密集型产业和资金密集型产业则需要素质较高的劳动力。因此，低素质的劳动者将逐渐失去以往的优势，相反素质较高的劳动者将变得更有市场。而教育能够提高贫困人口的自身素质，让他们避免进入处于产业链末端且易被淘汰的行业，使他们在求职过程中更容易获得较高收入，改善贫困困境。另外，教育还是一种可携带的资本，在贫困人口受教育水平得到提高后，也能够促使他们从农村转移到城市，进入工资待遇水平更好的第二、第三产业。

5. 教育能够提高贫困人口的自觉脱贫能力

由于贫困文化的影响，在部分贫困地区，“等靠要”的贫困文化思想极为盛行，他们利用国家拨发的扶贫资金享乐，而没有把这些扶贫资金用在生产上，这并不利于贫困地区的脱贫。有些干部在拿到扶贫资金之后，由于自身的文化水平有限，无法将扶贫资金灵活地用起来。而贫困人口即使自己拿到了扶贫资金，也只能用来缓解短时间内物质方面的缺乏问题，并不能够从长远上解决脱贫致富难题，久而久之就容易形成“越扶越懒，越扶越贫”的状况。教育则能够提高贫困人口的自觉脱贫能力。发展教育能够提高贫困人口的素质，在降低贫困人口贫困程度的同时，能够把反贫困逐渐转变为贫困人口的自觉行动，让贫困者从被动接受援助转变为自己主动寻找脱贫致富的机会，从而避免“越扶越懒，越扶越贫”现象的发生。

6. 教育具有优化人口的功能

教育优化人口的功能主要体现为发展教育能够提高人口素质，保持人口的可持续增长。发展教育能够让人们了解更多的人口科学知识，让人们树立正确的生育观，从而降低贫困地区的人口出生率，同时促进人口优生优育，提高人口的总体素质。世界著名的经济学家马尔萨斯在人口决定论中指出，人类所需的生活资料增长速度与人口增长速度两者之间存在较大差异，前者明显要慢于后者，因此，人口过多是导致贫困产生的根本原因。马尔萨斯的观点存在一定的局限性，也受到不少学者的质疑，虽然人口过多的确是导致贫困产生的原因之一，但是并不能完全归结如此。人口是社会生产的前提和基础，根据各国实践来看，人口素质相比于人口数量更为重要和关键。人口素质的高低决定了一个国家或地区的发展速度，尤其在现代社会中，随着科技的快速发展，对人口素质的要求也逐渐提高。小到微观家庭或者个体而言，个人素质的高低将在很大程度上决定其收入水平的高低，决定能否摆脱贫困。因此，提升贫困人口的素质才是发展人口的关键，当家庭社会资本较贫瘠时，提升家庭人力资本水平可以降低农户贫困发生概率。由此可见，对于减少贫困人口来说，发展教育确实是一个治本之策。

除此之外，教育能够提高贫困人口的其他能力，如教育能够提高贫困人口的生活质量、改善贫困人口的营养和健康状态、丰富贫困人口的日常生活，还能够促进贫困家庭子女受教育水平的提高等。为了更加清晰地了解教育促进农村减贫的作用机理，在此绘制出教育发展影响农村减贫的作用路径图（如图 2－2 所示）。

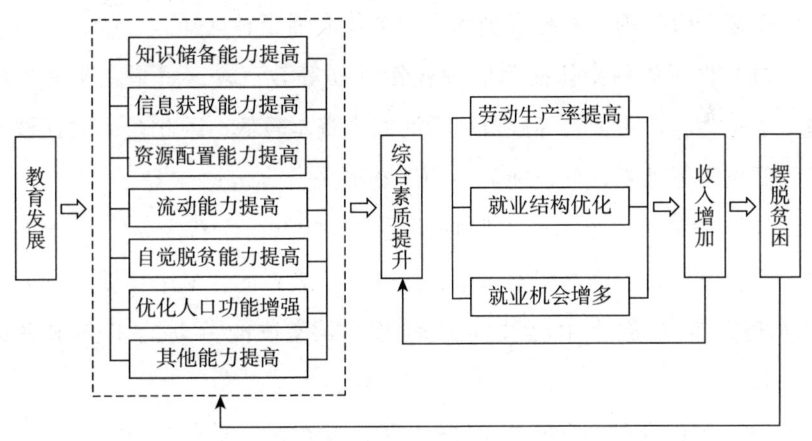

图 2－2　教育发展影响农村减贫的作用路径

（三）教育促进农村减贫的数理表达

教育是人力资本投资的主要方式，发展教育促进农村减贫的作用机制关键在于人力资本的提升，人力资本的提升有助于培养农村经济体获得收入的能力。下面根据 Galor 和 Zeira（1993）、陈斌开和林毅夫（2012）、关抟（2013）以及苏静（2015）等的研究，借助数理模型阐述农村教育发展通过人力资本积累作用于减贫的机制。

1. 基本假设

假设存在一个简单的两期（T_1 和 T_2）农村经济体，经济体由连续统一的农村个体组成，经济体中只有一种可储存的商品，既可以当成投资品，也可以当成消费品。每个农村个体存活两期，并拥有一个后代。为了方便分析，假设整个经济体中的总人口数保持不变，且具有相同的能力和偏好，同时家户具有无限生命。由于存在跨代馈赠，农村个体初始财富的多寡取决于他所继承财富的多少。农村个体拥有的初始财富为 y，在第二期消费 c，剩余财富则为 $b = y - c$。同时，假设农村个体将自身的财富用于消费 c 和储蓄 b 以最大化效用，而效用函数的表达式为：$U = c^{\rho} b^{1-\rho}$。

2. 生产投资选择

在某一时期内，农村经济体中的个体面临三种选择。

（1）假设农村个体在 T_1 时期仅接受初等教育，这里指九年义务教育，学费为 pf，由于初等教育积累的人力资本较低，因此在 T_2 时期他会成为低技能劳动者，低技能劳动的工资水平为 $pwage$。

（2）假设农村个体在 T_1 时期接受中等教育，学费为 mf，由于接受过中等教育，人力资本积累水平比接受初等教育的农村个体要高，因此在 T_2 时期他会成为中等技能劳动者，中等技能劳动的工资水平为 $mwage$。

（3）假设农村个体在 T_1 时期接受高等教育，学费为 cf，由于接受过更高层次的教育，其人力资本积累达到一个较高的水平，具备了较全面的各项能力，可以从事技术性高、收入水平高的工作，因此在 T_2 时期他会成为高技能劳动者，高技能劳动的工资水平为 $cwage$。

根据上面所述的三种情况可知，不同的受教育程度会导致人力资本存在差异，而人力资本的差异则会影响劳动者的生产能力。据此，我们将低技能劳动者、中等技能劳动者以及高技能劳动者的产出公式表示如下：

$$Y_t^1 = F^1(K_t^1 \times L_t^1) \quad (2-1)$$

$$Y_t^2 = F^2(K_t^2 \times L_t^2) \quad (2-2)$$

$$Y_t^3 = F^3(K_t^3 \times L_t^3) \quad (2-3)$$

其中，K、L 分别代表资本投入以及劳动投入，Y 代表产出。根据 Galor 和 Zeira（1993）的研究，将农村个体效用函数 $U = c^{\rho} b^{1-\rho}$ 取自然对数形式：

$$\ln U = \rho \ln c + (1-\rho)\ln b \tag{2-4}$$

其中，ρ、$1-\rho$ 分别表示消费和留下财产的比例。农村个体效用的大小取决于父母留下的财产多寡，财产多效用就大，反之亦然。

由于农村个体的初始财富存在差异，要完成自己选择的学业则需要在市场上进行借入（债务人）或借出（债权人）。由于债权人与债务人之间存在监督等隐性或者显性成本（用 z 表示），所以借贷利率 i 和市场利率 r 在通常情况下不会相同。在完全竞争条件下，假设农村某借贷主体通过信贷得到资金 ϑ，同时支付信贷利息，则有：

$$i_{\vartheta} \times \vartheta = \vartheta \times r + z \tag{2-5}$$

信贷机构为了降低贷款风险，z 的设置通常都非常高。基于激励相容约束，则有：

$$(1 + i_{\vartheta}) \times \vartheta = \lambda z \tag{2-6}$$

式（2－6）中，λ 表示调节系数，且 $\lambda > 1$。综合式（2－5）和式（2－6），则可以得知：

$$i_{\vartheta} = i = (1 + \lambda r)/(\lambda - 1) > r \tag{2-7}$$

根据式（2－7）可以得出，农村借贷主体借贷的利率 i 是独立于贷款额度 ϑ 的，而由于违约动机随着贷款额度的增加而增强，所以，农村金融机构对借贷主体的监控成本将随着信贷额度 ϑ 的上升而上升，因此 $i > r$。

3. 短期均衡

根据上代留下财产的差异，任意农村个体会根据财产的多少来选择接受教育的情况，由于农村个体接受教育的程度不一样，因此其人力资本积累也会存在差异，人力资本越高则越可能成为高技能劳动者，人力资本低则只能成为低技能劳动者。下面我们分别分析三种情况。

(1) 仅接受初等教育，后期成为低技能劳动者。农村个体接受上代的财产很少，由于当前中国九年义务教育阶段实行了免除学费的规定，因此 pf 为零，而原本需要支付的学费可以用于投资、消费等其他方面。农村个体在前期只接受初等教育，其效用函数表示为：

$$U_1(x) = \ln[pwage + (x + pwage)(1 + r)] + \xi \tag{2-8}$$

其中：

$$\xi = \rho\ln\rho + (1 - \rho)\ln(1 - \rho) \tag{2-9}$$

式（2-8）中，$pwage$ 代表工资水平，x 代表接受上代的财产，ξ 表示随机变量。在接受初等教育时，农村个体劳动者可以 r 的利率把工资和财产借给他人，农村个体留下的财产则可以表示：

$$b_1(x) = (1 - \rho)[pwage + (x + pwage)(1 + r)] \tag{2-10}$$

(2) 接受中等教育，后期成为中等技能劳动者。由于接受上代一定量的财产，对于接受的财产可以分为两种情况，即接受的财产多于和少于接受中等教育所需学费。

当劳动者接受的财产比接受中等教育所需学费要少时，农村个体则以 i 的借贷利率从外界借入差额，其效用函数和留下的财产可以分别表示为：

$$U_2(x) = \ln[mwage + (x - mf)(1 + i)] + \xi \tag{2-11}$$

$$b_2(x) = (1 - \rho)[mwage + (x - mf)(1 + i)] \tag{2-12}$$

在效用函数中，只有当 $U_2(x) > U_1(x)$ 时，才能激励农村个体去选择接受中等教育，求解效用函数的不等式 $U_2(x) > U_1(x)$，则可以得到：

$$x_t = \phi_1 \geqslant \frac{pwage(2 + r) + (1 + i)mf - mwage}{i - r} \tag{2-13}$$

当农村个体接受的财产多于接受中等教育所需学费时，其效用函数和留下的财产可以分别表示为：

$$U_3(x) = \ln[mwage + (x - mf)(1 + r)] + \xi \tag{2-14}$$

$$b_3(x) = (1 - \rho)[mwage + (x - mf)(1 + r)] \tag{2-15}$$

同理，要想 $U_3(x) > U_1(x)$，应满足：

$$mwage - mf(1 + r) \geqslant pwage(2 + r) \tag{2-16}$$

（3）接受高等教育，后期成为高技能劳动者。由于农村个体接受上代的财产较多，按照第二种情况的分析思路，对于接受的财产同样可以分为两种情况，即接受的财产多于和少于接受高等教育所需学费。

当劳动者接受的财产比接受高等教育所需学费要少时，农村个体则以 i 的借贷利率从外界借入差额，其效用函数和留下的财产可以分别表示为：

$$U_4(x) = \ln[cwage + (x - mf - cf)(1 + i)] + \xi \tag{2-17}$$

$$b_4(x) = (1 - \rho)[cwage + (x - mf - cf)(1 + i)] \tag{2-18}$$

只有当 $U_4(x) > U_3(x)$ 时，才会激励农村个体选择借贷去接受高等教育，求解效应函数的不等式 $U_4(x) > U_3(x)$，则可以得到：

$$x_t = \phi_2 \geqslant \frac{mwage - cwage + (1 + i)cf + (i - r)mf}{i - r} \tag{2-19}$$

当农村个体接受的上代财产比接受高等教育所需学费要多时，农村个体以 r 的借贷利率将多余部分借给其他农村个体，其效用函数和留下的财产可以分别表示为：

$$U_5(x) = \ln[cwage + (x - mf - cf)(1 + r)] + \xi \tag{2-20}$$

$$b_5(x) = (1 - \rho)[cwage + (x - mf - cf)(1 + r)] \tag{2-21}$$

只有当 $U_5(x) > U_3(x)$ 时，才会激励农村个体选择接受高等教育。要想 $U_5(x) > U_3(x)$，应满足：

$$cwage - (mf + cf)(1 + r) \geqslant mwage - mf(1 + r) \tag{2-22}$$

结合以上各式，可以分别求出高技能劳动者、中等技能劳动者和低技能劳动者的数量分别为：$L_t^1 = \int_0^{\phi_1} \mathrm{d}D_t(x_t), L_t^2 = \int_{\phi_1}^{\phi_2} \mathrm{d}D_t(x_t), L_t^3 = \int_{\phi_2}^{\infty} \mathrm{d}D_t(x_t)$。

4. 长期均衡

由于前一期继承财产会对后一期财产造成重要影响，根据 Galor 和 Zeira（1993）的研究思路，下面在短期均衡的基础上来分析长期均衡，对于出生在 t 时期的农村个体而言，其留给后代的财产是关于 x 的函数，其长期关系可以表示为：

$$x_{t+1} = \begin{cases} b_1(x) = (1-\rho)[pwage + (x + pwage)(1+r)], x_t < \phi_1 \\ b_2(x) = (1-\rho)[mwage + (x - mf)(1+i)], \phi_1 \leqslant x_t < mf \\ b_3(x) = (1-\rho)[mwage + (x - mf)(1+r)], mf \leqslant x_t < \phi_2 \\ b_4(x) = (1-\rho)[cwage + (x - mf - cf)(1+i)], \phi_2 \leqslant x_t < cf \\ b_5(x) = (1-\rho)[cwage + (x - mf - cf)(1+r)], x_t \geqslant cf \end{cases} \tag{2-23}$$

为了更加清晰地了解上面的关系，根据式（2－23）所示的分段函数，我们将低技能劳动者、中等技能劳动者以及高技能劳动者之间的长期均衡通过图形进行展示（如图 2－3 所示）。根据图 2－3 可知，A、B、C 为均衡点，D、F 为非均衡点，其他点都是非稳态的，如果点在区间 $x_t < \phi_1$ 内移动，则最终朝 A 点运动且收敛于 A；如果点在区间 $\phi_1 \leqslant x_t < pf$ 内移动，D 点将作为起点，反方向移动且分为两种情况：如果 $\phi_1 \leqslant x_t < O_1$，则最终收敛于 A；如果 $O_1 \leqslant x_t < pf$，则最终收敛于 B。同理可得，如果点在区间 $O_1 \leqslant x_t < O_2$ 内移动，则最终会朝 B 点移动且收敛于 B。如果 $x_t > O_2$ 时，则最终会朝 C 点移动且收敛于 C。

因此，从长期来看，如果农户家庭初始接受的财产小于 O_1，该家庭中的农村个体及其后代则只能接受初等教育，在后期则成为低技能劳动者，其收入水平低下，成为低收入群体，陷入贫困，他们的财产水平

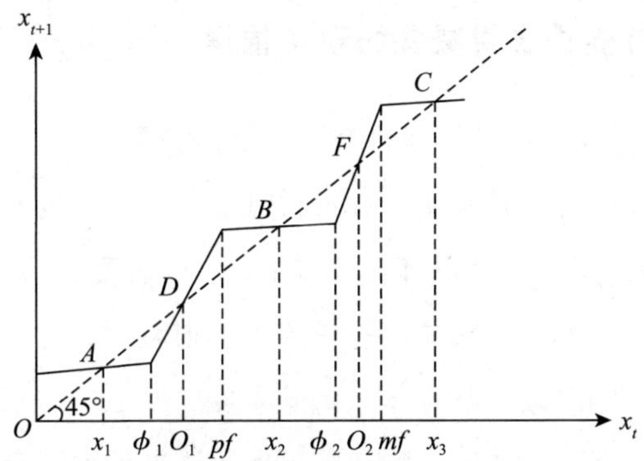

图 2-3　不同技能劳动者收入水平的长期均衡示意

将最终收敛于 x_1。如果农户家庭初始接受的财产位于 O_1 与 O_2 之间，该家庭中的农村个体及其后代则能够接受中等教育，在后期则成为中等技能劳动者，成为中等收入群体，他们的财产水平将最终收敛于 x_2。如果农户家庭初始接受的财产大于 O_2，该家庭中农村个体及其后代都能够接受高等教育，在后期则成为高技能劳动者，成为高收入群体，他们的财产水平将最终收敛于 x_3。由前面的分析也可以得出长期下低收入群体、中等收入群体、高收入群体的人数分别为：$L_t^{1*} = \int_0^{O_1} \mathrm{d}D_t(x_t)$，$L_t^{2*} = \int_{O_1}^{O_2} \mathrm{d}D_t(x_t)$，$L_t^{3*} = \int_{O_2}^{\infty} \mathrm{d}D_t(x_t)$。

根据上面的理论分析可知，农村贫困群体由于没有或者拥有较少馈赠财富，缺乏资金，导致对教育的投入不足，人力资本积累缺乏，从而制约自身获得相对较高收入的能力培养。由于缺乏对能力的培养，他们只能维持低收入水平，从而陷入贫困，并形成一个恶性循环，即“贫困—收入低下—受教育程度低—人力资本积累不足—能力不足—生产率低下—收入低下—贫困”。由此，我们通过数理模型分析例证了教育与贫困之间的关系。长期来看，要打破这个阶层固化困局必须加大教育投入，让农村个体均能够接受足够的教育，提升自身获得相对较高收入的能力，进而改变贫困现状。

（四）教育促进农村减贫的现实依据

中国在扶贫过程中，最为常用的方式有救济式扶贫和开发式扶贫两种。虽然这两种扶贫方式都能够对农村减贫起到一定的作用，使得贫困问题得到了极大的改善，但目前仍面临着脱贫速度减缓、脱贫难度大、返贫率高等问题。可见，反贫困的任务依然很艰巨，已经到了“啃硬骨头、攻坚拔寨”的阶段。从根本上消除贫困，寻找一条长久有效的反贫困途径可谓至关重要。其实，综观世界发达国家，在福利制度较为完备的情况下，也依然存在贫困群体。这些群体的贫困并非物质层面的匮乏，更多的是基本行为能力的缺乏。由此可知，仅仅依靠物质帮扶是无法从根本上消除贫困问题的，因此需要通过发展教育提升他们的技能，通过提升他们的能力来改变贫困的状况。实践证明通过发展教育来减贫在中国贫困地区具有非常重要的现实依据和指导意义。

1. 教育是阻断代际贫困传递的关键

由于地理环境恶劣，贫困地区家庭人均收入水平低下，微薄的收入难以支持子女接受较高层次的教育，很多贫困家庭的子女上完九年义务教育后就开始打工，甚至有的还未完成九年义务教育就辍学开始工作。受教育水平低下的贫困家庭子女因缺乏必要的技能和相应的知识水平，在劳动力市场中丧失了就业竞争优势，从而难以改变自身处于社会底层的处境，导致被剥夺了向上层社会流动的机会。如此一来就会形成贫困恶性循环的怪圈，即家庭收入水平低—子女受教育水平低—就业困难—低的工资收入—家庭贫困—家庭收入水平低—子女受教育水平低，从而贫困代际传递现象得到强化。林闽钢和张瑞利（2012）、卢盛峰和潘星宇（2016）、郭熙保和周强（2017）等的研究结果均表明，中国农村存在非常明显的贫困代际传递现象，而受教育水平低下是造成贫困代际传递的重要因素之一。虽然每年中国脱贫人口数量较大，但是由于贫困地区的生产、生活条件难以在短时间内改变，当地居民抵御贫困风险的能力非常有限，影响程度不大的不利冲击极易使得当地家庭再次陷入贫困，返贫率偏高进一步加大了中国反贫困的难度。要改变当前这种不利局面，必须从能力视角出发，通过发展教育提升贫困人口的自我发展能力，激活贫困地区的经济发展活力，让贫困人口自身掌握基本技能，提高贫困人口的劳动生产率，让他们摆脱低收入困境，从而阻断贫困代际传递。

2. 教育减贫在部分贫困地区已取得良好的示范效应

改革开放以来，在贫困地区通过接受教育而脱贫致富的事例不在少数。在外出打工的事例中不难发现，受教育程度稍高的劳动者，学习了一定的知识和技术，利用学到的知识和技能率先在贫困地区脱贫致富，诸多这样的事例表明发展教育促进减贫在现实中具有可行性。在现代社会中，教育是提高贫困人口素质的主要途径，也是让贫困人口摆脱贫困的重要方式。受教育水平的提高，能够使得贫困人口在知识储备能力、资源配置能力、信息获取能力以及流动能力等方面得到提高。同时教育也是一种收益投资，对于贫困人口而言，受教育水平和收入之间表现为正向关系。根据人力资本投资决定收入分配模型可知，进行更多教育投资的人将拥有更高的年收入。诸多学者也发现不同受教育层次与贫困之间同样存在密切的联系，通常情况下认为受教育层次越高，收入水平越高，陷入贫困的可能性也会越低。更为重要的是，受教育程度高的劳动者，就业的可能性和范围要比受教育程度低的人高出和大出很多，且工作的适应性较强、精神生活丰富、思维更为敏捷、致富的点子较多。

3. 教育能够对社会发展产生积极广泛的影响

教育能够让贫困人口摆脱封闭的经济循环，打破低收入水平陷阱。从长远来看，教育发展能够让整个国家经济、文化、社会等的发展更为和谐。首先，教育能够提高全民素质，能够缓解由于贫困人口多而引起的各种社会问题，如土地资源利用、水资源利用、生态环境等问题，有利于促进贫困地区环境保护和资源的可持续利用。其次，教育发展能够加快和扩展各种信息的传播速度和传播范围，在当今信息化时代，更能够让贫困地区人口及时地接受现代信息，彻底改变贫困人口的信息贫困状态，改善贫困人口的精神面貌。最后，教育能够改变贫困人口的思想观念，尤其是落后的思想观念。贫困地区往往存在诸多落后、陈旧的思想观念，导致贫困人口难以在思想上脱贫，而教育能够让贫困人口接受新的知识和技能，有利于贫困人口改变落后的思想观念，提高自我发展能力。由此可见，发展教育既能够满足贫困人口的基本生存需要，又能够加快推动贫困地区经济发展和加强对资源的有效利用，从而实现贫困地区的繁荣发展，这会对整个社会发展产生积极广泛的影响。

第三章　受教育水平对农村贫困影响的实证研究

改革开放以来，伴随着经济的快速发展和反贫困政策的大力实施，中国在反贫困过程中取得了可喜的成就，农村贫困状况得到了极大改善。不过以往在反贫困过程中，更多采取的是救济式和开发式的扶贫方式，并未在真正意义上形成提升贫困主体能力的内生减贫机制。当前，中国扶贫工作面临着农村贫困人口越趋集中、扶贫难度大、返贫率高、致贫因素复杂且受教育水平低下等多重困难。为了寻找一条能够长期持续的脱贫路径，越来越多的学者开始对教育扶贫的作用给予密切关注和高度重视。从某种程度来说，贫困的根源在于贫困主体能力的缺乏，能力的缺乏往往在于人力资本积累不足，而教育则是人力资本积累的最重要途径。因此，倡导教育扶贫，不管是对于个人还是对于社会都具有非常积极的作用。

国内外学者从诸多视角分析了受教育水平与贫困之间的关系，且绝大多数研究证实了提升受教育水平能够缓解贫困。不过从现有研究来看，大多数文献重点聚焦在探讨受教育水平对农村静态贫困的影响，而研究受教育水平对动态贫困和多维贫困影响的却相对较少。另外，较少有学者从空间层面来探讨受教育水平对农村贫困的影响。虽然前文已经从质性角度诠释了教育减贫的内在机理，但是为了进一步验证和说明教育减贫的效果，本章将结合前面的理论分析，从多视角出发，结合宏观数据和微观数据，通过采用空间自相关检验、空间滞后模型（SAR）、空间误差模型（SEM）、Logit 模型以及 Probit 模型，研究受教育水平对收入贫困、长期收入贫困、多维贫困的影响，以实证考察受教育水平对农村贫困的影响效果及其地区差异。

一　受教育水平对农村贫困影响的宏观效应检验

为了考察宏观视角下，受教育水平对农村减贫的影响效果及其地区差异情况，本节做了如下安排：首先，运用空间自相关性检验分析受教育水平和农村贫困的空间自相关性情况；其次，借助空间滞后模型（SAR）和空间误差模型（SEM）实证分析受教育水平对农村贫困的影响；最后，进一步将全样本进行区域划分，并采用替换被解释变量和解释变量等方式对模型进行稳健性检验。

（一）空间计量研究方法

1. 全局空间自相关

检验区域变量是否存在空间自相关性的常用方法是 Moran's I 指数方法，该指数的计算如下所示：

$$Moran's\ I = \frac{n\sum_{i=1}^{n}\sum_{j=1}^{n}w_{ij}(x_i - \bar{x})(x_j - \bar{x})}{\sum_{i=1}^{n}\sum_{j=1}^{n}w_{ij}\sum_{i=1}^{n}(x_i - \bar{x})^2} = \frac{\sum_{i=1}^{n}\sum_{j\neq i}^{n}w_{ij}(x_i - \bar{x})(x_j - \bar{x})}{S^2\sum_{i=1}^{n}\sum_{j\neq i}^{n}w_{ij}} \tag{3-1}$$

式（3－1）中，$S^2 = \frac{1}{n}\sum_{i}(x_i - \bar{x})^2$，$\bar{x} = \frac{1}{n}\sum_{i=1}^{n}x_i$，$x_i$、$n$ 分别表示观测值和地区总数。

$W_{ij} = \{w_{ij}\}$ 则表示空间权重矩阵，并且全局的 Moran's I 指数服从正态分布，均值为 $E(I) = \frac{1}{n-1}$，方差如下所示：

$$\mathrm{Var}(I) = \frac{n^2 \sum_{ij} w_{ij}^2 + 3(\sum_{ij} w_{ij}^2)^2 - n\sum_i (\sum_j w_{ij})^2}{(n^2-1)(\sum_{ij} w_{ij}^2)^2} \tag{3-2}$$

标准化的全局 Moran’s I 指数满足：

$$Z(I) = \frac{I - E(I)}{\sqrt{VAR(I)}} N(0,1) \tag{3-3}$$

Moran’s I 指数介于 -1 和 1 之间，如果其值大于零则表示所考察的变量表现为空间正相关关系，如果其值小于零则表示所考察的变量表现为空间负相关关系。

2. 局部空间自相关

全局 Moran’s I 指数测算了区域经济活动的全局空间相关性，并能够很好地诠释区域经济的空间联系。后来，Anselin 在 1995 年提出局部 Moran’s I 指数，相比全局 Moran’s I 指数而言，局部 Moran’s I 指数更能够精确地描述局部地区的空间集聚情况，局部 Moran’s I 指数也称作“LISA”指数，其计算公式如下所示：

$$LISA = \frac{x_i - \bar{x}}{S^2 \sum_{j \neq 1} w_{ij}(x_j - \bar{x})} = I_i = \frac{(x_i - \bar{x})}{S^2} \sum_j w_{ij}(x_j - \bar{x}) \tag{3-4}$$

式（3-4）可进一步写成：

$$I_i = \frac{n(x_i - \bar{x}) \sum_j w_{ij}(x_j - \bar{x})}{\sum_i (x_i - \bar{x})^2} = \frac{nz_i \sum_j w_{ij} z_j}{z^T z} = z'_i \sum_j w_{ij} z'_j \tag{3-5}$$

式（3-5）中，z'_i 和 z'_j 是经过标准差标准化的观测值。

局部 Moran’s I 指数通常采用二维散点图的形式进行表示。因为局部 Moran’s I 指数散点图能够直观地显示出各变量与其空间滞后项之间的关系。其中，落入高-高以及低-低区域中的点，表示高值被高值包围，或低值被低值包围，即 $I_i > 0$；落入高-低以及低-高区域中的点，表示高值被低值包围，或低值被高值包围，即 $I_i < 0$。

3. 空间权重矩阵的构建

地理相邻是产生空间依赖的根本原因，根据大多数研究的做法（刘华军和杨骞，2014），本书也采用地理相邻矩阵来表示空间相邻关系。地理相邻矩阵中元素的取值根据各省区市是否相邻而得，如果省区市与省区市之间相邻则表示为1，不相邻则表示为0，同时将对角线上的元素取值全部设置为0。其具体表现形式如下所示：

$$W_0 = \begin{bmatrix} w_{11} & w_{12} & \cdots & w_{1n} \\ w_{21} & w_{22} & \cdots & w_{2n} \\ \cdots & \cdots & \ddots & \cdots \\ w_{n1} & w_{n2} & \cdots & w_{nn} \end{bmatrix} \tag{3-6}$$

式（3-6）中，n表示研究的地区总数，w_{ij}表示省区市i和省区市j的相邻关系。

4. 受教育水平与贫困减缓的空间相关性分析

根据全局Moran's I指数计算公式，借助Stata 14.0软件，本节首先计算出2010~2016年中国农村贫困状况和农村受教育水平的全局Moran's I指数值，计算结果如表3-1所示。从表3-1中可以看出，中国农村贫困发生率的Moran's I指数值均为正，并且在所考察的年份中均通过了1%的显著性水平检验，说明中国农村贫困状况存在显著的空间自相关性，即农村贫困程度高的地区与农村贫困程度高的地区相邻，农村贫困程度低的地区与农村贫困程度低的地区相邻。此外，在考察期内，全局Moran's I指数值总体上呈现先下降后上升的演变趋势，说明中国农村贫困程度的空间相关性随着时间的推移表现为先降后升的演变态势。同理，从表3-1中可以看出，中国农村受教育水平的Moran's I指数值均通过了1%的显著性水平检验，且数值均为正，说明中国农村受教育水平存在显著的空间自相关性，即农村受教育水平高的地区与农村受教育水平高的地区相邻，农村受教育水平低的地区与农村受教育水平低的地区相邻。此外，根据农村受教育水平的Moran's I指数值可知，随着时间的推移，农村受教育水平的空间自相关性总体表现出先升后降的演变趋势。

表 3－1　农村贫困状况与受教育水平的 Moran's I 指数

变量	I	E（I）	SD（I）	Z 值	P 值
Macpoor2010	0.577***	－0.033	0.117	5.205	0.000
Macpoor2011	0.578***	－0.033	0.117	5.235	0.000
Macpoor2012	0.565***	－0.033	0.117	5.138	0.000
Macpoor2013	0.550***	－0.033	0.116	5.014	0.000
Macpoor2014	0.568***	－0.033	0.117	5.145	0.000
Macpoor2015	0.574***	－0.033	0.117	5.169	0.000
Macpoor2016	0.553***	－0.033	0.118	4.975	0.000
Macedu2010	0.367***	－0.033	0.102	3.917	0.000
Macedu2011	0.355***	－0.033	0.102	3.791	0.000
Macedu2012	0.364***	－0.033	0.102	3.884	0.000
Macedu2013	0.369***	－0.033	0.102	3.944	0.000
Macedu2014	0.372***	－0.033	0.101	4.004	0.000
Macedu2015	0.355***	－0.033	0.099	3.940	0.000
Macedu2016	0.330***	－0.033	0.096	3.779	0.000

注：*** 表示 1% 的显著性水平；*Macpoor2010* ~ *Macpoor2016* 表示 2010 ~ 2016 年的农村贫困程度；*Macedu2010* ~ *Macedu2016* 表示 2010 ~ 2016 年的农村受教育水平；农村贫困程度和受教育水平的定义将在后文做详细分析。

为了研究各省区市农村贫困状况的空间集聚特征，本节同时绘制出了地理相邻矩阵（权重矩阵）下 2010 年和 2016 年农村贫困状况的局部 Moran's I 指数散点图（如图 3－1 所示）。根据图 3－1 可知，在地理相邻矩阵下，分布在第一象限的省区市个数最多，其次是第三象限，而分布在第二、第四象限的相对较少。即“高－高型”省区市个数最多，其次是“低－低型”省区市，而“低－高型”和“高－低型”省区市个数较少。这说明局部 Moran's I 指数散点图也表明中国省域农村贫困状况存在高度的空间集聚特征，从而进一步说明中国农村贫困状况的空间分布是非均质的。因此在研究农村贫困的相关问题中，不应忽视其空间依赖性。

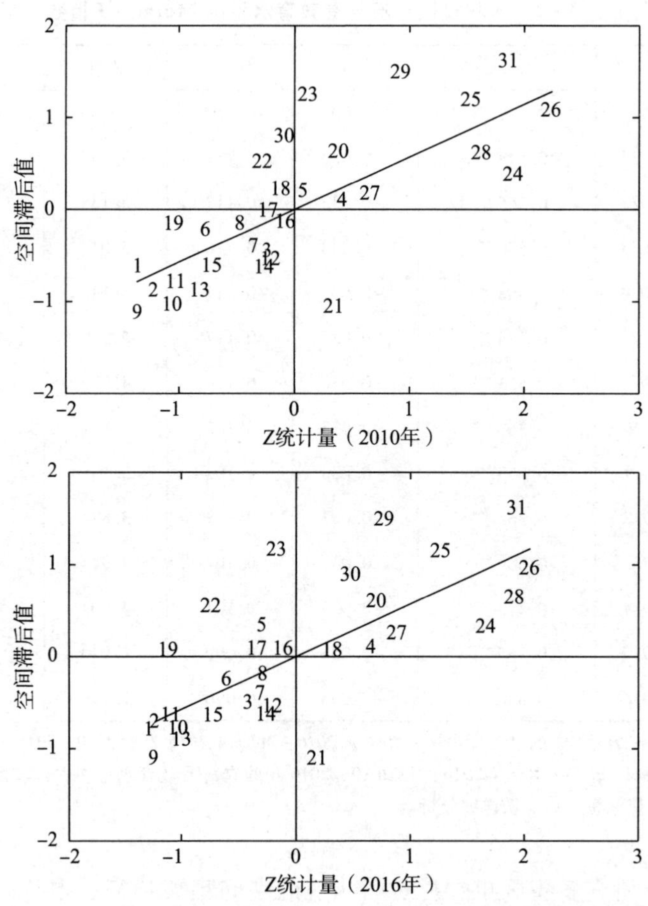

图 3－1　2010 年和 2016 年农村贫困状况的 Moran's I 指数散点图

为进一步考察各省区市受教育水平的空间集聚特征，本节同时绘制出地理相邻矩阵下 2010 年和 2016 年农村受教育水平的局部 Moran's I 指数散点图（如图 3－2 所示）。根据图 3－2 可知，在地理相邻矩阵下，分布在第一象限的省区市个数最多，其次是第三象限，而分布在第二、第四象限的相对较少。即“高－高型”省区市个数最多，其次是“低－低型”省区市，而“低－高型”和“高－低型”省区市个数较少。同样，局部 Moran's I 指数散点图也表明中国省域农村受教育水平存在高度的空间集聚特征。

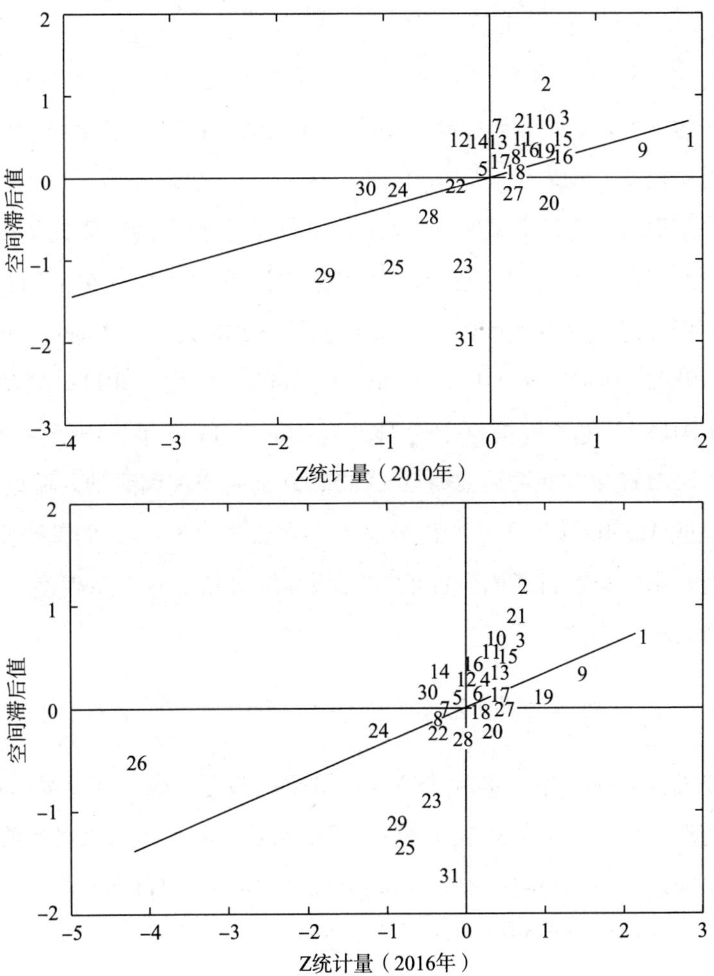

图 3－2　2010 年和 2016 年农村受教育水平的 Moran's I 指数散点图

（二）研究设计

1. 模型的设定

本节借鉴 Odhiambo（2009）、单德朋（2012）、储德银和赵飞（2013）以及苏静（2015）等众多学者的做法，将农村受教育水平作为核心变量，同时引入其他控制变量，构建农村受教育水平对农村贫困影响的普通面板回归模型，其具体回归模型设定如下：

$$Macpoor_{it} = \alpha_0 + bMacedu_{ij} + \upsilon X_{it} + \varepsilon_{it} \tag{3-7}$$

公式（3－7）中，i 表示省区市，t 表示年份，α_0表示常数项，b 表示回归估计系数，υ 表示控制变量的估计系数，在以下各个模型中，除了特别交代外，均表示回归估计系数，ε_{it}表示随机误差项。

传统面板模型即公式（3－7）并没有考虑到空间因素的影响，事实上，经济变量通常都会受到空间因素的影响，往往具有空间自相关性，采用传统的模型进行估计可能会存在一定的偏差（Anselin and Griffith，1988；Anselin and Lozano-Gracia，2008；吕健，2011；刘华军和杨骞，2014）。为了解决这个问题，Anselin 在 1988 年提出了空间误差模型（SEM）和空间滞后模型（SAR），从而将空间因素纳入模型当中。本节根据 Anselin（1988）的研究思路，在公式（3－7）的基础上，建立受教育水平与农村贫困之间的空间滞后模型和空间误差模型。其中，空间滞后模型构建如下：

$$Macpoor_{it} = Rho\sum_{i\neq j} W_{ij}Macpoor_{it} + \eta Macedu_{ij} + \beta X_{it} + \varepsilon_{it} \tag{3-8}$$

公式（3－8）中，W 代表 $N\times N$ 阶空间权重矩阵，$W\times Macpoor$ 代表空间滞后项，Rho 代表空间滞后项回归系数，ε_{it}表示随机误差项。

空间误差模型与空间滞后模型不同，它检验的是随机误差项的空间依赖性，其计量模型构建如下：

$$Macpoor_{it} = \lambda\sum_{i\neq j} W_{ij}Macpoor_{it} + \gamma Macedu_{ij} + \Phi X_{it} + \mu_{it} \tag{3-9}$$

其中，$\mu_{it} = \lambda\times W_{ij} + u$，$\mu_{it}$表示随机误差项，$\lambda$ 表示空间误差项回归系数。

式（3－7）～式（3－9）中，$Macpoor$ 表示各省区市农村贫困状况，$Macedu$ 表示各省区市农村劳动力受教育水平，X 表示控制变量。考虑到价格因素的影响，凡是涉及货币形式的变量，笔者均以 2010 年为基期，采用相应的平减指数进行换算。

为了检验农村贫困状况是否存在动态特征，同时也为了考察除解释变量之外的一些潜在因素对农村贫困状况的影响。本节在模型（3－8）

和模型（3－9）的基础上，把被解释变量的滞后一期纳入静态空间面板模型中，从而构建出动态空间面板模型：

$$Macpoor_{it} = \delta Macpoor_{i,t-1} + Rho \sum_{i \neq j} W_{ij} Macpoor_{it} + \eta Macedu_{ij} + \beta X_{it} + \varepsilon_{t} \tag{3-10}$$

$$Macpoor_{it} = \varphi Macpoor_{i,t-1} + \lambda \sum_{i \neq j} W_{ij} Macpoor_{it} + \gamma Macedu_{ij} + \Phi X_{it} + \mu_{it} \tag{3-11}$$

2. 变量的选取

（1）被解释变量：农村贫困（*Macpoor*）。对农村贫困水平的度量指标主要有贫困发生率、恩格尔系数、人均纯收入、人均消费水平等（Odhiambo，2009；单德朋，2012；储德银和赵飞，2013；苏静，2015；张兵和翁辰，2015；郭君平、曲颂和夏英，2017）。考虑到数据的可得性和权威性，本节最终选择《中国农村贫困监测报告（2017）》中公布的农村贫困发生率予以衡量。原始数据来源于《中国农村贫困监测报告（2017）》。

（2）核心解释变量：受教育水平（*Macedu*）。本节根据周稳海、赵桂玲和尹成远（2015）的做法，以全国各省区市农村劳动力平均受教育年限衡量。其中，将大专以上文化、中专（高中）、初中、小学、文盲的受教育年份分别设定为：16 年、12 年、9 年、6 年、0 年。然后以受教育年限为权重，与每个受教育层次的人数相乘，最后再除以所有受教育层次的人口之和，原始数据来源于相应各期《中国农村统计年鉴》《中国农业年鉴》以及各省区市统计年鉴。

（3）控制变量。遵循以往学者的研究，笔者选取如下变量作为控制变量。分别为农村经济增长、收入差距、财政支农、贸易开放、机械化水平和成灾率等 6 个典型变量。①农村经济增长。借鉴丁志国、徐德财和赵晶（2012）等的研究，采用人均农林牧渔业总产值进行衡量，该指标是衡量农村经济增长的较好指标，其值越大说明农村经济发展越快，反之亦然。原始数据来源于相应各期《中国农村统计年鉴》，且大小以2010年不变价格进行平减。②收入差距。借鉴陆铭和陈钊（2004），陈丰龙、徐康宁和王美昌（2018）等的相关研究，采用城镇居民可支配收入与农村居民人均纯收入之比表示，数值越大表示收入差距越大，原始数据来源于相应各期《中国农村统计年鉴》。③财政支农。参考蒋俊朋、田国强和郭沛（2011）的研究，本节采用各地区财政支农投入与农业总产值的比例来衡量各地方财政支农水平。财政支农投入是一个笼统的概念，本节所使用的财政支农投入包括支援农林水利气象、农业综合开发、农村生产支出等部门的事业费。原始数据来源于相应各期《中国农村统计年鉴》和《中国统计年鉴》。④贸易开放。借鉴李锴和齐绍洲（2011）的研究，采用进出口总值与国内生产总值比重表示，原始数据来源于国泰安数据库。⑤机械化水平。农业机械化是影响农村经济增长的重要因素，在其他因素不变的情况下，农业机械化水平越高，农业总产值越大，借鉴王向楠（2011）的做法，采用单位耕地面积总动力数表示，原始数据来源于相应各期《中国农村统计年鉴》。⑥成灾率。参考尹飞霄（2013）的做法，采用成灾面积占总农作物种植面积的比例表示，原始数据来源于相应各期《中国农村统计年鉴》。考察的时间跨度为2010~2016年，各变量的描述性统计结果如表3-2所示。

表3-2 变量的描述性统计

变量	变量符号	均值	标准差	最小值	最大值
农村贫困	*Macpoor*	0.1063	0.0974	0.0003	0.4920
受教育水平	*Macedu*	8.3502	1.0837	3.4170	10.9208
农村经济增长	*Growth*	1.1197	0.4217	0.3340	2.1958
收入差距	*Incogap*	2.7745	0.4817	1.8452	4.0735
财政支农	*Finasup*	0.1136	0.0300	0.0411	0.1897
贸易开放	*Openess*	0.2679	0.2996	0.0134	1.4574
机械化水平	*Mechan*	0.6737	0.3567	0.2594	2.4627
成灾率	*Hazrate*	0.0880	0.0662	0.0021	0.3320

（4）农村贫困总体概括。为了更加清晰地了解中国农村贫困人口和贫困发生率的变化情况，表 3－3 和图 3－3 给出了 1978～2016 年中国农村贫困人口和贫困发生率的具体数值和演变趋势。

表 3－3　1978～2016 年中国农村贫困人口和贫困发生率

年份	贫困人口（万人）	与上年相比（万人）	贫困发生率（%）	与上年相比（个百分点）
1978	77039	—	97.5	—
1980	76542	－497	96.2	－1.3
1985	66101	－10441	78.3	－17.9
1990	65849	－252	73.5	－4.8
1995	55463	－10386	60.5	－13.0
2000	46224	－9239	49.8	－10.7
2005	28662	－17562	30.2	－19.6
2010	16567	－12095	17.2	－13.0
2011	12238	－4329	12.7	－4.5
2012	9899	－2339	10.2	－2.5
2013	8249	－1650	8.5	－1.7
2014	7017	－1232	7.2	－1.3
2015	5575	－1442	5.7	－1.5
2016	4335	－1240	4.5	－1.2

资料来源：《中国农村贫困监测报告（2017）》。

根据国家 2010 年贫困标准测算，改革开放以来，中国农村贫困人口呈现较大幅度的下降趋势。从表 3－3 和图 3－3 可以发现，在 2010 年之前，下降幅度较快，可以分为两个阶段来看。第一阶段，1978～2010 年。1978 年全国农村贫困人口规模为 77039 万人，农村贫困发生率为 97.5%。相比 1978 年而言，2010 年全国农村贫困人口减少了 60472 万人，农村贫困发生率下降了 80.3 个百分点。第二阶段，2010～2016 年。2010 年全国农村贫困人口规模为 16567 万人，农村贫困发生率为 17.2%。与 2010 年相比，最近 6 年来全国农村贫困人口共减少

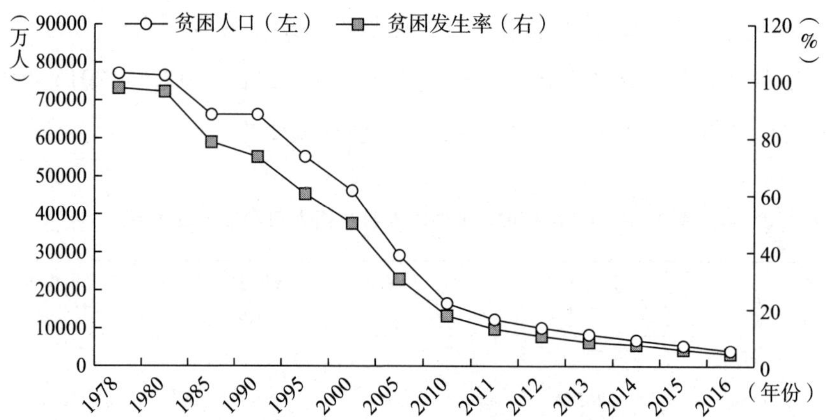

图 3-3　1978~2016 年中国农村贫困人口和贫困发生率演变趋势

资料来源：《中国农村贫困监测报告（2017）》。

12232 万人，贫困人口规模年均减少 2039 万人；农村贫困发生率下降 12.7 个百分点，年均下降 2.12 个百分点。2016 年全国农村贫困人口为 4335 万人，相比 2015 年而言，农村贫困人口减少 1240 万人，下降达 22.24%；农村贫困发生率为 4.5%，下降了 1.2 个百分点。

（三）实证结果及其解读

1. 普通面板模型回归估计结果

根据 Elhorst（2012）设计的模型选择方法，本节首先给出了普通面板的回归估计结果，如表 3-4 所示。其中，模型（1）至模型（3）采用了逐步回归分析方法；为了对比分析，表 3-4 中同时也给出了随机效应估计结果和 OLS 估计结果，见模型（4）和模型（5）。

从表 3-4 中可以发现，模型（1）至模型（3）中，受教育水平的系数均通过 1% 的显著性水平检验，且符号为负，说明中国农村受教育水平的提高能够有效地降低农村贫困程度。对于控制变量，在后文中我们再做详细解释。由于普通面板模型并没有考虑到农村贫困的空间溢出效应，为了进一步考察农村贫困的空间溢出效应，接下来本节采用空间面板模型重新进行回归估计。与普通面板模型类似，空间静态面板模型

表 3-4 普通面板模型的回归估计结果

变量	模型（1）	模型（2）	模型（3）	模型（4）	模型（5）
	FE	FE	FE	RE	OLS
Macedu	-0.1584*** (0.0160)	-0.0574*** (0.0136)	-0.0616*** (0.0136)	-0.0301*** (0.0081)	-0.0277*** (0.0048)
Growth		-0.2162*** (0.0270)	-0.2250*** (0.0244)	-0.1363*** (0.0211)	-0.0353** (0.0146)
Incogap		0.0646*** (0.0188)	0.0529*** (0.0174)	0.0852*** (0.0154)	0.0944*** (0.0122)
Finasup			-0.0427*** (0.0115)	-0.0317*** (0.0100)	-0.0051 (0.0077)
Openess			-0.1919*** (0.0397)	-0.0205 (0.0233)	-0.0317** (0.0142)
Mechan			-0.1007*** (0.0252)	-0.0618*** (0.0216)	-0.0104 (0.0138)
Hazrate			0.0270 (0.0213)	0.0305 (0.0245)	0.0545 (0.0338)
常数项	1.4290*** (0.1334)	0.4145*** (0.1434)	0.6195*** (0.1483)	0.1859** (0.0939)	0.0898 (0.0619)
N（个）	217	217	217	217	217
R^2	0.347	0.693	0.775	0.703	0.716

注：*、**、*** 分别表示 10%、5%、1% 的显著性水平，（ ）内数值为标准误，本章余同。

也通过采用 Hausman 检验确定是选择固定效应还是选择随机效应模型。其中，空间静态面板固定效应模型又可以细分为截面和时期双固定效应模型、时期固定效应模型、截面固定效应模型三种。具体而言，时期固定效应模型只控制了时期对模型的影响，但忽略了空间差异对稳态水平的影响；截面固定效应模型控制了空间差异对模型的影响，但忽略了时期变化对稳态水平的影响；而截面和时期双固定效应模型既控制了时期的影响，也控制了空间差异的影响。本节数据 N（31）大 T（7）小，属于短面板；在固定效应和随机效应的选择上，通常认为当数据来自不间断的空间单元时，固定效应模型更适合。比较时间固定、空间固定和时间空间双固定三个模型的估计结果也发现时间空间双固定模型更加优越。同时，通过 LM 检验结果可以发现，选择空间滞后模型（SAR）要比空间误差模型（SEM）更加准确。因此在下文的分析中，我们主要介绍空间滞后模型的回归估计结果。

2. 静态空间面板模型回归估计结果

表 3－5 报告了静态空间面板模型的回归估计结果。其中，模型（1）至模型（4）报告了空间滞后模型的回归估计结果，模型（5）和模型（6）报告了空间误差模型的回归估计结果。总体而言，从模型（1）至模型（4）中可以发现，空间滞后项回归系数 *Rho* 在每个模型中均通过了 1% 的显著性水平检验，且符号为正，说明中国农村贫困存在空间溢出效应，也就是说一个地区的贫困状况受到相邻省区市贫困状况的影响。并且在固定效应模型与随机效应模型的选择中，Hausman 检验结果表明空间滞后模型拒绝了原假设，所以，在此主要对固定效应模型（3）的估计结果进行解读。根据公式（3－8），我们在模型（1）至模型（3）中，逐步加入控制变量，以验证模型的稳健性。从模型（1）至模型（3）可以看出，农村受教育水平的系数在模型（1）至模型（3）中通过了至少 5% 的显著性水平检验，并且符号为负。由此可以证实，中国农村受教育水平确实对减轻农村贫困状况起到了积极的促进作用，即受教育水平越高，越有利于摆脱贫困状态。

表 3－5 静态空间面板模型的回归估计结果

变量	模型（1）	模型（2）	模型（3）	模型（4）	模型（5）	模型（6）
	FE	FE	FE	RE	FE	RE
Macedu	－0.0302***	－0.0280**	－0.0320***	－0.0185***	－0.0174	－0.0211***
	(0.0115)	(0.0111)	(0.0107)	(0.0069)	(0.0118)	(0.0073)
Growth		－0.0897***	－0.0976***	－0.0784***	－0.1125***	－0.0959***
		(0.0262)	(0.0251)	(0.0178)	(0.0238)	(0.0196)
Incogap		0.0377***	0.0271*	0.0291**	0.0361**	0.0443***
		(0.0137)	(0.0144)	(0.0119)	(0.0156)	(0.0139)
Finasup			－0.0158*	－0.0126	－0.0151*	－0.0143*
			(0.0090)	(0.0077)	(0.0088)	(0.0081)

续表

变量	模型（1）	模型（2）	模型（3）	模型（4）	模型（5）	模型（6）
	FE	FE	FE	RE	FE	RE
Openess			-0.1311*** (0.0330)	-0.0570*** (0.0214)	-0.1180*** (0.0374)	-0.0552** (0.0236)
Mechan			-0.0814*** (0.0194)	-0.0476*** (0.0178)	-0.0619*** (0.0202)	-0.0384** (0.0173)
Hazrate			0.0311** (0.0150)	0.0322** (0.0162)	0.0363** (0.0149)	0.0385** (0.0158)
常数项				0.1688** (0.0792)		0.2081*** (0.0802)
Rho	0.6871*** (0.0516)	0.6540*** (0.0522)	0.5468*** (0.0571)	0.6059*** (0.0460)		
λ					0.6471*** (0.0642)	0.7971*** (0.0428)
N（个）	217	217	217	217	217	217
R^2	0.581	0.745	0.679	0.728	0.623	0.676
Log - L	492.3185	507.0440	529.7782	452.6535	520.1520	446.1514
模型类别	SAR	SAR	SAR	SAR	SEM	SEM

在控制变量中，发现农村经济增长的系数为负值，且在1%的统计水平上显著，表明随着农村经济增长，农村贫困程度会呈现下降趋势。这说明农村经济增长有利于收入分配，穷人能够受惠于经济增长的“涓滴效应”，从而有利于农村贫困降低（尹飞霄，2013；苏静，2015）。

此外，从模型（3）还可以发现，财政支农对农村贫困的影响显著为负，表明财政支农水平的提高能够有效抑制农村贫困程度的增加。其实增加财政支农投入，会逐步加强农村基础设施建设，进而提升农业现代化发展水平，最终实现农村经济快速增长，从而有利于减贫。贸易开放的系数同样在1%的统计水平下显著，且为负。机械化水平的回归估计系数同样显著为负，说明机械化水平的提高有利于脱贫，因此提高农业机械化程度是降低农村贫困程度的一条重要途径，这跟许多学者的研究结论一致（苏静，2015）。这可能是由于机械化水平的提高，农业生产需要的劳动力将不断减少，从而促使农业人口逐渐向城市转移，使农村居民拥有更多的土地生产资源，加上农村劳动力由此变得相对稀缺，会提高劳动报酬和劳动生产率，促进农村居民收入增长，加速农村经济发展，进而实现脱贫致富。此外，农村人口转移到城市中，能够增加进入第二、第三产业的就业机会，其收入水平也相对提高，这有利于摆脱贫困状态。收入差距和成灾率在模型（3）中，回归估计系数为正，且通过了至少10%的显著性水平检验。说明收入差距的加大和成灾率的增加均不利于农村贫困程度的下降，这主要是因为收入差距过大，处于收入底层的贫困人口更难获取到收入可观的就业机会和资源。同时农民大多从事农业生产，“靠山吃山，靠水吃水”，这种传统的种植模式受天气等气候因素的影响较大，因此，收入差距过大和成灾率的增加会加重农村贫困状况。通过对比可以发现，空间误差型的估计结果与模型（3）的估计结果大致相同。

（四）稳健性检验

为了进一步验证实证结果的可靠性，本节分别采用更换空间权重矩阵、替换被解释变量和核心解释变量以及改变空间面板模型估计方法等方式来对基准回归估计结果进行稳健性检验。

1. 不同权重矩阵下的空间面板模型回归估计

在前文的分析中，我们采用的是地理相邻权重矩阵。由于在空间面板模型的估计中，对权重选择较为敏感（Elhorst，2012），所以本部分将采用不同权重矩阵重新对模型进行回归估计。本部分主要选取了其他三种常用的权重矩阵，包括球面距离权重矩阵、公路距离权重矩阵以及经济距离权重矩阵（刘华军和杨骞，2014）。其中，球面距离权重矩阵（$W_1 = 1/D_{qij}^2$），采用各省会（或首府）城市球面距离（D_{qij}）平方的倒数进行构建，其球面距离根据各省会（或首府）城市经纬度测算而得。公路距离权重矩阵（$W_2 = 1/D_{gij}^2$），采用各省会（或首府）城市之间公路距离平方的倒数进行构建，其公路距离（D_{gij}）采用了百度地图中各省会（或首府）城市之间最短公路里程。由于地理相邻权重矩

阵只能简单刻画地理上的相邻关系，而省域之间的联系不仅仅表现为地理位置的相邻，而且还受到其他省域经济发展的影响。因此本书进一步构建经济距离权重矩阵（W_3）。采用各省域人均实际 GDP 的差额测度省域之间的经济距离，其计算公式为 $W_3 = |G_i - G_j| / D_{qij}^2$，其中，$G_i$、$G_j$ 分别表示各省域人均实际 GDP，D_{qij}表示省域间球面地理距离。

表 3－6 中报告了受教育水平在不同权重矩阵下的稳健性估计结果：模型（1）和模型（4）采用的是球面距离权重矩阵（W_1）；模型（2）和模型（5）采用的是公路距离权重矩阵（W_2）；模型（3）和模型（6）采用的是经济距离权重矩阵（W_3）。表 3－6 中，模型（1）至模型（3）采用了空间滞后模型回归估计方法，同时为了对比分析，在表 3－6 中也给出了空间误差模型的估计结果，即模型（4）至模型（6）。从表 3－6 的模型（1）至模型（3）可以发现，被解释变量的空间滞后项回归系数均通过了 1% 的显著性水平检验，且符号为正。核心解释变量受教育水平的系数同样在 1% 的统计水平上显著为负。控制变量中，农村经济增长、财政支农、贸易开放以及成灾率等的回归估计系数符号与基准模型（见表 3－5）的回归估计结果相比没有发生明显的改变，且各控制变量依然保持了良好的显著性，这说明改变权重矩阵的设置，模型的回归估计结果是稳健的。

表 3－6　不同权重矩阵下空间面板模型的回归估计结果

变量	模型（1）	模型（2）	模型（3）	模型（4）	模型（5）	模型（6）
	FE	FE	FE	FE	FE	FE
Macedu	－0.0337***	－0.0323***	－0.0480***	－0.0374**	－0.0332**	－0.0507***
	(0.0121)	(0.0121)	(0.0116)	(0.0148)	(0.0154)	(0.0120)
Growth	－0.0799***	－0.0794***	－0.0941***	－0.0927***	－0.0910***	－0.0979***
	(0.0283)	(0.0281)	(0.0280)	(0.0295)	(0.0291)	(0.0288)
Incogap	0.0284*	0.0265*	0.0212	0.0354**	0.0337**	0.0293*
	(0.0161)	(0.0160)	(0.0162)	(0.0171)	(0.0170)	(0.0173)
Finasup	－0.0164	－0.0176*	－0.0171*	－0.0118	－0.0132	－0.0162
	(0.0101)	(0.0100)	(0.0100)	(0.0108)	(0.0108)	(0.0105)

续表

变量	模型（1）	模型（2）	模型（3）	模型（4）	模型（5）	模型（6）
	FE	FE	FE	FE	FE	FE
Openess	-0.1904*** (0.0356)	-0.1792*** (0.0358)	-0.1864*** (0.0357)	-0.1774*** (0.0429)	-0.1659*** (0.0450)	-0.2013*** (0.0420)
Mechan	-0.1055*** (0.0214)	-0.1061*** (0.0212)	-0.1029*** (0.0214)	-0.1185*** (0.0235)	-0.1223*** (0.0235)	-0.1056*** (0.0228)
Hazrate	0.0338** (0.0168)	0.0335** (0.0167)	0.0244 (0.0168)	0.0350** (0.0172)	0.0350** (0.0172)	0.0253 (0.0175)
Rho	0.5393*** (0.0912)	0.5191*** (0.0845)	0.5674*** (0.0956)			
λ				0.4301*** (0.1368)	0.4279*** (0.1298)	0.4059*** (0.1460)
N（个）	217	217	217	217	217	217
R^2	0.607	0.584	0.656	0.580	0.566	0.590
Log - L	509.6645	509.7989	509.5457	500.0946	500.3267	499.5853
模型类别	SAR	SAR	SAR	SEM	SEM	SEM
权重选择	W_1	W_2	W_3	W_1	W_2	W_3

2. 采用不同农村贫困度量指标

从宏观角度出发，关于农村贫困的度量，其实在学术界并未形成一致的意见，有一部分学者采用国家贫困线测度农村贫困状况，但也不乏学者采用农村恩格尔系数度量农村贫困（张兵和翁辰，2015；郭君平、曲颂和夏英，2017），甚至还有学者采用农村居民纯收入和农村居民消费水平作为农村贫困的代理指标（Odhiambo，2009；单德朋，2012；崔艳娟和孙刚，2012；王玺玮，2017）。虽然度量农村贫困的方法存在一定差异，但是它们均能够在一定层面上反映农村贫困的总体趋势。基于此，本节按照大多数学者的做法，采用农村恩格尔系数来度量农村贫困程度，以此替换被解释变量进行稳健性检验。表3-7中的模型（1）给出了空间滞后模型（SAR）的回归估计结果，为了对比分析，表3-7同时也报告了空间误差模型（SEM）的回归估计结果。通过模型（1）可以发现空间滞后项系数在1%的统计水平上显著为正，说明替换被解释变量后，受教育水平对农村贫困的影响依然存在明显的空间溢出效应。同时，从估计结果来看，受教育水平的回归估计系数通过了5%的显著性水平检验，同时符号为负，说明受教育水平的提高能够有效地降低农村居民恩格尔系数。此外，在控制变量中，除了个别变量的系数显著性水平有所变化外，经济增长、财政支农、成灾率、机械化水平等的系数均保持了良好的显著性水平，且符号与基准模型的回归估计结果总体上保持一致。因此，替换被解释变量后，本节的回归估计结果依然具有良好的稳健性。

表3－7　替换核心解释变量和被解释变量后的模型回归估计结果

变量	模型（1）	模型（2）	模型（3）	模型（4）
	FE	FE	FE	FE
Macedu	－0.0152** (0.0074)	－0.0176** (0.0086)	－0.0440*** (0.0106)	－0.0401*** (0.0120)
Growth	－0.0555*** (0.0167)	－0.0677*** (0.0178)	－0.0802*** (0.0235)	－0.0955*** (0.0232)
Incogap	0.0040* (0.0100)	0.0021 (0.0126)	0.0240* (0.0137)	0.0268* (0.0149)
Finasup	－0.0170* (0.0089)	－0.0601*** (0.0116)	－0.0392** (0.0200)	－0.0292 (0.0212)
Openess	0.0024 (0.0218)	0.0238 (0.0269)	－0.1082*** (0.0318)	－0.1147*** (0.0365)
Mechan	－0.0567*** (0.0123)	－0.0537*** (0.0135)	－0.0907*** (0.0175)	－0.0726*** (0.0185)
Hazrate	0.0197* (0.0113)	0.0252** (0.0117)	0.0332** (0.0147)	0.0394*** (0.0149)
Rho	0.6125*** (0.0596)		0.5152*** (0.0581)	
λ		0.6351*** (0.0802)		0.6011*** (0.0705)
N（个）	217	217	217	217
R^2	0.263	0.256	0.741	0.674
Log－L	585.6907	575.7688	534.8047	523.9305
模型类别	SAR	SEM	SAR	SEM

3. 考虑核心解释变量的滞后效应

为了考察核心解释变量的滞后效应是否会对模型产生影响，本部分拟采用核心解释变量的滞后一期重新对基准模型进行稳健性检验。表3－7中模型（3）和模型（4）报告了考虑核心解释变量滞后效应的空间面板模型的回归估计结果。其中，模型（3）和模型（4）分别报告了空间滞后模型（SAR）和空间误差模型（SEM）的回归估计结果。下面我们仅对模型（3）做出解释，从模型（3）可以发现空间滞后项系数通过了1%的显著性水平检验，且符号与基准模型的回归估计结果保持一致，说明采用核心解释变量滞后一期后，受教育水平对农村贫困的影响依然存在明显的空间溢出效应。

同时，从核心解释变量受教育水平系数的估计结果来看，在1%的统计水平上显著为负，与基准模型的回归估计结果（见表3－5）保持一致，同时也表明了受教育水平对农村贫困的影响可能存在滞后效应。此外，从控制变量来看，它们的系数在模型（3）中均保持了较好的显著性，如农村经济增长、财政支农、机械化水平等依然与农村贫困呈现显著的负相关关系，而收入差距、成灾率则与农村贫困呈现显著的正相关关系。这表明本节的实证结果是稳健的、可信的。

4. 动态空间面板模型的回归估计结果分析

上文我们分别采用了普通面板模型和静态空间面板模型，并借助不同的回归估计方法，逐步考察了受教育水平、农村经济增长、收入差距、财政支农、贸易开放以及成灾率等对农村贫困的影响。综合各种模型的回归估计结果可以发现，主要解释变量的系数和符号以及显著性水平均未发生明显的改变，证实了基准模型的回归估计结果是稳健的。为了进一步验证实证结果的可靠性，本部分将在动态空间模型的基础上再次进行稳健性检验。

以上分析都是在静态框架下展开的，然而事物发展大多呈现动态特征，并非完全处于静止状态。贫困作为一种社会现象，也可以称之为经济现象，同样也会存在动态特征。由此可以推断一个地区的贫困状况不仅仅依赖于空间邻近还依赖于上一时期的影响。静态空间面板重点反映的是同一个时点上，不同省区市之间的农村受教育水平与农村贫困之间的关系存在空间差异，但无法给出不同时点上农村受教育水平对农村贫困的影响，而动态空间面板模型则可以弥补静态空间面板模型的不足，体现出受教育水平对农村贫困影响的动态性。由于农村贫困状况是一个动态变化过程，按照动态空间面板模型的研究思路，将被解释变量的一阶滞后项纳入静态空间面板模型中，建立动态空间面板模型，重新对模型进行回归估计，得到如下结果（如表 3 - 8 所示）。

表 3 - 8　动态空间面板模型的回归估计结果

变量	模型（1）	模型（2）	模型（3）	模型（4）
L1. Macpoor	1. 8738 *** (0. 1538)	1. 7969 *** (0. 1507)	1. 8511 *** (0. 2009)	1. 8475 *** (0. 1868)
Macedu	-0. 0200 * (0. 0117)	-0. 0314 *** (0. 0118)	-0. 0340 *** (0. 0123)	-0. 0217 *** (0. 0078)
Growth		-0. 1113 *** (0. 0292)	-0. 1118 *** (0. 0303)	-0. 0910 *** (0. 0223)
Incogap		0. 0141 (0. 0133)	0. 0086 (0. 0137)	0. 0191 + (0. 0132)
Finasup			0. 0267 * (0. 0156)	0. 0212 (0. 0142) +
Openess			-0. 0441 (0. 0487)	-0. 0290 (0. 0280)
Mechan			-0. 0259 (0. 0242)	-0. 0312 + (0. 0200)
Hazrate			0. 0092 (0. 0109)	0. 0110 (0. 0113)
常数项	-0. 1570 * (0. 0851)	-0. 2125 ** (0. 0908)	-0. 2749 *** (0. 1037)	-0. 1694 ** (0. 0723)
Rho	0. 1890 *** (0. 0097)	0. 1301 *** (0. 0167)	0. 1295 *** (0. 0175)	0. 1212 *** (0. 0147)
N（个）	186	186	186	186
R^2	0. 7495	0. 7655	0. 7576	0. 7681

续表

变量	模型（1）	模型（2）	模型（3）	模型（4）
Log - L	180.209	184.943	182.468	188.050
Wald Test	547.478	590.801	553.204	586.159

注：+表示15%的显著性水平。

根据表3-8中的估计结果可以发现，农村贫困发生率的滞后项*L1.Macpoor*的系数在模型（1）至模型（4）中均显著为正，说明上一期贫困发生率将促进当期贫困发生率的增加，这表明农村贫困状况是一个动态调整过程。此外，核心解释变量受教育水平对农村贫困的影响为负，说明农村劳动力受教育水平越高，越有利于农村贫困减缓。不过值得指出的是，在动态空间面板模型中，由于加入了被解释变量的滞后项，农村经济增长、收入差距、财政支农、机械化水平以及成灾率等控制变量的估计系数有所变小，并且个别控制变量未通过显著性检验，这可能有因为在动态滞后项中已经包含这些变量对模型的影响。综合来看，通过空间动态面板模型的估计结果也同样可以发现，本节的估计结果是稳健的。

（五）区域差异性分析

众所周知，中国各地区农村教育发展与农村贫困之间存在较大差异，为了明确农村受教育水平对农村贫困的影响是否存在区域差异性，本部分在全国样本回归估计的基础上进一步将样本划分为东部地区和中西部地区两个子样本分别进行回归估计，以更加稳健性地进行实证检验。表3-9给出了东部地区和中西部地区农村受教育水平对农村贫困影响的回归估计结果。

表3-9　分地区模型的回归估计结果

变量	模型（1）	模型（2）	模型（3）	模型（4）
	东部	中西部	东部	中西部
Macedu	-0.0305* (0.0162)	-0.0408*** (0.0116)	-0.0314** (0.0143)	-0.0334*** (0.0126)

续表

变量	模型（1）	模型（2）	模型（3）	模型（4）
	东部	中西部	东部	中西部
Growth	-0.1246*** (0.0413)	-0.1316*** (0.0286)	-0.1204*** (0.0420)	-0.1342*** (0.0282)
Incogap	0.0090 (0.0181)	0.0268 (0.0190)	0.0065 (0.0173)	0.0234 (0.0214)
Finasup	-0.0228*** (0.0085)	-0.0389*** (0.0116)	0.0233*** (0.0080)	-0.0305*** (0.0112)
Openess	-0.1976*** (0.0280)	0.2416*** (0.0765)	-0.2119*** (0.0265)	0.2250*** (0.0777)
Mechan	-0.0298 (0.0278)	-0.0553** (0.0221)	-0.0257 (0.0266)	-0.0520** (0.0213)
Hazrate	0.0304 (0.0258)	0.0248 (0.0158)	0.0231 (0.0239)	0.0232 (0.0156)
Rho	-0.1539 (0.1034)	0.4785*** (0.0777)		
λ			-0.3349*** (0.1265)	0.5492*** (0.0989)
N（个）	77	140	77	140
R^2	0.443	0.682	0.403	0.558
Log - L	236.4247	347.0488	240.0169	341.4122
模型类别	SAR	SAR	SEM	SEM

注：各模型均采用固定效应回归估计方法。

表3-9中模型（1）和模型（2）采用的是空间滞后模型，而模型（3）和模型（4）采用的则是空间误差模型。本节我们主要分析模型（1）和模型（2）的估计结果。从表3-9中的模型（1）至模型（2）可以看出，与全国样本一致，无论是东部地区还是中西部地区，受教育水平的系数均通过了至少10%显著性水平的检验，且符号为负，表明受教育水平对农村贫困影响的负向效应在子样本估计中仍然成立。另外，从受教育水平的回归估计系数数值大小来看，东部地区要小于中西部地区，说明受教育水平的提高对中西部地区的负向影响要大于东部地区。造成这样的原因可能是，中西部地区农村劳动力受教育水平普遍低

于东部地区，根据边际效应递减规律，随着受教育水平的提升，教育减贫边际效应有所下降。

从控制变量来看，不管是东部还是中西部地区，农村经济增长和财政支农与农村贫困始终保持显著的负向关系；而收入差距和成灾率与农村贫困则表现为正向关系，但是在统计上不显著；机械化水平的提高对中西部地区农村贫困的影响效果要优于东部地区，但是贸易开放的系数在东部和中西部地区表现出相反的符号，不过这也在意料之中。造成这样的原因可能是，由于地理位置和经济状况的较大差异，东部地区进出口贸易状况要明显优越于中西部地区，从而贸易能够为东部地区带来更多的惠利。总体来看，分组之后，部分控制变量系数的显著性水平有所下降，但符号大致与基准模型的吻合。造成显著性水平下降的原因，可能是样本容量的下降或者分组检验后样本内部的差异性较小，不过在后续的行文中，我们将继续通过微观数据对此做进一步的分析，以验证回归估计结果的稳健性。

二　受教育水平对农村家庭收入贫困的影响

上一节已经探讨了宏观视角下受教育水平对农村贫困的影响，并且例证了受教育水平提升能够降低农村贫困程度。本节则从微观视角研究受教育水平对家庭收入贫困的影响。

（一）研究设计

1. 模型的设定

本节基于 CFPS 2010～2016 年儿童问卷、成人问卷、家庭问卷等数据，分析受教育水平对家庭收入贫困的影响，为了控制其他因素对贫困的干扰，参考了程名望、Jin Yanhong 和盖庆恩等（2014），解垩（2014，2015），郭熙保和周强（2016），刘一伟和汪润泉（2017）等的研究，构建出如下计量方程：

$$Micpoor_{it} = \beta_0 + \beta_1 Micedu_{it} + \beta_2 Famisize_{it} + \beta_3 Prochild_{it} + \beta_4 Proolder_{it} + \beta_5 Fhealth_{it} + \beta_6 Landcir_{it} + \lambda_i X_{it} + \xi_{it} \quad (3-12)$$

方程（3－12）中，i 表示家庭，t 表示年份。$Micpoor_{it}$为家庭收入贫困状况；$Micedu_{it}$表示家庭劳动力平均受教育水平，$Fhealth_{it}$为家庭劳动力健康状况；$Famisize_{it}$为家庭人口规模；$Prochild_{it}$为家庭儿童抚养比；$Proolder_{it}$为家庭老年人口抚养比；$Landcir_{it}$为家庭土地流转情况；β_0为模型的截距，β 为回归估计系数。X_{it}表示控制的家庭户主个体特征变量。ξ_{it}表示随机误差项。

本节的被解释变量是农村家庭收入贫困。按照国家 2011 年公布的贫困线进行识别，贫困和非贫困家庭分别赋值为 1 和 0，由此可知，本节涉及的被解释变量——家庭收入贫困是 0 和 1 二值变量。对于被解释变量为二值变量的情况，通常采用 Logit 模型进行回归估计，也可以采用 Probit 模型进行回归估计。相比之下 Logit 模型在计算回归估计系数方面更具有优势，因此本节主要选择 Logit 模型进行检验，为了对比分析，同时也在部分表格中报告了 Probit 模型的回归估计结果。在公式（3－12）的基础上，将模型重新设定如下：

$$\begin{aligned} Logit(Micpoor_{it}) &= \ln[Micpoor_{it}/(1 - Micpoor_{it})] \\ &= \alpha_0 + \alpha_1 Micedu_{it} + \alpha_2 Famisize_{it} + \alpha_3 Prochild_{it} + \\ &\quad \alpha_4 Proolder_{it} + \alpha_5 Fhealth_{it} + \alpha_6 Landcir_{it} + \lambda_i X_{it} + \xi_{it} \end{aligned} \quad (3-13)$$

方程（3－13）中，$Micpoor_{it}$、$1 - Micpoor_{it}$分别表示在自变量取值给定的情形下，家庭发生收入贫困的概率和不发生收入贫困的概率。$\ln[Micpoor_{it}/(1 - Micpoor_{it})]$则表示家庭发生收入贫困的概率比的自然对数。$\alpha_0$为模型的截距，$\alpha$ 为回归估计系数。

2. 数据说明和统计性描述

本节所用的数据来自 CFPS 数据，该项调查主要是用来跟踪收集家庭、个体和社区三个层面的数据，是一项全国性的、大规模微观综合的社会跟踪调查项目，以反映教育、社会、经济、文化、健康、人口等的变迁。CFPS 数据重点关注家庭关系、家庭教育、经济活动、健康等众多研究主题，调查对象为家户中全部家庭成员，且几乎覆盖全国各个省/自治区/直辖市。2008 年和 2009 年最初在北京、广东和上海分别采取了初访和追访的测试调查。2010 年则在全国范围内开始正式调查，并于 2012 年、2014 年以及 2016 年再次开展了追访调查。CFPS 数据库中包含大量关于农村贫困的信息，为本节研究提供了很好的数据基础。目前，该数据已经得到众多学者的应用，并产生了很多丰富的研究成果（李晓嘉，2015；刘一伟和汪润泉，2017）。本节考察的时间跨度为 2010 ~ 2016 年，根据研究需要主要选用了 2010 ~ 2016 年户籍为农村的居民个体数据。变量说明如表 3 – 10 所示，主要变量的描述性统计如表 3 – 11 所示，为了对比分析，在表 3 – 11 中同时给出全国样本的描述性统计结果。

表 3 – 10　变量的定义与说明

类别	变量名	变量符号	变量说明
家庭特征	家庭收入贫困	*Micpoor*	家庭贫困 = 1，非贫困 = 0
	受教育水平	*Micedu*	家庭劳动力平均受教育年限，连续变量
	土地流转	*Landcir*	家庭是否有土地流转，有 = 1，无 = 0
	健康	*Fhealth*	家庭不健康劳动力的比重
	儿童抚养比	*Prochild*	家中 16 岁及以下儿童数量与劳动人口的比例
	老年人口抚养比	*Proolder*	家中 60 岁及以上老人数量与劳动人口的比例
	家庭人口规模	*Famisize*	家庭成员的总数
户主个体特征	婚姻	*Hdmarry*	户主结婚 = 1，其他 = 0
	性别	*Hdgender*	男性 = 1，女性 = 0
	年龄	*Hedage*	户主年龄，连续变量
	工作	*Hedjobs*	户主有工作 = 1，无 = 0
	单位性质	*Hdintion*	户主任职于公职单位 = 1，否 = 0
	非农业	*Hdnoagr*	户主从事非农职业 = 1，否 = 0

注：党政机关、事业单位定义为公职单位，其他单位定义为非公职单位。

表 3-11　变量的描述性统计

变量名	农村		全国	
	均值	标准差	均值	标准差
Micpoor	0.1321	0.3386	0.1046	0.3060
Micedu	5.4191	3.6138	6.6438	4.1699
Landcir	0.0987	0.2982	0.0927	0.2900
Fhealth	0.1558	0.2843	0.1436	0.2772
Prochild	0.4746	0.5572	0.4393	0.5280
Proolder	0.2068	0.4205	0.2097	0.4319
Famisize	3.6747	1.6980	3.5010	1.6526
Hdmarry	0.8988	0.3016	0.8912	0.3114
Hdgender	0.5702	0.4951	0.5471	0.4978
Hedage	47.0575	11.2642	47.2852	11.3876
Hedjobs	0.7445	0.4361	0.7018	0.4575
Hdintion	0.0348	0.1834	0.0963	0.2950
Hdnoagr	0.3074	0.4614	0.4569	0.4981

（二）实证结果及其解读

本节以家庭为研究对象且采用的是微观数据，涉及解释变量较多，考虑到模型中可能会存在多重共线性问题。因此在进行回归分析之前，我们对所设定模型的多重共线性进行了检验，结果发现所设定的模型并不存在严重的多重共线性问题。根据方程（3-13）估计受教育水平对家庭收入贫困的影响，详细估计结果见表 3-12。其中，第二列的模型（1）所示的是没有加入控制变量时的回归估计结果，根据模型（1）的结果可知，受教育水平对农村家庭收入贫困影响的回归估计系数在 1%的统计水平上显著为负，这说明受教育水平的提升有助于农户脱离贫困，受教育水平每提升 1 年，农村家庭落入贫困的概率降低约 13 个百分点。这与高艳云和王曦璟（2016）、柳建平和刘卫兵（2017）的观点相当。模型（2）至模型（3）中，则逐步加入了家庭特征变量、户主个体特征变量。从模型（2）和模型（3）中可以看出，核心解释变量受教育水平的估计系数符号依然和模型（1）保持一致，并没有发生较大变化，且同样通过了1%的显著性水平检验，说明受教育水平对农村家庭收入贫困的负向作用是稳健的。

表3-12　受教育水平对家庭收入贫困影响的回归估计结果

变量	模型（1）	模型（2）	模型（3）	模型（4）	模型（5）
Micedu	-0.1348*** (0.0057)	-0.1173*** (0.0062)	-0.1070*** (0.0071)	0.8986*** (0.0064)	-0.0577*** (0.0038)
Landcir		-0.3059*** (0.0760)	-0.2429*** (0.0861)	0.7844*** (0.0675)	-0.1194*** (0.0445)
Fhealth		0.5489*** (0.0628)	0.5086*** (0.0714)	1.6629*** (0.1187)	0.2829*** (0.0395)
Prochild		0.3532*** (0.0336)	0.4470*** (0.0384)	1.5637*** (0.0600)	0.2589*** (0.0216)
Proolder		0.3729*** (0.0417)	0.2865*** (0.0528)	1.3318*** (0.0703)	0.1655*** (0.0293)
Famisize		0.0641*** (0.0127)	0.0466*** (0.0143)	1.0477*** (0.0150)	0.0223*** (0.0077)
Hdmarry			-0.2829*** (0.0717)	0.7536*** (0.0540)	-0.1504*** (0.0399)
Hdgender			0.1012** (0.0452)	1.1065** (0.0500)	0.0494** (0.0242)
Hedage			-0.0317** (0.0132)	0.9688** (0.0128)	-0.0164** (0.0073)
Hdsages			0.0003** (0.0001)	1.0003** (0.0001)	0.0002** (0.0001)
Hedjobs			-0.5212*** (0.0649)	0.5938*** (0.0385)	-0.2897*** (0.0361)
Hdintion			-0.9676*** (0.2099)	0.3800*** (0.0798)	-0.4651*** (0.0978)
Hdnoagr			-0.7050*** (0.0675)	0.4941*** (0.0333)	-0.3648*** (0.0339)
省份效应	已控制	已控制	已控制	已控制	已控制
年份效应	已控制	已控制	已控制	已控制	已控制

续表

变量	模型（1）	模型（2）	模型（3）	模型（4）	模型（5）
N（个）	27853	24986	21400	21400	21400
R^2	0.0598	0.0770	0.0939	0.0939	0.0944
Chi^2	1143.95***	1406.66***	1388.71***	1388.71***	1397.02***

注：第五列报告的是模型（3）中估计参数的概率比（Odds Ratio），也称为风险比/机会比；第六列模型（5）报告的是采用 Probit 模型的回归估计结果；限于篇幅，本表省略了常数项。

从控制变量来看，土地流转的系数在模型（2）至模型（3）中，均通过了1%显著性水平的检验，且变化较小，符号为负，说明土地流转能够有效地降低农村家庭落入收入贫困的概率。其实，曹阳和王春超（2009）指出随着市场化水平的提高，土地流转能够显著地促进农村家庭收入增长，从而降低家庭贫困程度。因此，应通过制定相应的土地政策，让农民能够成为土地流转真正的主体，减少土地流转的交易成本，提高农民的生活保障水平，促使农村居民对土地流转的积极性提高，进而让农村土地流转更加有序、健康、快速发展（王春超，2011）。在模型（2）至模型（3）中，健康的系数通过了1%显著性水平的检验，并且符号为正，说明家庭劳动力健康水平越差，家庭收入贫困发生概率越大。这主要是因为家庭劳动力健康不佳，会加大家庭对健康医疗的支出，导致原本经济状况不好的家庭极其容易陷入贫困，因此，在农村地区，“小病无碍、大病致贫”的现象依然很明显（郭熙保和周强，2017）。虽然“新农合”政策在农村地区得到基本落实，但是由于农村贫困人口文化层次低，对“新农合”政策不了解，这在很大程度上导致“新农合”应有的作用未得到有效发挥（白重恩、李宏彬和吴斌珍，2012）。此外，由于农村地区医疗卫生资源极为欠缺，疾病得不到及时的治疗，“看病难、看病贵”的问题并未得到有效解决。因此，农村居民的健康状况也是当前扶贫攻坚工作需要重点关注的问题。老年人口抚养比的系数在模型（2）至模型（3）中，均在1%的统计水平上显著为正，说明老年人口增多在一定程度上增加了家庭陷入收入贫困的概率，导致家庭经济状况恶化，从而不利于家庭脱贫。此外，我们还可以进一步从模型（2）至模型（3）中发现，儿童抚养比在模型（2）至模型（3）中，对家庭收入贫困具有正向促进效应，且这一影响在1%的统计水平上显著。说明儿童越多，家庭陷入收入贫困的概率越高。通过表3－12还可以发现，家庭人口规模对家庭收入贫困的影响表现为正向，并且相关系数通过了1%的显著性水平检验，这说明家庭人口规模也是影响家庭收入贫困的重要因素，家庭人口规模越大，家庭越容易陷入贫困。

以模型（3）为例，从户主个体特征来看，户主婚姻状况对该家庭收入贫困的影响在1%的显著性水平上为负，说明已婚家庭相比于未成家的家庭而言，陷入收入贫困的概率要低。这可能是由于成家之后，家庭所需的开支加大，成员更加有家庭责任感，在家庭开支方面规划得更加合理，从而使得家庭陷入收入贫困的概率下降。此外，成家后家庭的收入来源增多，由原来的单人收入，增加到双人收入或者多人收入，收入增加必然使得陷入收入贫困的概率降低。同时，从表3－12还可以得知，户主性别变量的估计系数显著为正，这说明相比于女性户主家庭而言，男性户主家庭发生收入贫困的概率要高一些。这可能是由于以下原因：首先，根据中国的传统文化，女性一般勤俭持家，在家庭的开支方面更加合理，而男性在这方面相对不足；其次，女性户主大多是已婚妇女，家庭结构相对完整，而男性户主可能未成家或者丧偶等，家庭结构未必完整，对于生活的打理能力比女性要差（郭熙保和周强，2016）。通常来说，户主年龄与贫困之间表现为一种非线性关系，因此本节将户主年龄和年龄的平方同时纳入模型。从表3－12中的模型（3）可以发现，户主年龄变量的系数在5%的统计水平上显著为负，且年龄的平方变量的系数符号为正，即户主年龄与家庭收入贫困之间存在先下降、后上升的非线性关系，表现出“U形”的变化趋势。综合来讲，在户主年龄到达拐点之前，户主年龄与家庭收入贫困之间存在显著的负向关系。即随着户主年龄的增加，家庭陷入收入贫困的概率不断下降。这主要是由个体劳动特征所决定的，随着年龄的不断增加，各项技能都会得到不断提升。但是随着年龄继续加大，由于体力、思想等原因，家庭陷入收入贫困的概率将出现反弹。根据2017年《中国农村贫困监测报告》也可以发现，农村贫困人口的年龄分布总体上表现为两边高中间低态势。以2016年为例，0～20岁的人群中农村贫困发生率为5.3%；21～40岁的人群中农村贫困发生率为4.7%；41～60岁的人群中农村贫困发生率为2.9%；61～80岁的人群中农村贫困发生率为5.7%；81岁及以上的人群中农村贫困发生率为6.4%。户主有固定工作的家庭收入贫困发生率要比户主无固定工作的家庭低很多，说明户主有固定工作能够有效降低家庭陷入收入贫困的概率，固定的工作意味着拥有一份较为固定的工资收入，有利于家庭合理开支。

此外，从模型（3）中还可以发现，户主从事不同的职业对家庭收入贫困的影响也非常明显，与户主从事农业的家庭相比，户主从事非农工作的家庭落入收入贫困的概率明显下降。陈锡文（2001）、王春超（2004）、蔡昉和王德文（2005）、钟甫宁和何军（2007）等采用不同的实证研究方法，均强调提高非农就业机会是降低农村贫困的一条重要途径。另外，户主单位性质变量的系数也在1%的水平上显著，且符号为负，说明户主在公职单位上班更有利于减贫，这可能是因为在公职单位拥有更多的社会资源，此外，进入公职单位往往是学历较高的个体，他们的收入更加稳定。

（三）稳健性检验

上文研究中，我们重点关注的核心解释变量受教育水平的系数符号及其显著性水平并没有发生实质性的改变。为了进一步验证实证结果的可靠性，本节将从以下三个方面进行稳健性检验：第一，替换被解释变量；第二，替换核心解释变量；第三，引入工具变量，考虑模型的内生性。

1. 采用不同的收入贫困衡量标准进行稳健性检验

考虑到“一刀切”式地设置贫困线可能存在一定的不合理性，而且诸多学者也认为中国当前的贫困标准与国际贫困标准相差较大。由此，本部分同时采用三种国际贫困标准来重新度量农村家庭收入贫困状况，相应回归估计结果如表 3－13 所示。

表 3－13　受教育水平对不同收入贫困标准下家庭收入贫困影响的回归估计结果

变量	模型（1）	模型（2）	模型（3）	模型（4）
Micedu	－0.1032*** （0.0074）	－0.0945*** （0.0084）	－0.1089*** （0.0064）	－0.1070*** （0.0071）
Landcir	－0.2517*** （0.0902）	－0.2612** （0.1024）	－0.2255*** （0.0771）	－0.2429*** （0.0861）
Fhealth	0.5335*** （0.0738）	0.4408*** （0.0844）	0.4930*** （0.0656）	0.5086*** （0.0714）
Prochild	0.4377*** （0.0397）	0.4432*** （0.0432）	0.4399*** （0.0361）	0.4470*** （0.0384）
Proolder	0.2888*** （0.0543）	0.2840*** （0.0597）	0.2864*** （0.0492）	0.2865*** （0.0528）
Famisize	0.0424*** （0.0150）	0.0366** （0.0171）	0.0606*** （0.0129）	0.0466*** （0.0143）
常数项	0.4006 （0.6125）	－0.0824 （0.6624）	0.3267 （0.5651）	0.1964 （0.6096）
省份效应	已控制	已控制	已控制	已控制
年份效应	已控制	已控制	已控制	已控制
N（个）	21400	21400	21409	21400
R^2	0.0928	0.0855	0.0960	0.0939
Chi^2	1317.06***	1023.54***	1583.07***	1388.71***

注：各模型控制了户主个体特征变量。

表 3－13 中，模型（1）至模型（3）分别对应 1.25 美元贫困标准、2 美元贫困标准、3.1 美元贫困标准；为了对比分析，模型（4）给出了国家 2300 元贫困标准的回归估计结果。根据表3－13 可以得知，核心解释变量受教育水平的估计系数在各种贫困标准下，均通过了 1% 显著性水平的检验，且符号为负，说明替换被解释变量后，家庭劳动力受教育水平的提高依然能够显著地降低农户落入收入贫困的概率。具体

来看，在模型（1）至模型（3）中，受教育水平所对应的回归估计系数分别为 -0.1032、 -0.0945、 -0.1089，其相对应的概率比值分别为0.9019、0.9098、0.8968。说明受教育水平每提高1年，家庭陷入收入贫困的概率将下降9.81个百分点、9.02个百分点、10.32个百分点。此外，在控制变量中，土地流转的系数依然显著为负，土地流转有利于家庭摆脱贫困，劳动力健康状况不佳依然不利于家庭脱贫，子女过多、老年人抚养负担过重同样不利于家庭脱贫，家庭人口规模扩大进一步加大了农户家庭收入贫困发生的概率。综合不同贫困标准的估计结果可以得知，无论是从国内贫困标准出发还是从国际贫困标准出发，受教育水平的提高确实有助于家庭脱贫。因此，本节的估计结果是稳健性的、可信的。

2. 利用家庭劳动力最高受教育水平进行稳健性检验

上文中分析了家庭劳动力受教育水平对家庭收入贫困的影响，然而家庭内部各成员受教育水平存在较大差异，本部分将基准模型中的核心解释变量劳动力受教育水平替换为家庭劳动力最高受教育水平，重新对最初设定的模型即公式（3-13）进行了回归估计，得到的结果如表3-14所示。模型（1）至模型（3）中，我们采用了逐步回归分析方法，模型（4）所示为模型（3）的概率比值。在此，我们主要对模型（3）的估计结果进行分析，从模型（3）可以看出，核心解释变量被替换后，其回归估计系数依然显著为负，跟基准模型的回归估计结果（如表3-12所示）相比只是大小有较小差异，控制变量的估计系数符号和显著性水平没有发生较大变化。具体来看，在模型（3）中，受教育水平所对应的回归估计系数为 -0.0849，其相对应的概率比值为0.9186。说明受教育水平每提高1年，家庭陷入收入贫困的概率将下降8.14个百分点。综合来看，家庭受教育水平越高，越有利于家庭贫困减缓。土地流转有利于家庭脱贫，而家庭人口规模、儿童抚养比和老年人口抚养比的增加将加大家庭落入收入贫困的概率。这表明本节的实证结果是稳健的，这里不再汇报各个变量的分析结果。

表 3-14　家庭劳动力最高受教育水平对家庭收入贫困影响的回归估计结果

变量	模型（1）	模型（2）	模型（3）	模型（4）
Maxicoedu	-0.1036*** (0.0043)	-0.0939*** (0.0050)	-0.0849*** (0.0057)	0.9186*** (0.0052)
Landcir		-0.3225*** (0.0757)	-0.2511*** (0.0859)	0.7779*** (0.0668)
Fhealth		0.5877*** (0.0619)	0.5412*** (0.0705)	1.7181*** (0.1212)
Prochild		0.2682*** (0.0339)	0.3739*** (0.0387)	1.4534*** (0.0562)
Proolder		0.2804*** (0.0416)	0.1949*** (0.0528)	1.2152*** (0.0641)
Famisize		0.1088*** (0.0128)	0.0851*** (0.0144)	1.0888*** (0.0157)
常数项	-1.3256*** (0.4402)	-1.5621*** (0.4534)	0.1019 (0.6031)	1.1073 (0.6678)
省份效应	已控制	已控制	已控制	已控制
年份效应	已控制	已控制	已控制	已控制
N（个）	27851	24984	21399	21399
R^2	0.0588	0.0758	0.0931	0.0931
Chi^2	1182.77***	1407.13***	1400.31***	1400.31***

注：模型（3）和模型（4）控制了户主个体特征变量；第 5 列模型（4）表示模型（3）中估计参数的概率比；*Maxicoedu* 表示家庭劳动力最高受教育水平。

3. 利用户主受教育水平进行稳健性检验

以往较多文献采用户主受教育水平来表征家庭的受教育情况，按照他们的做法，下面将核心解释变量替换为户主受教育水平，重新对基准模型即公式（3-13）进行了回归估计，结果显示在表 3-15 中。根据表 3-15 中的第二列至第四列可以看出，户主受教育水平的提高能够显著地抑制家庭陷入收入贫困。以第五列模型（4）为例，户主受教育水平每提高 1 年，家庭陷入贫困的概率将下降约 5.4 个百分点。以上结果说明核心解释变量的系数在符号和显著性水平上与基准模型的回归估计结果（见表 3-12）相比，并没发生较大的变化。控制变量中，也同样可以发现各变量的回归估计系数及其显著水平并未发生明显变化。综合来看，整体估计结果具有较好的稳健性，这也说明本节前文回归估计结果是可信的、稳健的。

表 3－15　户主受教育水平对家庭收入贫困影响的回归估计结果

变量	模型（1）	模型（2）	模型（3）	模型（4）
Headedu	-0.0786*** (0.0044)	-0.0634*** (0.0048)	-0.0552*** (0.0056)	0.9463*** (0.0053)
Landcir		-0.3592*** (0.0758)	-0.2752*** (0.0859)	0.7594*** (0.0652)
Fhealth		0.6718*** (0.0617)	0.6431*** (0.0701)	1.9024*** (0.1333)
Prochild		0.4130*** (0.0326)	0.4982*** (0.0375)	1.6458*** (0.0617)
Proolder		0.3422*** (0.0405)	0.2756*** (0.0518)	1.3173*** (0.0683)
Famisize		0.0381*** (0.0127)	0.0219* (0.0143)	1.0221* (0.0146)
常数项	-1.6903*** (0.4291)	-1.8705*** (0.4446)	-0.0312 (0.5976)	0.9693 (0.5792)
省份效应	已控制	已控制	已控制	已控制
年份效应	已控制	已控制	已控制	已控制
N（个）	27850	24983	21398	21398
R^2	0.0468	0.0668	0.0851	0.0851
Chi^2	942.46***	1248.38***	1267.27***	1267.27***

注：模型（3）和模型（4）控制了户主个体特征变量；第五列模型（4）表示模型（3）中估计参数的概率比；*Headedu* 表示户主受教育水平。

4. 考虑内生性问题的稳健性检验

不管是在宏观层面还是在微观层面，教育与农村贫困之间都可能存在内生性问题（刘修岩、章元和贺小海，2007；刘生龙、周绍杰和胡鞍钢，2016；刘一伟和汪润泉，2017）。影响贫困和受教育水平的遗漏变量会造成回归估计系数的偏误。根据社会学的观点，“物以类聚，人以群分”，一个地区的贫困或者教育都有可能存在“传染”。越是贫困的家庭受教育水平越低，受教育水平越低，越容易陷入贫困，从而形成了“教育贫困”的恶性循环。如果不对内生性问题进行校正，回归估计出来的结果就可能存在偏误。因此，下面给出了在考虑内生性的条件下受教育水平对家庭收入贫困影响的回归估计结果（如表 3－16 所示）。

表 3－16　受教育水平对家庭收入贫困影响的内生性回归估计结果

变量	模型（1）	模型（2）	模型（3）	模型（4）
Micedu	－0.0960*** (0.0075)	－0.0834*** (0.0090)	－0.0753*** (0.0059)	－0.0685*** (0.0062)
Landcir	－0.1337*** (0.0394)	－0.1066** (0.0445)	－0.1837*** (0.0462)	－0.1522*** (0.0501)
Fhealth	0.2399*** (0.0381)	0.2301*** (0.0431)	0.2783*** (0.0468)	0.2499*** (0.0483)
Prochild	0.1869*** (0.0195)	0.2392*** (0.0226)	0.2479*** (0.0255)	0.2744*** (0.0272)
Proolder	0.2094*** (0.0233)	0.1656*** (0.0293)	0.1991*** (0.0310)	0.1316*** (0.0362)
Famisize	0.0361*** (0.0070)	0.0269*** (0.0078)	0.0002 (0.0091)	－0.0021 (0.0095)
常数项	－0.6336** (0.2528)	0.1957 (0.3417)	－0.8364*** (0.2918)	0.0750 (0.3712)
省份效应	已控制	已控制	已控制	已控制
年份效应	已控制	已控制	已控制	已控制
N（个）	24984	21399	14797	14205
Chi^2	1292.99***	1315.81***	786.77***	885.34***

注：各模型均控制了户主个体特征变量。

内生性问题的解决办法是寻找有效的工具变量来对模型进行重新估计，有效的工具变量必须具备如下特性：第一，该工具变量与内生变量高度相关；第二，与被解释变量不相关。考虑到以上问题，本部分试图通过三种方式来降低内生性对模型估计结果的影响。首先，针对遗漏变量的问题，本部分尽可能地加入合适的控制变量，同时控制省份效应和年份效应。其次，借鉴以往文献的做法，将内生变量的滞后一期作为工具变量，即将家庭劳动力受教育水平滞后一期作为劳动力受教育水平的工具变量。显然家庭劳动力受教育水平与其一阶滞后项是相关的，但是与被解释变量是无关的。最后，借鉴刘斌、李磊和莫骄（2012），李磊、胡博和郑妍妍（2016）的做法，采用村劳动力受教育水平作为第二个工具变量。之所以采用该工具变量基于以下原因：在同一个村或组的居民“抬头不见低头见”，彼此联系相对密切，村内居民之间的交往形成了一个社交网络，因而，家庭的受教育程度容易受到村里其他家庭的影响。由此可见，这不失为一个较好的工具变量。国内学者马光荣、纪洋和徐建炜（2017）也采用了类似的做法。

表 3－16 报告了工具变量对应的回归估计结果。其中，模型（1）和模型（2）采用的是农村人均受教育水平作为工具变量，模型（3）和模型（4）采用的是家庭劳动力受教育水平滞后一期作为工具变量。从表 3－16 可以发现，核心解释变量受教育水平的估计系数在四个模型中均通过了 1% 的显著性水平检验，且符号均为负，说明受教育水平的提升能够显著地降低家庭收入贫困发生的概率。控制变量中，除了大小和显著性水平有微弱的变化外，绝大部分变量的回归估计系数均未发生实质性的改变。家庭劳动力健康和土地流转有利于家庭脱贫，而儿童抚养比和老年人口抚养比过高则会加大家庭陷入收入贫困的概率，同时家庭人口规模过大也不利于家庭脱贫。因此，前文的估计结果是稳健的。

（四）区域差异性分析

1. 按照东部、中部以及西部三大地区分组

中国地大物博，各地区在经济发展水平、人文、资源等各方面存在较大差异，因此各地受教育水平对家庭贫困的影响同样也会存在一定的差异。就农村贫困而言，根据 2017 年《中国农村贫困监测报告》可知，按现行国家农村贫困标准测算，2016 年，东部地区有 490 万农村贫困人口，农村贫困发生率为 1.4%，贫困人口占全国农村贫困人口的 11.3%；中部地区有 1594 万农村贫困人口，农村贫困发生率为 4.9%，

贫困人口占全国农村贫困人口的36.8%；西部地区有2251万农村贫困人口，占全国农村贫困人口的51.9%，农村贫困发生率为7.8%。[①] 由此可知，西部地区的农村贫困人口占全国农村贫困人口的一半以上。鉴于此，分别探析东部、中部和西部三大地区受教育水平对家庭收入贫困的影响。表3－17给出了东部、中部以及西部地区受教育水平对家庭收入贫困影响的回归估计结果。

表3－17　东中西三大地区分组下受教育水平对家庭收入贫困影响的回归估计结果

变量	模型（1）	模型（2）	模型（3）
	东部	中部	西部
Micedu	－0.0996*** (0.0135)	－0.0868*** (0.0142)	－0.1155*** (0.0106)
Landcir	－0.1709** (0.1502)	－0.2790* (0.1605)	－0.2869 (0.1409)
Fhealth	0.4332*** (0.1364)	0.6408*** (0.1412)	0.4700*** (0.1038)
Prochild	0.4712*** (0.0757)	0.4675*** (0.0779)	0.4236*** (0.0546)
Proolder	0.3986*** (0.1053)	0.3157*** (0.1038)	0.1800** (0.0761)
Famisize	－0.0278 (0.0304)	0.0117 (0.0300)	0.0954*** (0.0196)
常数项	－0.6729 (0.8570)	0.3717 (0.6735)	－0.1692 (0.4657)
省份效应	已控制	已控制	已控制
年份效应	已控制	已控制	已控制
N（个）	7616	6067	7717
R^2	0.0882	0.0773	0.0792
Chi^2	399.31***	323.62***	523.30***

注：各模型控制了户主个体特征变量。

① 东部地区包括北京、天津、河北、辽宁、上海、江苏、浙江、福建、山东、广东、海南；中部地区包括山西、内蒙古、吉林、黑龙江、安徽、江西、河南、湖北、湖南；西部地区包括广西、重庆、四川、贵州、云南、西藏、陕西、甘肃、宁夏、青海、新疆。

从表 3－17 可以看出，劳动力受教育水平越高，家庭落入收入贫困的概率越低，但是地区间存在差异。其中，西部地区教育减贫效果相对较强，这可能是因为西部地区劳动力整体受教育水平处于偏低状态，经济发展相对落后，后发优势比较明显。受教育程度较高的劳动者，由于拥有更高的人力资本，在就业市场上通常具有相对明显的就业优势，他们的教育回报率也相对较高（郭熙保和周强，2016）。另外，在经济快速发展过程中，家庭利用经济增长带来的“涓滴效应”也会存在较大差异，对于受教育水平较高的家庭来说，从经济增长过程中获得的福利相对较多；相反，对于受教育水平偏低的家庭来说，从经济增长过程中获得的福利很少，这无疑会加大贫困家庭的贫困程度和延长它们的贫困持续时间。从控制变量来看，土地流转能够显著地降低东部和中部家庭陷入收入贫困的概率，而西部地区家庭人口规模与家庭收入贫困之间呈现显著的正向关系，同时三大地区儿童抚养比和老年人口抚养比与家庭收入贫困之间呈现正向关系。家庭劳动力健康水平越差，三大地区家庭发生收入贫困的概率越高。

2. 按照各省区市经济发展水平分组

受教育水平对农村家庭收入贫困的影响可能还因各地区经济发展水平存在差异而不同。为了检验不同经济发展水平省区市的教育减贫效应差异程度，本部分根据徐飞和李强谊（2016）的研究思路，按照 2010～2016 年人均 GDP 对各省区市进行分类检验。结合具体的情况，最终按照人均 GDP 高低排序将 31 个省区市分成三组，分别定义为经济发达地区、经济中等发达地区和经济欠发达地区[①]。表 3－18 汇报了按照各省区市人均 GDP 分组的检验结果，从表 3－18 可以发现各地区农村家庭劳动力受教育水平对家庭收入贫困的影响程度存在差异，但不管是在欠

① 经济欠发达地区包括贵州、云南、西藏、甘肃、广西、安徽、江西、四川；经济中等发达地区包括河北、山西、吉林、黑龙江、河南、湖北、湖南、海南、重庆、陕西、青海、宁夏、新疆、内蒙古；经济发达地区包括北京、天津、辽宁、上海、江苏、浙江、福建、山东、广东。

发达地区还是在中等发达地区和发达地区，劳动力受教育水平的提高均能够有效地降低农村家庭收入贫困发生的概率。

表 3－18　不同经济发展水平地区受教育水平对家庭收入贫困影响的回归估计结果

变量	模型（1）	模型（2）	模型（3）
	欠发达地区	中等发达地区	发达地区
Micedu	－0.1155*** （0.0108）	－0.0836*** （0.0124）	－0.1081*** （0.0157）
Landcir	－0.3418 （0.1391）	－0.2173* （0.1450）	－0.1377** （0.1698）
Fhealth	0.4605*** （0.1037）	0.6676*** （0.1284）	0.3732** （0.1531）
Prochild	0.4322*** （0.0546）	0.4960*** （0.0721）	0.4523*** （0.0851）
Proolder	0.2113*** （0.0758）	0.2579*** （0.0962）	0.4399*** （0.1172）
Famisize	0.0781*** （0.0196）	0.0363 （0.0261）	－0.0381 （0.0362）
常数项	－0.8334* （0.4923）	－0.3475 （0.5937）	－0.7791 （0.9619）
省份效应	已控制	已控制	已控制
年份效应	已控制	已控制	已控制
N（个）	8070	7202	6128
R^2	0.0909	0.0662	0.0977
Chi^2	590.35***	336.54***	344.79***

注：三个模型都控制了户主个体特征变量。

从控制变量来看，家庭劳动力健康水平越差，三大地区家庭发生收入贫困的概率越高。土地流转能够显著地降低经济中等发达地区和经济发达地区家庭陷入收入贫困的概率，这说明经济发达地区和经济中等发达地区的土地市场较为发达。家庭人口规模对家庭收入贫困的影响在经济欠发达地区表现出正向效应，且家庭人口规模的系数通过了1%的显著性水平检验，但是在经济中等发达地区和经济发达地区该系数则不显著。这可能是受到当前生育观念和抚养成本的影响，相对于欠发达地区而言，经济发达地区和经济中等发达地区的家庭人口较少。此外，三大地区儿童抚养比和老年人口抚养比与家庭收入贫困之间均表现为显著的正向关系，说明两者的提高均不利于家庭摆脱收入贫困。

三 受教育水平对农村家庭长期收入贫困的影响

本章第二节探讨了微观视角下受教育水平对农村家庭收入贫困的影响，但是该研究局限于静态层面。但实际上，贫困并不是静态的，贫困是一个动态的变化过程，在脱贫、返贫、致贫等之间不断流动。鉴于此，本节从动态视角出发，研究受教育水平对农村家庭长期收入贫困的影响。

（一）研究设计

1. 模型的设定

在对家庭长期收入贫困的判别中，国内外学者并未形成一致意见，通常根据家庭贫困持续时间的长短进行划分，而贫困持续时间一般为考察期的1/3以上（郭熙保和周强，2016；周强，2017）。如果某个家庭贫困持续时间大于或等于考察期的1/3则判别为长期收入贫困，赋值为1；如果家庭贫困持续时间小于考察期的1/3则判别为非长期收入贫困，赋值为0。由于被解释变量为0、1二值变量，因此本节同样采用Logit模型来重点考察受教育水平和其他重要变量对农村家庭长期收入贫困的影响，在本章第二节基准模型即公式（3－13）的基础上，构建如下计量模型：

$$\begin{aligned} Logit(LMicpoor_{it}) &= \ln[LMicpoor_{it}/(1-LMicpoor_{it})] \\ &= \alpha_0+\alpha_1 Micedu_{it}+\alpha_2 Famisize_{it}+\alpha_3 Prochild_{it}+ \\ &\quad \alpha_4 Proolder_{it}+\alpha_5 Fhealth_{it}+\alpha_6 Landcir_{it}+\lambda_i X_{it}+\xi_{it} \end{aligned} \tag{3-14}$$

其中，$LMicpoor_{it}$、$1-LMicpoor_{it}$分别表示在自变量取值给定的情形下，家庭发生长期收入贫困的概率和不发生长期收入贫困的概率。

ln［$LMicpoor_{it}$/（$1-LMicpoor_{it}$）］则表示家庭发生长期收入贫困的概率比的自然对数。α_0为模型的截距，α为回归估计系数。

为了使得结果更加可信，本节同时也考察受教育水平对家庭收入贫困持续时间的影响。由于贫困持续时间是多值排序变量，数值越大表示家庭陷入收入贫困的时间越长，而普通的二值 Logit 模型不再适用，需要采用 Ordered Logit 模型进行回归，Ordered Logit 模型和二值 Logit 模型在个体选择规则上存在差异，同时概率分布函数也不同。参考陈强（2014）的相关研究，对 Ordered Logit 模型的一般形式进行简要说明，假设存在：

$$z^* = \varphi \times x' + \varepsilon \tag{3-15}$$

其中，z^* 表示不可观测变量，x' 表示解释变量，而个体的选择规则为：

$$z = \begin{cases} 0, \text{if } z^* \leqslant r_0 \\ 1, \text{if } q_0 < z^* \leqslant r_1 \\ 2, \text{if } q_1 < z^* \leqslant r_2 \\ 3, \text{if } q_2 < z^* \leqslant r_3 \\ \cdots \\ d, \text{if } q_{d-1} \leqslant z^* \end{cases} \tag{3-16}$$

其中，$q_0 < q_1 < q_2 < q_3 < \cdots < q_{d-1}$，称为切点。假设 ε ~N（0，1），则可得到：

$$\begin{aligned} P(z=0 \mid x) &= P(z^* \leqslant q_0 \mid x) = P(x' \times \varphi + \varepsilon \leqslant q_0 \mid x) \\ &= P(\varepsilon \leqslant q_0 - x' \times \varphi \mid x) = \Gamma(q_0 - x' \times \varphi) \end{aligned} \tag{3-17}$$

$$\begin{aligned} P(z=1 \mid x) &= P(q_0 < z^* \leqslant q_1 \mid x) \\ &= P(z^* \leqslant q_1 \mid x) - P(z^* < q_0 \mid x) \\ &= P(x' \times \varphi + \varepsilon \leqslant q_1 \mid x) - \Gamma(q_0 - x' \times \varphi) \\ &= P(\varepsilon \leqslant q_1 - x' \times \varphi \mid x) - \Gamma(q_0 - x' \times \varphi) \\ &= \Gamma(q_1 - x' \times \varphi) - \Gamma(q_0 - x' \times \varphi) \end{aligned} \tag{3-18}$$

$$P(z=2\mid x)=\Gamma(q_2-x'\times\varphi)-\Gamma(q_1-x'\times\varphi)$$

$$\cdots$$

$$P(z=d\mid x)=1-\Gamma(q_{d-1}-x'\times\varphi) \tag{3-19}$$

假设扰动项服从逻辑分布，经过上面推导分析，则可以得到 Ordered Logit 模型。根据以上各式本节构建家庭贫困持续时间的 Ordered Logit 模型如下：

$$\begin{aligned} OLogit(HMicpoor_{it}) = {} & \nu_0+\nu_1 Micedu_{it}+\nu_2 Famisize_{it}+ \\ & \nu_3 Prochild_{it}+\nu_4 Proolder_{it}+\nu_5 Fhealth_{it}+ \\ & \nu_6 Landcir_{it}+\pi_i X_{it}+\xi_{it} \end{aligned} \tag{3-20}$$

其中，$HMicpoor_{it}$表示贫困持续时间。

2. 贫困转化的统计性描述

家庭收入贫困的转化问题是学术界重点关注的问题之一，对该问题的分析不仅能体现出贫困的脆弱性问题，也能够加深对贫困的认识。为了更加清晰地阐明长期收入贫困的研究思路，按照 Wan 和 Zhang（2013），Alkire、Roche 和 Vaz（2017），章元、万广华和史清华（2013），周强（2017），侯亚景（2017）等的研究思路，我们对贫困持续时间分析法做一个简明的对比，分别画出家庭收入贫困发生率的静态测度（如图 3－4 所示）和家庭收入贫困的动态变化（如图 3－5 所示）。从图 3－4 中可以看出每个时点上的家庭收入贫困发生率与脱贫家庭比例，如 2010 年，非收入贫困家庭比例为 82.12%，收入贫困家庭比例为 17.88%。而到 2012 年时，收入贫困家庭比例为 15.39%，非收入贫困家庭比例为 84.61%，相比 2010 年收入贫困家庭比例减少了 2.48 个百分点。而到 2014 年时，收入贫困家庭比例为 14.22%，非收入贫困家庭比例为 85.78%，相比 2012 年收入贫困家庭比例减少了 1.18 个百分点。2016 年，收入贫困家庭比例为 11.95%，非收入贫困家庭比例为 88.05%，相比 2014 年收入贫困家庭比例减少了 2.26 个百分点。图 3－4 其实只是简单给出了相邻两个年份的家庭收入贫困情况，但是对于在不同时期或者跨期的家庭收入贫困转化状况则未能给出。

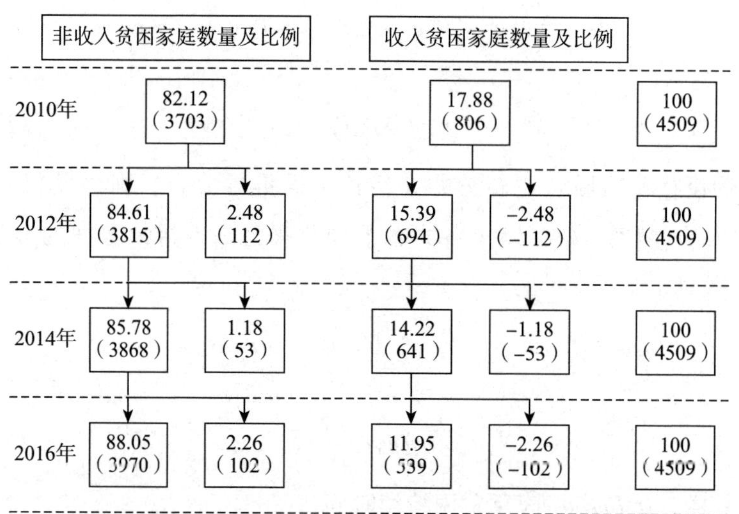

图 3-4 2010~2016 年农村家庭收入贫困转化

注：方框内上面一排数值表示收入贫困发生率，下面一排括号中的数值表示样本量。

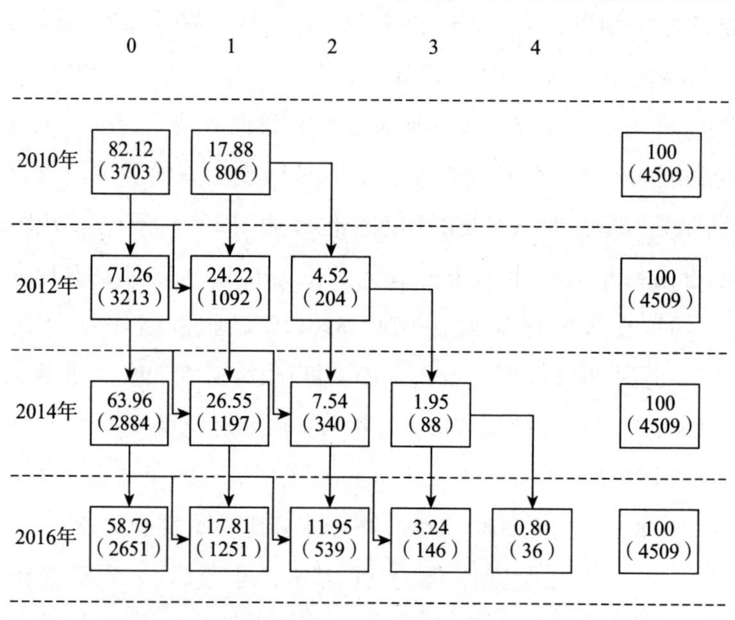

图 3-5 2010~2016 年农村家庭跨期收入贫困转化

注：最上面一排横轴数字 0、1、2、3、4 分别代表从未贫困、1 期贫困、2 期贫困、3 期贫困、4 期贫困；箭头指示方向为非收入贫困家庭或者收入贫困家庭的转化方向。

为了更加直观地测度出农村家庭长期收入贫困的动态转化，我们通过持续时间分析法来测度2010～2016年农村家庭跨期收入贫困转化情况。图3－5给出了考察期2010～2016年农村家庭收入贫困的转化状况。根据图3－5可以看出，在考察期内从未发生收入贫困的家庭占比为58.79%，也就是说在2010年、2012年、2014年、2016年有58.79%的家庭从未陷入收入贫困。同时在考察期内始终未逃离收入贫困的家庭也占据了0.8%，即有0.8%的家庭陷入了长期收入贫困的困境。另外，在考察期内发生2期收入贫困或者1期收入贫困的家庭比例相对较高。具体来看，从1期收入贫困陷入2期收入贫困的家庭比例为4.52%，从2期收入贫困陷入3期收入贫困的家庭比例为1.95%，从3期收入贫困陷入4期收入贫困的家庭比例为0.8%。

以上分析诠释了家庭收入贫困的动态性，也说明了贫困问题并不是简单的静态分析问题，应该同时基于静态和动态视角进行剖析。分析贫困的动态转换，不仅有利于加深对贫困的认识，也凸显出贫困的动态性。将时间因素纳入贫困的分析框架，能更直观地反映家庭收入贫困的动态变化，也更加符合当前对贫困的认识。

（二）实证结果及其解读

本节首先利用Logit模型分析在2011年国家最新公布的贫困标准下，受教育水平对家庭长期收入贫困的影响。同时，将家庭特征和户主个体特征也分别纳入基准模型中，并且采用逐步回归的方法，得到的回归估计结果如表3－19所示。

表3－19　受教育水平对家庭长期收入贫困影响的回归估计结果

变量	模型（1）	模型（2）	模型（3）	模型（4）	模型（5）
Micedu	－0.1681*** （0.0083）	－0.1510*** （0.0091）	－0.1386*** （0.0101）	0.8706*** （0.0088）	－0.0724*** （0.0053）
Landcir		－0.4990*** （0.1162）	－0.4178*** （0.1251）	0.6585*** （0.0824）	－0.2169*** （0.0626）

续表

变量	模型（1）	模型（2）	模型（3）	模型（4）	模型（5）
Fhealth		0.4983 *** (0.0908)	0.6027 *** (0.0989)	1.8270 *** (0.1806)	0.3344 *** (0.0538)
Prochild		0.4468 *** (0.0463)	0.5005 *** (0.0514)	1.6495 *** (0.0847)	0.2899 *** (0.0285)
Proolder		0.3303 *** (0.0621)	0.2633 *** (0.0740)	1.3012 *** (0.0963)	0.1515 *** (0.0410)
Famisize		0.0845 *** (0.0169)	0.0774 *** (0.0183)	1.0805 *** (0.0198)	0.0376 *** (0.0100)
Hdmarry			-0.4098 *** (0.0975)	0.6638 *** (0.0647)	-0.2243 *** (0.0545)
Hdgender			0.2358 *** (0.0618)	1.2659 *** (0.0783)	0.1176 *** (0.0325)
Hedage			-0.0719 *** (0.0185)	0.9306 *** (0.0172)	-0.0359 *** (0.0102)
Hdsages			0.0007 *** (0.0002)	1.0007 *** (0.0002)	0.0003 *** (0.0001)
Hedjobs			-0.3276 *** (0.0912)	0.7206 *** (0.0657)	-0.1735 *** (0.0494)
Hdintion			-0.6690 *** (0.2501)	0.5122 *** (0.1281)	-0.3374 *** (0.1177)
Hdnoagr			-0.6831 *** (0.0955)	0.5050 *** (0.0483)	-0.3443 *** (0.0469)
N（个）	17454	15831	13896	13896	13896
R^2	0.1017	0.1223	0.1411	0.1411	0.1403
Chi^2	968.82 ***	1135.95 ***	1111.19 ***	1111.19 ***	1122.73 ***

注：第五列模型（4）表示模型（3）中估计参数的概率比；第六列报告的是采用 Probit 模型的回归估计结果；本表采用的贫困持续时间为大于等于 2 期；所有模型均控制了省份效应和年份效应，同时省略了常数项。

表 3－19 报告了在贫困持续时间大于等于 2 期的条件下，受教育水平对家庭长期收入贫困的影响。表 3－19 中第二列模型（1）仅仅涉及核心解释变量家庭劳动力受教育水平对家庭长期收入贫困的影响，同时控制了省份效应和年份效应。模型（2）在模型（1）的基础上加入了家庭人口规模、老年人口抚养比、儿童抚养比、健康以及土地流转等家

庭特征变量。为了考察户主个体特征对家庭长期收入贫困的影响，模型（3）在模型（2）的基础上加入了户主年龄、户主年龄的平方、户主工作、户主单位性质、户主婚姻状况以及户主职业类型等户主个体特征变量。对于Logit模型的回归估计系数，通常采用各变量的相对概率或者边际效应进行解读，这相对于直接对系数进行解读更加具有优势。因此在模型（4）中报告了模型（3）的概率比值。为了对比分析，最后一列模型（5）列出了Probit模型的回归估计结果。

从表3－19的模型（1）至模型（3）中可以看出，劳动力受教育水平的估计系数均通过了1%显著性水平的检验，且符号为负。所以可以得知随着受教育水平的提高，家庭陷入长期收入贫困的概率将下降。以模型（3）为例，劳动力受教育水平每提升1年，该家庭长期收入贫困发生的可能性会降低约14个百分点，也就是说受教育程度越高的家庭越不容易陷入长期收入贫困。从家庭特征来看，老年人口抚养比和儿童抚养比的系数均通过了1%的显著性水平检验，且两者均为正，这说明儿童和老年人口越多的家庭，陷入长期收入贫困的概率越大，这主要是因为未成年子女和老年人口的增多，会加大家庭各项开支，同时挤占劳动人口的时间。从模型（2）和模型（3）可以发现，家庭劳动力健康状况对家庭长期收入贫困现状有很大的影响，劳动力不健康的家庭发生长期收入贫困的概率远远要大于劳动力健康的家庭。这主要是因为健康的家庭劳动力能够为家庭带来收入来源，但是不健康的劳动力不仅会加大家庭医疗开支，而且会占用其他家庭成员的照料时间等。因此，相比劳动力不健康的家庭而言，劳动力健康的家庭陷入长期收入贫困的概率要小很多。此外，土地流转的回归估计系数通过了1%的显著性水平检验，并且符号为负，说明土地流转有利于家庭摆脱长期收入贫困。因此采取相应的土地流转政策，降低土地流转交易成本，推动农村土地健康、有序、快速的流转非常有必要（王春超，2011）。

除此之外，根据模型（3）可以看出，户主为女性，家庭长期收入贫困的发生率较低。户主年龄表现出双重影响：一方面，随着年龄的增大和工作经验的增多，农村居民的收入水平会得到相应的提高；另一方面，随着年龄增大，农村居民的精力和体力等开始下降，而这会促使家庭更容易陷入长期收入贫困。从表 3－19 还可以发现，户主婚姻状况对该家庭长期收入贫困的影响在 1% 的水平上显著为负，说明已婚家庭与未婚家庭相比，陷入长期收入贫困的概率较低，这可能是因为结婚之后，家庭收入增加，开支也更加合理，在一定程度上改善了长期收入贫困状况。

（三）稳健性检验

上文研究了受教育水平对家庭长期收入贫困的影响，采用逐步回归分析方法，通过各种模型的设定可知，我们重点关注的核心解释变量受教育水平的回归估计系数符号及其显著性水平并没有发生实质性的改变。为了进一步验证上述回归估计结果的可靠性，以下通过替换被解释变量和核心解释变量等多种方式来考察模型稳健性。

1. 不同贫困持续时间临界值下受教育水平对家庭长期收入贫困影响的稳健性检验

表 3－20 报告了在贫困持续时间大于或等于 3 期条件下，受教育水平对家庭长期收入贫困的影响。在表 3－20 中，我们同样采用逐步回归法进行估计，其中，第二列的模型（1）仅仅包含核心解释变量，而第三列的模型（2）则在模型（1）的基础上加入了家庭特征的控制变量；模型（3）在模型（2）的基础上加入了户主个体特征变量；模型（4）表示模型（3）的概率比值。我们重点分析模型（3）的回归估计结果，从模型（3）可以发现，劳动力受教育水平的回归估计系数符号为负，且通过了 1% 的显著性水平检验，说明受教育水平依然是影响家庭长期收入贫困的重要因素。具体来看，在模型（3）中，受教育水平所对应的回归估计系数为 －0.2355，它在模型（4）中相对应的概率比值为 0.7902，说明受教育水平每提高 1 年，家庭陷入长期收入贫困的概率将下降约 21 个百分点。

表 3－20　不同贫困持续时间临界值下受教育水平对家庭长期收入贫困影响的回归估计结果

变量	模型（1）	模型（2）	模型（3）	模型（4）
Micedu	－0.2720 *** (0.0170)	－0.2500 *** (0.0190)	－0.2355 *** (0.0219)	0.7902 *** (0.0173)
Landcir		－1.0427 *** (0.3012)	－0.8009 ** (0.3167)	0.4489 ** (0.1422)
Fhealth		0.4259 *** (0.1626)	0.4842 *** (0.1816)	1.6229 *** (0.2946)
Prochild		0.4517 *** (0.0721)	0.5128 *** (0.0844)	1.6699 *** (0.1410)
Proolder		0.3459 *** (0.0986)	0.3329 *** (0.1124)	1.3950 *** (0.1568)
Famisize		0.1272 *** (0.0271)	0.1238 *** (0.0297)	1.1318 *** (0.0336)
常数项	0.3652 (1.1681)	－0.6482 (1.1666)	－0.9867 (0.8382)	0.3728 (0.3125)
省份效应	已控制	已控制	已控制	已控制
年份效应	已控制	已控制	已控制	已控制
N（个）	15618	14387	12450	12450
R^2	0.1359	0.1708	0.2063	0.2063
Chi^2	558.83 ***	759.03 ***	726.71 ***	726.71 ***

注：第 5 列模型（4）表示模型（3）中估计参数的概率比；本表采用的贫困持续时间为大于等于 3 期。

控制变量，如家庭人口规模、老年人口抚养比、儿童抚养比、健康和土地流转等家庭特征变量的系数依然显著性良好，且符号与基准模型的（见表 3－19）大体保持一致。其中，家庭人口规模、老年人口抚养比、儿童抚养比以及健康的系数在模型（3）中同样显著为正，而土地流转则显著为负。总体而言，不管是显著性还是符号，各变量的系数均未发生实质性改变，进而说明了本节研究结论的稳健性。

2. 利用户主受教育水平的稳健性检验

按照以往较多学者的做法，我们将核心解释变量替换为户主受教育水平，估计了户主受教育水平对家庭长期收入贫困的影响，结果如表

3－21所示。

表3－21　户主受教育水平对家庭长期收入贫困影响的回归估计结果

变量	模型（1）	模型（2）	模型（3）	模型（4）
Headedu	－0.0902*** （0.0061）	－0.0766*** （0.0066）	－0.0759*** （0.0076）	0.9269*** （0.0070）
Landcir		－0.5490*** （0.1152）	－0.4436*** （0.1241）	0.6418*** （0.0797）
Fhealth		0.6258*** （0.0893）	0.7341*** （0.0972）	2.0836*** （0.2025）
Prochild		0.5411*** （0.0448）	0.5775*** （0.0502）	1.7816*** （0.0895）
Proolder		0.3158*** （0.0599）	0.2638*** （0.0723）	1.3019*** （0.0941）
Famisize		0.0558*** （0.0169）	0.0508*** （0.0184）	1.0521*** （0.0194）
常数项	－3.2131*** （1.0209）	－3.7404*** （0.8272）	－1.1386 （0.8689）	0.3203 （0.2783）
省份效应	已控制	已控制	已控制	已控制
年份效应	已控制	已控制	已控制	已控制
N（个）	17452	15829	13894	13894
R^2	0.0832	0.1079	0.1309	0.1309
Chi^2	820.05***	1030.97***	1049.22***	1049.22***

注：模型（3）至模型（4）控制了户主个体特征变量；第五列模型（4）表示模型（3）中估计参数的概率比。

其中，模型（1）至模型（3）采用了逐步回归分析方法。从模型（1）至模型（3）可以发现，核心解释变量户主受教育水平的估计系数均通过了1%的显著性水平检验，且符号为负，说明户主受教育水平的提高能够显著降低家庭陷入长期收入贫困的概率。以第四列模型（3）为例，户主受教育水平所对应的回归估计系数为－0.0759，它在模型（4）中相对应的概率比值为0.9269。说明户主受教育水平每提高1年，家庭陷入长期收入贫困的概率将下降约7个百分点。在模型（1）至模型（3）中，核心解释变量的系数在符号和显著性水平上均未发生较大的变化，控制变量，如家庭人口规模、老年人口抚养比、儿童抚养比、健康和土地流转等的系数依然显著性良好，且符号与基准模型的回归估计结果（见表3－19）保持一致。总体而言，本节研究结论稳健性较强。

3. 利用家庭劳动力最高受教育水平的稳健性检验

上文中分析了家庭劳动力受教育水平和户主受教育水平对家庭长期收入贫困的影响，然而家庭内部各成员受教育水平可能存在较大差异，因此本部分将核心解释变量家庭劳动力受教育水平替换为家庭劳动力最高受教育水平，重新对基准模型即公式（3－14）进行回归估计，得到的结果如表3－22 所示。

表3－22　家庭劳动力最高受教育水平对家庭长期收入贫困影响的回归估计结果

变量	模型（1）	模型（2）	模型（3）	模型（4）
Maxicoedu	－0.1206 *** (0.0060)	－0.1099 *** (0.0069)	－0.0984 *** (0.0077)	0.9063 *** (0.0070)
Landcir		－0.5196 *** (0.1158)	－0.4266 *** (0.1248)	0.6527 *** (0.0814)
Fhealth		0.5579 *** (0.0892)	0.6552 *** (0.0975)	1.9255 *** (0.1877)
Prochild		0.3549 *** (0.0464)	0.4242 *** (0.0516)	1.5284 *** (0.0789)
Proolder		0.2305 *** (0.0614)	0.1630 ** (0.0735)	1.1771 ** (0.0865)
Famisize		0.1315 *** (0.0170)	0.1177 *** (0.0185)	1.1249 *** (0.0208)
常数项	－2.7333 *** (1.0216)	－3.2461 *** (0.8662)	－0.9974 (0.8934)	0.3689 (0.3295)
省份效应	已控制	已控制	已控制	已控制
年份效应	已控制	已控制	已控制	已控制
N（个）	17454	15831	13896	13896
R^2	0.0981	0.1181	0.1372	0.1372
Chi^2	1013.69 ***	1146.48 ***	1122.82 ***	1122.82 ***

注：模型（3）至模型（4）控制了户主个体特征变量；第五列模型（4）表示模型（3）中估计参数的概率比。

由于模型（1）至模型（3）采用的是逐步回归分析方法，我们以模型（3）为例做重点分析。从表3-22中的模型（3）可以看出，核心解释变量被替换后，系数依然显著为负，跟基准模型的回归估计结果相比只是数值有较小差异，具体来看，受教育水平每提高1年，家庭陷入长期收入贫困的概率将下降约9个百分点。控制变量，如土地流转、家庭人口规模、老年人口抚养比和儿童抚养比以及健康等指标的系数均通过了至少5%的显著性水平检验，且符号与基准模型的回归估计结果相比几乎一致。因此，本节的研究结果稳健性较好。

4. 受教育水平对家庭贫困持续时间影响的回归估计结果

本部分主要考虑受教育水平对家庭收入贫困持续时间的影响。利用公式（3-20）对模型进行回归估计，得到的结果如表3-23所示。

表3-23 受教育水平对家庭长期收入贫困持续时间影响的回归估计结果

变量	模型（1）	模型（2）	模型（3）	模型（4）
Micedu	-0.1341*** (0.0053)	-0.1221*** (0.0057)	-0.1099*** (0.0063)	0.8959*** (0.0057)
Landcir		-0.2615*** (0.0620)	-0.1645** (0.0672)	0.8483** (0.0570)
Fhealth		0.5534*** (0.0621)	0.5966*** (0.0684)	1.8160*** (0.1242)
Prochild		0.3837*** (0.0345)	0.4189*** (0.0392)	1.5203*** (0.0597)
Proolder		0.2823*** (0.0464)	0.2130*** (0.0558)	1.2374*** (0.0690)
Famisize		0.0703*** (0.0115)	0.0704*** (0.0127)	1.0730*** (0.0136)
省份效应	已控制	已控制	已控制	已控制
年份效应	已控制	已控制	已控制	已控制
N（个）	17520	15879	13943	13943
R^2	0.0616	0.0725	0.0838	0.0838
Chi^2	16387.02***	11248.75***	9323.43***	9323.43***

注：模型（3）至模型（4）控制了户主个体特征变量；第五列模型（4）表示模型（3）中估计参数的概率比。

表3－23中，模型（1）仅仅涉及核心解释变量家庭劳动力受教育水平对家庭收入贫困持续时间的影响，同时控制了省份效应和年份效应。模型（2）在模型（1）的基础上加入了家庭人口规模、老年人口抚养比、儿童抚养比、健康以及土地流转等家庭特征因素。模型（3）在模型（2）的基础上进一步加入了家庭户主个体特征变量。通过对模型（3）进行分析，可以发现，劳动力受教育水平与家庭长期收入贫困持续时间之间呈显著的负向关系。也就是说，受教育水平越高的家庭，收入贫困持续的时间会越短。从家庭特征变量来看，家庭人口规模、老年人口抚养比、儿童抚养比均与家庭长期收入贫困持续时间正相关。家庭子女越多、人口规模越大，家庭长期收入贫困持续时间也越长，而土地流转则能够缩短家庭长期收入贫困持续时间。

（四）区域差异性分析

1. 按照东部、中部以及西部三大地区分组

鉴于区域发展之间有较大的差异，需要分区域考察劳动力受教育水平对农村家庭长期收入贫困的影响。表3－24报告了东部、中部和西部地区相关回归估计结果。从表3－24可以看出，西部地区劳动力受教育水平对农村家庭长期收入贫困的影响较大，其次是中部地区，而东部地区最小。造成这种现象的原因可能是中国在经济发展过程中试图通过“平衡发展”的战略，采取相关政策优惠和倾斜推动落后地区发展，其中，西部大开发、中部崛起、振兴东北老工业基地等区域发展战略，加上近几年国家提出的“一带一路”倡议等，势必对当地农村居民的收入水平、受教育程度产生影响，进而影响农村家庭长期收入贫困。另外，由于中西部地区，尤其是西部地区，平均受教育水平偏低，根据边际收益递减规律可知，西部地区的减贫效果可能优于东部地区（赵茂林，2005；易宏军和赵茂林，2006）。综合来看，不管是在东部地区，还是在中部和西部地区，受教育水平对家庭长期收入贫困的影响都显著为负，只是在不同的地区影响程度有所差异而已。总之，受教育水平越

高，越有利于家庭贫困减缓。

表 3-24　东部、中部、西部劳动力受教育水平对家庭长期收入贫困影响的回归估计结果

变量	模型（1）	模型（2）	模型（3）
	东部	中部	西部
Micedu	-0.0930*** (0.0202)	-0.1120*** (0.0227)	-0.1647*** (0.0140)
Landcir	-0.9579*** (0.2841)	-0.4827* (0.2713)	-0.1464 (0.1711)
Fhealth	0.6099*** (0.2066)	0.6970*** (0.2133)	0.5642*** (0.1349)
Prochild	0.4193*** (0.1051)	0.8030*** (0.1152)	0.4221*** (0.0694)
Proolder	0.4030** (0.1701)	-0.0407 (0.1685)	0.3144*** (0.0984)
Famisize	0.0030 (0.0422)	0.0460 (0.0400)	0.1037*** (0.0244)
常数项	-2.0155 (1.4302)	-0.2276 (1.0487)	1.2327** (0.5897)
省份效应	已控制	已控制	已控制
年份效应	已控制	已控制	已控制
N（个）	4736	4011	5149
R^2	0.0873	0.1117	0.1153
Chi^2	199.87***	212.97***	481.60***

注：模型（1）至模型（3）控制了户主个体特征变量。

从控制变量来看，健康的系数在三大地区均显著为正，说明劳动力健康状态是影响三大地区家庭长期收入贫困的重要因素。儿童抚养比的系数同样在东部、中部和西部地区均通过了1%的显著性水平检验，说明儿童数量的增加将加大三大地区家庭陷入长期收入贫困的概率。但是老年人口抚养比的系数仅仅在东部和西部地区显著为正，且在东部地区更大，但是在中部地区则不显著。家庭人口规模的系数仅在西部地区显著为正，这说明西部地区家庭人口过多更容易陷入长期收入贫困。而东部和中部地区，家庭人口规模相比之下要小于西部地区，可能导致回归估计系数不显著。对于土地流转而言，系数仅在东部和中部地区显著为负，说明东部和中部地区土地市场更为发达，土地流转更能降低家庭陷入长期收入贫困的概率。

2. 按照各省区市经济发展水平分组

本书还根据各省区市不同经济发展水平对它们进行分组，考察不同经济发展水平下劳动力受教育水平对农村家庭长期收入贫困的影响，回归估计结果如表 3－25 所示。

表 3－25　不同经济发展水平下劳动力受教育水平对农村家庭长期收入贫困影响的回归估计结果

变量	模型（1）	模型（2）	模型（3）
	欠发达地区	中等发达地区	发达地区
Micedu	－0.1655*** (0.0140)	－0.1156*** (0.0191)	－0.0799*** (0.0249)
Landcir	－0.1098 (0.1663)	－0.5949** (0.2520)	－1.1695*** (0.3567)
Fhealth	0.4080*** (0.1361)	1.0216*** (0.1800)	0.6634*** (0.2385)
Prochild	0.4592*** (0.0690)	0.7170*** (0.1018)	0.3307*** (0.1190)
Proolder	0.2517** (0.0986)	0.1913 (0.1447)	0.4023** (0.1965)
Famisize	0.0994*** (0.0242)	0.0502 (0.0353)	0.0233 (0.0498)
常数项	－0.9867 (0.7079)	0.3968 (0.8862)	－3.3559* (1.7743)
省份效应	已控制	已控制	已控制
年份效应	已控制	已控制	已控制
N（个）	5345	4815	3736
R^2	0.1268	0.1014	0.0875
Chi^2	494.91***	257.19***	147.95***

注：模型（1）至模型（3）控制了户主个体特征变量。

根据表 3 - 25 中的回归估计结果，可以得出以下一些基本结论。首先，不管是经济欠发达地区、经济中等发达地区还是经济发达地区，核心解释变量家庭劳动力受教育水平的回归估计系数均通过了 1% 的显著性水平检验，数值分别为 - 0.1655、 - 0.1156、 - 0.0799。由此可以看出，家庭劳动力受教育水平每提高 1 年，经济欠发达地区家庭陷入长期收入贫困的概率将下降 15.25 个百分点、经济中等发达地区家庭陷入长期收入贫困的概率将下降 10.92 个百分点、经济发达地区家庭陷入长期收入贫困的概率将下降 7.68 个百分点。这说明受教育水平对经济欠发达地区家庭长期收入贫困的影响最大，其次是经济中等发达地区，而对经济发达地区的影响最小。

从控制变量来看，土地流转能有效地降低经济中等发达地区和经济发达地区家庭长期收入贫困的发生概率，但是对经济欠发达地区的影响则不显著，说明经济越发达的地区，土地市场相对越完善。健康的系数在经济欠发达地区、经济中等发达地区和经济发达地区均显著为正，说明家庭劳动力不健康，将在很大程度上加大家庭陷入长期收入贫困的概率。儿童抚养比的系数均通过了 1% 的显著性水平检验，说明儿童数量增加，不利于三大地区家庭摆脱长期收入贫困。老年人口抚养比的提升也将加大经济欠发达地区和经济发达地区家庭陷入长期收入贫困的概率，但是对经济中等发达地区的影响不显著。而家庭人口规模的系数仅仅在经济欠发达地区显著为正，说明家庭人口规模的增加对经济欠发达地区家庭长期收入贫困的影响更为明显。

四　受教育水平对农村家庭多维贫困的影响

本章前三节已经从宏观和微观视角分别探讨了受教育水平对农村收入贫困的影响，且这些研究仅局限于测度经济层面的收入贫困。事实上，贫困不仅指收入的缺乏，还包括教育、健康、生活等多个维度可行能力的被剥夺。因此，在关注收入贫困的同时，也应该更多地关注收入之外其他维度的贫困问题。鉴于此，本节从多维贫困视角出发，研究受教育水平对农村家庭多维贫困的影响。

（一）研究设计

1. 多维贫困指数构建

多维贫困指数也称为MPI，在世界各国能够通用，是一种常见的衡量多维贫困的指标。通常情况下，涵盖教育、健康、医疗、生活等多个维度。本节重点参考 Atkinson 和 Bourguignon（1982），Bourguignon 和 Chakravarty（2003），Santos（2013），Alkire 和 Santos（2014），Alkire、Roche 和 Vaz（2017），张全红和周强（2014）以及向运华和刘欢（2016）等的研究，就多维贫困指数构建做简要说明。

为不失一般性，假设考察的样本由 n 个个体组成，其样本观测矩阵可以表示为 $X = (x_{ij})_{n\times m}$。其中，维度总数为 m，x_{ij} 代表样本个体 i 在维度 j 上的取值，$x_i = (x_{i1}, x_{i2}, \cdots, x_{im})$ 则代表个体在 m 个维度上的观测值的集合。$Z = (z_1, z_2, \cdots, z_m)^{\mathrm{T}}$ 为相应维度上被剥夺临界值组成的向量。z_j 为各维度的贫困线，如果 $x_{ij} \leqslant z_j$，则代表个体 i 在维度 j 上被定义为贫困人口，即：

$$p_{ij} = \begin{cases} 1 & x_{ij} \leqslant z_j \\ 0 & \text{其他} \end{cases} \tag{3-21}$$

从式（3-21）可以得知，$p_{ij}=1$ 表示个体 i 在维度 j 上处于贫困状态，当 $p_{ij}=0$ 时，则表示个体 i 在维度 j 上处于非贫困状态。

在计算多维贫困指数时，我们将传统意义上的贫困发生率指数 H 表示为 H（k），其中 H 的计算公式为：

$$H = \frac{q}{n} \tag{3-22}$$

式（3-22）中，n 表示考察样本的总人口数，q 表示样本的贫困人口数。在计算 H（k）时，需先将各个维度进行加总，得到公式：

$$H(k) = \frac{\sum_{i=1}^{n} q_{ij}(k)}{n} \tag{3-23}$$

其中，k 表示维度临界值，如果个体在 k 个或 k 个以上维度被剥夺，则被称为多维贫困者。另一个需要计算的是贫困强度指数，也称为平均被剥夺份额，它等于所有贫困个体平均被剥夺的维度数与总维度数的比值，用 $A(k)$ 表示，其计算公式为：

$$A(k) = \frac{\sum_{i=1}^{n} c_i(k)}{\sum_{i=1}^{n} q_{ij}(k) \times m} \tag{3-24}$$

式（3－24）中，$c_i(k)$ 代表加权贫困维度数，其中有：

$$c_i(k) = \sum_{j=1}^{m} w_{ij} g_{ij} \tag{3-25}$$

式（3－25）中，w_j 表示权重系数，即维度 j 上的权重系数，假设样本个体 i 在 k 个及以上维度被剥夺时，则有 $c_i(k) = \sum_{j=1}^{m} w_{ij} p_{ij}$；否则 $c_i(k) = 0$。因此，可以得到 $\sum_{i=1}^{n} c_i(k)/q = A \times m$；另外，$q_{ij}(k)$ 表示个体 i 为多维贫困人口，并且其公式可以表示为：

$$q_{ij}(k) = \begin{cases} 1 & c_i(k) \neq 0 \\ 0 & \text{其他} \end{cases} \tag{3-26}$$

结合以上各式，则可以得到多维贫困指数，其表达式为：

$$M(k) = \frac{\sum_{i=1}^{n} c_i(k)}{nm} = \frac{\sum_{i=1}^{n} q_{ij}(k)}{n} \times \frac{\sum_{i=1}^{n} c_i(k)}{\sum_{i=1}^{n} q_{ij}(k) \times m} = H(k) \times A(k) \tag{3-27}$$

根据式（3－27）可以发现，多维贫困指数 $M(k)$ 是 $H(k)$ 和 $A(k)$ 乘积。说明在给定临界值下，多维贫困指数同时受到平均被剥夺份额、贫困发生率以及各维度权重系数 w_j 的影响。

2. 多维贫困指标体系的选取

多维贫困指数近年来受到众多学者的关注，形成了大量的研究成果。但是对多维贫困指标体系的构建，在学术界中并没有达成共识，也没有一个统一标准。本节在选择多维贫困指标时，主要借鉴王小林和Alkire（2009）、王春超和叶琴（2014）、张全红和周强（2014）、侯亚景和周云波（2017）等的相关研究，同时结合数据的可获得性和中国贫困现状，选取了教育、健康、医疗保险等6项指标，具体指标名称和说明见表3－26。在计算多维贫困指数时，非常关键的步骤就是各指标权重的选择。综合国内外文献来看，对于权重的选择并没有一致看法（Decancq and Lugo，2013）。通常情况下，大多数研究采用等权重分析法来确定各个维度的权重，鉴于此，本节也采用等权重的方法来确定权重，即各指标的权重取值为1/6。表3－26中，教育指标、健康指标、医疗保险指标以及住房指标等，如果其数值小于对应的临界值，则判定为贫困，赋值为1；否则赋值为0。

表3－26　多维贫困指标体系

指标	指标解释	临界值
教育	家庭16岁及以上人均受教育年限	9年
健康	家庭中成人的BMI值，用体重除以身高的平方得出	18.5 kg/m^2
医疗保险	家庭成员参加医疗保险的比例	100%
做饭燃料	采用非清洁燃料做饭，判定为贫困	定性指标： 1 ＝ 贫困； 0 ＝ 非贫困
生活用水	室内或院内无自来水，判定为贫困	
住房	家庭人均住房面积	12平方米

3. 多维贫困测度结果分析

根据公式（3－21）至公式（3－27）可以计算出农村家庭多维贫困指数，计算结果如表3－27所示。从表3－27中可以发现，总体而言，2010～2016年家庭多维贫困发生率呈现下降趋势。其中，一维及二维贫困发生率较高，三维、四维贫困发生率较低，五维和六维贫困发生率几乎为0，所有没有列出。通过图3－6可以看出，2010～2016年，农村家庭多维贫困发生率总体呈现逐渐下降趋势，各年度家庭一维贫困发生率最高。二维和三维贫困发生率下降速度最快，而一维和四维贫困发生率下降速度最慢。从图3－7可以发现，不同维度临界值下农村家庭平均被剥夺份额呈现明显的上升趋势，且在各年度相差不大。从图3－8可以发现，2010～2016年，不同维度临界值下农村家庭多维贫困指数均表现出明显的下降趋势，其中，四维度贫困指数下降速度最快，而一维度贫困指数下降速度最慢。

表3－27　家庭多维贫困发生率、平均被剥夺份额和多维贫困指数

年份	维度临界值（k）	多维贫困发生率（H）	平均被剥夺份额（A）	多维贫困指数（M）
2010	1	0.8763	0.3808	0.3337
	2	0.6420	0.4590	0.2947
	3	0.3481	0.5651	0.1967
	4	0.1179	0.6920	0.0816
2012	1	0.8628	0.3633	0.3135
	2	0.5979	0.4505	0.2693
	3	0.3088	0.5601	0.1730
	4	0.0978	0.6898	0.0675
2014	1	0.8121	0.3321	0.2697
	2	0.5113	0.4294	0.2196
	3	0.2288	0.5481	0.1254
	4	0.0598	0.6840	0.0409
2016	1	0.7927	0.2922	0.2316
	2	0.4215	0.4027	0.1697
	3	0.1460	0.5334	0.0779
	4	0.0276	0.6768	0.0187

资料来源：CFPS 2010～2016年原始数据。

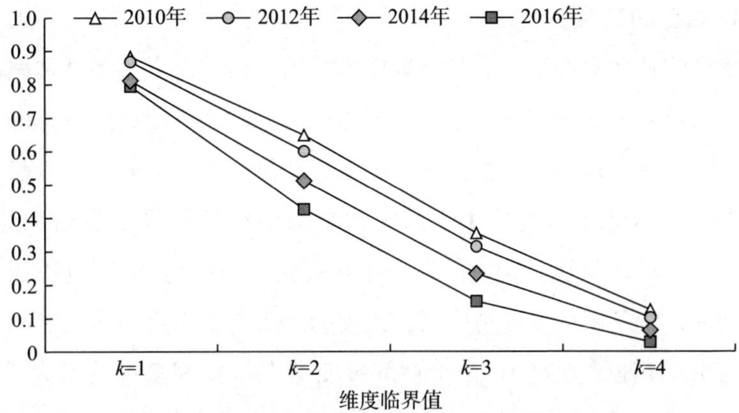

图 3－6　不同维度临界值下农村家庭多维贫困发生率

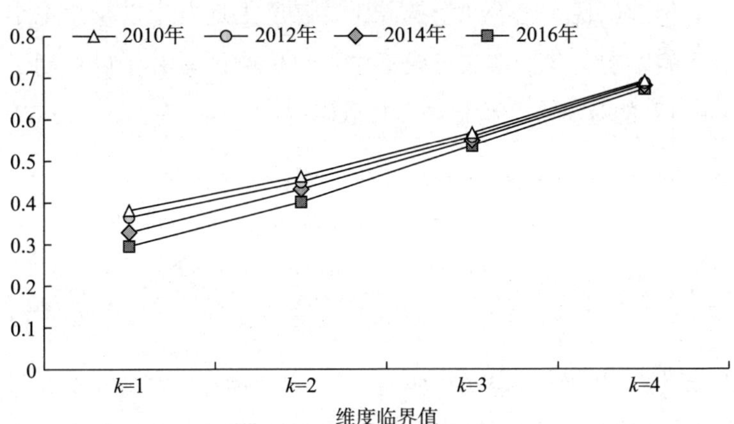

图 3－7　不同维度临界值下农村家庭平均被剥夺份额

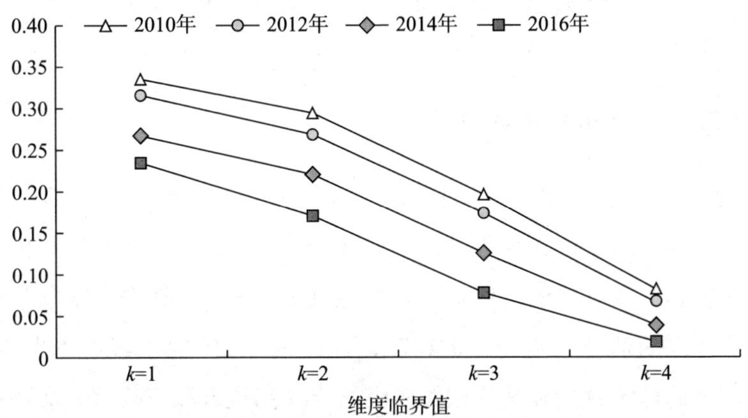

图 3－8　不同维度临界值下农村家庭多维贫困指数

4. 模型的设定

本节的被解释变量为农村家庭多维贫困，由于对家庭多维贫困的识别在学术界并未形成统一的定论，通常情况下借助贫困维度占总的考察维度的比例来予以衡量。根据国内外学者和机构的相关研究，一般将贫困维度占总的考察维度的1/3以上判定为多维贫困（王春超和叶琴，2014；向运华和刘欢，2016；张全红和周强，2014）。本节也按照这种一般做法，将贫困维度占总的考察维度的1/3以上判定为多维贫困，并赋值为1，其他赋值为0。由于被解释变量农村家庭多维贫困为0和1的二值变量，同时，农村多维贫困还会受到家庭人口健康、家庭人口规模、老年人口抚养比、儿童抚养比、家庭土地资产以及户主个体特征等因素的影响，我们在实证模型中汇总影响因素并予以控制。在公式（3－13）的基础上，构建如下计量模型：

$$\begin{aligned} Logit(Mamicpoor_{it}) &= \ln[Mamicpoor_{it}/(1-Mamicpoor_{it})] \\ &= \alpha_0+\alpha_1 Micedu_{it}+\alpha_2 Famisize_{it}+\alpha_3 Prochild_{it}+ \\ &\quad \alpha_4 Proolder_{it}+\alpha_5 Fhealth_{it}+\alpha_6 Landcir_{it}+\lambda_i X_{it}+\xi_{it} \end{aligned} \tag{3-28}$$

方程（3－28）中，$Mamicpoor_{it}$、$1-Mamicpoor_{it}$分别表示在自变量取值给定的情形下，家庭发生多维贫困的概率和不发生多维贫困的概率。$\ln[Mamicpoor_{it}/(1-Mamicpoor_{it})]$则表示发生多维贫困的概率比的自然对数。

（二）实证结果及其解读

根据公式（3－28），我们进行了回归估计，结果如表3－28所示。由表3－28的回归估计结果可知，家庭劳动力受教育水平的提高可显著降低家庭陷入多维贫困的概率。以模型（3）为例，其中，家庭劳动力受教育水平的估计系数为－0.1979，且通过了1%的显著性水平检验；这与本书的理论预期和其他相关研究结论（高艳云和王曦璟，2016；郭熙保和周强，2016；柳建平和刘卫兵，2017）基本一致。因为模型

（1）至模型（4）采用的是逐步回归分析方法，依次加入了家庭特征变量和户主个体特征变量，考虑到模型的稳健性，后文主要以模型（3）和模型（4）的检验结果进行解析。根据模型（4）的回归估计结果可知，劳均受教育年限每提升 1 年，该家庭陷入多维贫困的概率将下降约 18 个百分点。

表 3-28　受教育水平对农村家庭多维贫困影响的回归估计结果

变量	模型（1）	模型（2）	模型（3）	模型（4）	模型（5）
Micedu	-0.2086*** (0.0045)	-0.2164*** (0.0049)	-0.1979*** (0.0053)	0.8205*** (0.0044)	-0.1183*** (0.0031)
Landcir		-0.3386*** (0.0495)	-0.1941*** (0.0545)	0.8236*** (0.0449)	-0.1134*** (0.0327)
Fhealth		0.4470*** (0.0404)	0.3928*** (0.0441)	1.4811*** (0.0653)	0.2370*** (0.0264)
Prochild		-0.1320*** (0.0282)	-0.0590* (0.0323)	0.9427* (0.0305)	-0.0363* (0.0195)
Proolder		0.2637*** (0.0370)	0.1071** (0.0448)	1.1131** (0.0498)	0.0623** (0.0266)
Famisize		0.0577*** (0.0096)	0.0553*** (0.0105)	1.0568*** (0.0111)	0.0329*** (0.0063)
Hdmarry			-0.2394*** (0.0587)	0.7871*** (0.0462)	-0.1475*** (0.0349)
Hdgender			0.1253*** (0.0323)	1.1335*** (0.0366)	0.0771*** (0.0195)
Hedage			0.0193* (0.0106)	1.0195* (0.0108)	0.0108* (0.0063)
Hdsages			-0.0001 (0.0001)	0.9999 (0.0001)	-0.0000 (0.0001)
Hedjobs			-0.2212*** (0.0523)	0.8015*** (0.0419)	-0.1330*** (0.0313)
Hdintion			0.1666* (0.0904)	1.1813* (0.1068)	0.1089** (0.0537)
Hdnoagr			-0.5947*** (0.0400)	0.5517*** (0.0221)	-0.3591*** (0.0242)
省份效应	已控制	已控制	已控制	已控制	已控制

续表

变量	模型（1）	模型（2）	模型（3）	模型（4）	模型（5）
年份效应	已控制	已控制	已控制	已控制	已控制
N（个）	27866	24931	21371	21371	21371
R^2	0.1340	0.1396	0.1457	0.1457	0.1454
Chi^2	3702.29***	3413.82***	3046.15***	3046.15***	3364.30***

注：第五列模型（4）表示模型（3）中估计参数的概率比；第六列报告的是采用 Probit 模型的估计结果；本表省略了常数项。

从家庭特征变量来看，家庭人口规模、老年人口抚养比与多维贫困表现为正相关关系，老年人口数量越多、人口规模越大，家庭发生多维贫困的概率越高，且非常显著。因为家庭人口规模越大、老年人口越多，家庭需要的开支越多，同时挤占劳动者的劳动时间且照料的成本随之提高，从而增加了家庭落入多维贫困的可能性。此外，土地流转有利于降低家庭落入多维贫困的概率，同样家庭劳动力健康也有利于家庭摆脱多维贫困状态。

此外，从户主个体特征来看，户主年龄越大，摆脱多维贫困的可能性越小。当前户主有工作家庭比户主没工作的家庭脱贫可能性更高，这与高帅和王征兵（2013）的研究结论类似。从表 3－28 的回归估计结果还可以看出，户主为女性，家庭发生多维贫困的概率较低。同样，户主为已婚且配偶在世的家庭，多维贫困发生率比户主未婚的家庭要低。

（三）稳健性检验

表 3－28 考察了受教育水平以及家庭特征变量和户主个体特征变量对农村家庭多维贫困的影响，在各种模型的设定中，核心解释变量系数的符号以及显著性水平并未发生较为明显的变化，说明估计结果较为稳健。为了进一步验证实证结果的可靠性，本节分别采用替换被解释变量和核心解释变量的方法对基准模型回归估计结果进行稳健性检验。

1. 不同多维贫困维度临界值下的稳健性检验

当前，学术界对多维贫困维度临界值的选择尚未达成共识。通常情况下，都是采用多维贫困维度大于等于 1/3 来定义多维贫困，联合国也是采用这一标准定义多维贫困的。鉴于此，为了使回归估计结果更加可信，下面分别采用 $k=3$、$k=4$ 和 $k=5$，重新测度多维贫困并进行回归估计，得到的回归估计结果如表 3－29 所示。由表 3－29 可以发现，核心解释变量的系数基本符合预期，即通过了 1% 显著性水平的检验，且为负。具体来看，在将贫困维度临界值 k 换为三维、四维、五维之后，受教育水平依旧是影响家庭多维贫困的重要因素，也就是说受教育水平越高的家庭越不容易陷入多维贫困。其中受教育水平每提高 1 年，农村家庭发生三维贫困的概率将下降 21.53 个百分点、发生四维贫困的概率将下降 24.87 个百分点、发生五维贫困的概率将下降 30.26 个百分点。对比表 3－29 和基准模型的估计结果（如表 3－28 所示）可以发现，各模型的家庭劳动力受教育水平系数的显著性水平和符号均未发生较大的改变；从控制变量来看，家庭人口规模增加将加大家庭陷入多维贫困的概率，但是老年人口抚养比和儿童抚养比对不同临界值下多维贫困的影响存在差异；土地流转能够降低家庭陷入多维贫困的概率。综合来看，本节的实证结果是稳健的。

表 3－29 受教育水平对不同临界值下多维贫困影响的回归估计结果

变量	模型（1）	模型（2）	模型（3）
Micedu	－0.2425*** (0.0061)	－0.2860*** (0.0099)	－0.3604*** (0.0285)
Landcir	－0.1994*** (0.0662)	－0.1363 (0.1163)	－0.0375 (0.3381)
Fhealth	0.5085*** (0.0460)	0.5976*** (0.0682)	0.6077*** (0.1767)
Prochild	－0.0571 (0.0352)	－0.0929* (0.0543)	0.0315 (0.1365)
Proolder	0.0062 (0.0491)	－0.2344*** (0.0768)	－0.6428*** (0.2040)

续表

变量	模型（1）	模型（2）	模型（3）
Famisize	0.0864 *** （0.0117）	0.1266 *** （0.0178）	0.2571 *** （0.0427）
常数项	1.2406 ** （0.5072）	-0.3606 （0.9069）	-2.0165 （1.7861）
省份效应	已控制	已控制	已控制
年份效应	已控制	已控制	已控制
N（个）	21369	21290	19917
R^2	0.1622	0.1684	0.1655
Chi^2	3201.43 ***	3049.51 ***	2906.86 ***

注：模型（1）至模型（3）控制了户主个体特征变量；模型（1）至模型（3）的维度临界值分别为三维、四维、五维。

2. 利用户主受教育水平的稳健性检验

按照以往较多学者的做法，本部分将核心解释变量家庭劳动力受教育水平替换为户主受教育水平，重新对模型进行回归估计，结果见表3-30。其中，模型（2）至模型（3）是在模型（1）的基础上，依次加入家庭特征变量和户主个体特征变量，得到的回归估计结果与第二列的相对保持一致，核心解释变量系数在符号和显著性水平上均未发生较大的变化。即户主受教育水平的提高会显著降低家庭陷入多维贫困的概率。以第四列模型（3）为例，户主受教育水平每提高1年，家庭陷入贫困的概率将下降约11个百分点。控制变量，如健康和土地流转等家庭特征指标的系数显著性依然良好，且符号与基准模型的回归估计结果保持一致，说明本节的估计结果是稳健的。

表3-30　户主受教育水平对家庭多维贫困影响的回归估计结果

变量	模型（1）	模型（2）	模型（3）	模型（4）
Headedu	-0.1267 *** （0.0034）	-0.1228 *** （0.0036）	-0.1164 *** （0.0041）	0.8901 *** （0.0037）
Landcir		-0.3992 *** （0.0481）	-0.2176 *** （0.0534）	0.8044 *** （0.0430）

续表

变量	模型（1）	模型（2）	模型（3）	模型（4）
Fhealth		0.4072*** (0.0396)	0.3919*** (0.0434)	1.4798*** (0.0643)
Prochild		-0.0234 (0.0269)	0.0385 (0.0315)	1.0392 (0.0327)
Proolder		0.1447*** (0.0347)	0.0392 (0.0425)	1.0400 (0.0442)
Famisize		0.0167* (0.0093)	0.0163 (0.0102)	1.0164 (0.0104)
常数项	1.5811*** (0.2484)	1.6457*** (0.3158)	1.6242*** (0.4207)	5.0743*** (2.1349)
省份效应	已控制	已控制	已控制	已控制
年份效应	已控制	已控制	已控制	已控制
N（个）	27863	24928	21369	21369
R^2	0.1069	0.1079	0.1207	0.1207
Chi^2	3192.51***	2836.25***	2683.53***	2683.53***

注：模型（3）和模型（4）控制了户主个体特征变量；第五列模型（4）表示模型（3）中估计参数的概率比。

3. 利用家庭劳动力最高受教育水平的稳健性检验

前文中分析了家庭劳动力受教育水平对家庭多维贫困的影响，然而在家庭内部各成员受教育水平存在较大差异，本部分将回归方程（3-28）中的核心解释变量家庭劳动力受教育水平替换为家庭劳动力最高受教育水平，重新对模型进行回归估计，得到的回归估计结果如表3-31所示。

表3-31　家庭劳动力最高受教育水平对家庭多维贫困影响的回归估计结果

变量	模型（1）	模型（2）	模型（3）	模型（4）
Maxicoedu	-0.1371*** (0.0035)	-0.1582*** (0.0041)	-0.1420*** (0.0045)	0.8676*** (0.0039)
Landcir		-0.3709*** (0.0487)	-0.2093*** (0.0538)	0.8111*** (0.0437)

续表

变量	模型（1）	模型（2）	模型（3）	模型（4）
Fhealth		0.4547*** (0.0401)	0.3925*** (0.0439)	1.4807*** (0.0650)
Prochild		-0.2996*** (0.0284)	-0.1919*** (0.0324)	0.8254*** (0.0267)
Proolder		0.0674* (0.0355)	-0.0868** (0.0433)	0.9168** (0.0397)
Famisize		0.1415*** (0.0102)	0.1259*** (0.0112)	1.1342*** (0.0128)
常数项	1.9205*** (0.2670)	2.0357*** (0.3447)	1.7998*** (0.4500)	6.0485*** (2.7220)
省份效应	已控制	已控制	已控制	已控制
年份效应	已控制	已控制	已控制	已控制
N（个）	27864	24929	21370	21370
R^2	0.1108	0.1209	0.1302	0.1302
Chi^2	3196.62***	3028.81***	2791.79***	2791.79***

注：模型（3）和模型（4）控制了户主个体特征变量；第五列模型（4）表示模型（3）中估计参数的概率比。

从表3－31中可以看出，核心解释变量被替换后，受教育水平的系数依然显著为负，与基准模型的回归估计结果（见表3－28）相比，符号和显著性水平并未发生明显的变化。综合来看，受教育水平越高，家庭陷入多维贫困的概率越低。至于控制变量，家庭人口规模的增加将加大家庭落入多维贫困的概率，劳动力健康状况不佳同样将加大家庭落入多维贫困的概率，而土地流转则有利于家庭多维贫困发生概率的下降。总体而言，除了个别控制变量以外，核心解释变量和大部分控制变量估计系数的符号和显著性水平与基准模型的回归估计结果相比并没有发生较大改变，大致吻合。因此，本节研究的结论是稳健的。

（四）区域差异性分析

1. 按照东部、中部以及西部三大地区分组

跟前文保持一致，本部分同样按照国家统计局对东部、中部和西

部三大地区的分类标准分组并对各组进行回归检验。表 3－32 汇报了各地区相关回归估计结果。根据表 3－32 的回归估计结果可以看出，在模型（1）至模型（3）中受教育水平所对应的回归估计系数分别为 －0. 1670、－0. 1917、－0. 2343，相对应的概率比值分别为 0. 8462、0. 8256、0. 7911。因此，对于东部地区而言，劳动力受教育水平每提高 1 年，农村家庭陷入多维贫困的概率将减少 15. 38 个百分点；对于中部地区而言，劳动力受教育水平每提高 1 年，农村家庭陷入多维贫困的概率将减少 17. 44 个百分点；对于西部地区而言，劳动力受教育水平每提高 1 年，农村家庭陷入多维贫困的概率将减少 20. 89 个百分点。本部分实证检验表明，当前中国劳动力受教育水平对各地区农村家庭多维贫困均产生了显著的负向作用。但是同时注意到教育减贫效应在地区间存在一定差异，主要表现为受教育水平对西部地区农村家庭的影响最大，其次是中部地区，而对东部地区的影响最小。

图 3－32　东部、中部、西部劳动力受教育水平对家庭多维贫困影响的回归估计结果

变量	模型（1）	模型（2）	模型（3）
	东部	中部	西部
Micedu	－0. 1670 *** （0. 0088）	－0. 1917 *** （0. 0101）	－0. 2343 *** （0. 0092）
Landcir	－0. 2201 ** （0. 0887）	－0. 2855 *** （0. 0964）	－0. 1082 （0. 1017）
Fhealth	0. 4153 *** （0. 0772）	0. 4532 *** （0. 0763）	0. 3431 *** （0. 0763）
Prochild	0. 0134 （0. 0579）	－0. 0002 （0. 0601）	－0. 1704 *** （0. 0532）
Proolder	0. 0908 （0. 0775）	0. 0703 （0. 0838）	0. 1364 * （0. 0741）
Famisize	0. 0616 *** （0. 0183）	0. 0427 ** （0. 0190）	0. 0522 *** （0. 0177）
常数项	1. 8384 *** （0. 5691）	0. 5007 （0. 4930）	2. 3378 *** （0. 4240）

续表

变量	模型（1）	模型（2）	模型（3）
	东部	中部	西部
省份效应	已控制	已控制	已控制
年份效应	已控制	已控制	已控制
N（个）	7607	6060	7704
R^2	0.1414	0.1392	0.1461
Chi^2	1072.88 ***	809.62 ***	1099.37 ***

注：模型（1）至模型（3）均控制了户主个体特征变量。

从控制变量来看，健康的估计系数依然在三大地区均显著为正，说明劳动力健康状态是影响三大地区家庭多维贫困的重要因素。儿童抚养比的上升反而降低了西部地区家庭陷入多维贫困的概率。老年人口抚养比的估计系数仅仅在西部地区显著为正，说明老年人口对多维贫困的影响在西部地区更为显著，但是在东部和中部地区则不显著。家庭人口规模的估计系数在东部、中部和西部地区均通过了显著性水平检验，且符号为正，说明家庭人口规模越大，家庭陷入多维贫困的概率也越大。对于土地流转而言，系数在东部和中部地区分别通过了5%和1%显著性水平的检验，且符号为负，说明东部和中部地区土地市场较为发达，土地流转更能降低家庭陷入多维贫困的概率。

2. 按照各省区市经济发展水平分组

本书按照各省区市人均 GDP 水平将样本分为经济欠发达地区、经济中等发达地区以及经济发达地区三组，重新对模型（3－28）进行了估计，结果如表3－33所示。由表3－33可以看出，受教育水平能够有效促进三大地区多维贫困发生率的下降。具体来看，通过计算表3－33中模型（1）至模型（3）各系数的相对概率比值可以发现，对于经济欠发达地区而言，受教育水平每提高1年，农村家庭陷入多维贫困的概率将下降19.90个百分点；对于经济中等发达地区而言，受教育水平每提高1年，农村家庭陷入多维贫困的概率将下降17.85个百分点；对于经济发达地区而言，受教育水平每提高1年，农村家庭陷入多维贫困的概率将下降15.57个百分点。由此可以得知，受教育水平对经济欠发达地区农村家庭的影响效果要大于对经济中等发达以上地区农村家庭的影响效果。

表3-33　不同经济发展水平下受教育水平对家庭多维贫困影响的回归估计结果

变量	模型（1）	模型（2）	模型（3）
	欠发达地区	中等发达地区	发达地区
Micedu	-0.2219*** (0.0089)	-0.1966*** (0.0094)	-0.1693*** (0.0097)
Landcir	-0.0503 (0.0954)	-0.2813*** (0.0933)	-0.2844*** (0.0980)
Fhealth	0.3777*** (0.0743)	0.3958*** (0.0698)	0.4372*** (0.0894)
Prochild	-0.1553*** (0.0513)	-0.0284 (0.0568)	0.0428 (0.0644)
Proolder	0.1407* (0.0721)	0.1134 (0.0793)	0.0311 (0.0844)
Famisize	0.0486*** (0.0172)	0.0401** (0.0174)	0.0791*** (0.0209)
常数项	2.1453*** (0.4157)	0.5994 (0.4558)	1.9189*** (0.6140)
省份效应	已控制	已控制	已控制
年份效应	已控制	已控制	已控制
N（个）	8050	7202	6119
R^2	0.1406	0.1243	0.1527
Chi^2	1120.76***	883.96***	925.41***

注：模型（1）至模型（3）均控制了户主个体特征变量。

从控制变量来看，土地流转能有效地降低经济中等发达地区和经济发达地区家庭多维贫困的发生概率。但是对于经济欠发达地区这一影响则不显著，说明经济越发达的地区，土地市场相对越完善。健康系数在经济欠发达地区、经济中等发达地区和经济发达地区均显著为正，说明劳动力不健康，将在很大程度上加大家庭陷入多维贫困的概率。老年人口数量的增多将加大经济欠发达地区家庭陷入多维贫困的概率，但是对经济发达地区和经济中等发达地区的影响不显著。家庭人口规模系数在经济欠发达地区、经济中等发达地区和经济发达地区均显著为正，说明家庭人口规模越大，家庭陷入多维贫困的概率也越大。

第四章　受教育层次对农村贫困影响的实证研究

在第三章的研究中，重点关注了受教育水平对农村贫困的影响，并且从多视角展开了大量研究，得出了一些有益的结论。但是上一章讨论的受教育水平是一个连续变量，在不考虑教育异质性的条件下，实质研究的是受教育年限的长短（即受教育水平）对农村贫困的影响。如果仅仅考虑受教育水平，而不考虑特定的受教育层次，研究似乎不够完整。其实，相对而言，受教育层次属于非线性层面，受教育水平属于线性层面，前者探讨的是结构层面问题，而后者探讨的是水平层面的问题，且不同的受教育层次对农村贫困的影响也未必一致。因此，两者具有本质区别，所以在第三章的基础上，本章进一步在教育异质性的情形下，分析不同受教育层次对农村贫困的影响。这也是一件颇有意义的研究工作，同时也会对第三章的研究做出相应的补充。

虽然国内外有学者在这方面做出了一些初探，如研究不同受教育层次的教育回报率；研究不同受教育层次与收入、经济增长、就业、贫困之间的关系。但结合现有文献来看，当前研究还存在一些不足。首先，现有研究中，大多数研究聚焦在探讨不同受教育层次的教育回报率，但是对不同受教育层次作用于农村贫困关注不多。其次，在研究视角上，主要研究了不同受教育层次对静态贫困的影响，而关于不同受教育层次对长期动态贫困和多维贫困影响的研究较少。最后，在数据选择和研究方法上，以往研究一般基于时间序列数据、宏观数据，或者区域型小样本的微观数据，同时较多研究直接采用普通最小二乘回归估计方法。基于此，本章结合前面的理论分析，将研究重点放在不同受教育层次对农村贫困的影响上。借助 Logit 模型和 CFPS 2010 ~ 2016 年数据，研究不同受教育层次对家庭收入贫困、长期收入贫困、多维贫困的影响，从实证的角度来例证不同受教育层次的减贫效应。

一 受教育层次对农村家庭收入贫困的影响

上一章中在不考虑教育异质性的条件下，研究了受教育水平（即受教育年限的长短）对农村人口收入贫困的影响，并没有考虑教育的异质性。本节在前一章的基础上，考虑教育的异质性，分析不同受教育层次对农村家庭收入贫困的影响。

（一）模型的设定

由于受教育水平是一个连续变量，在估计过程中以同质的情形进行考虑，是一种线性估计，但事实上，不同受教育水平在不同阶段必然会存在差异。通常情况下，认为受教育层次越高，收入水平越高，陷入贫困的可能性越低（Frazis，2002）。如郭熙保和周强（2016）研究发现，户主受教育层次为小学、初中、高中和大专以上所对应的家庭陷入多维贫困的概率依次呈下降趋势，即户主受教育层次越高，家庭陷入多维贫困的概率越低。根据年龄 - 收入曲线也可以直观地看出不同受教育层次与收入之间的关系（如图 4 - 1 所示）。从图 4 - 1 可以发现，受教育层次较高的劳动者在进入工作后的年龄阶段均位于较高位置，且随着受教育层次的提高，各受教育层次之间的收入差距加大。

其实，2017 年《中国农村贫困监测报告》显示：贫困发生率与户主的受教育层次之间存在反比关系，受教育层次越高的户主，家庭贫困发生率越低。以 2016 年为例，户主的受教育层次为文盲、小学、初中、高中以上的群体，分别对应的家庭贫困发生率为 9.9%、6.7%、

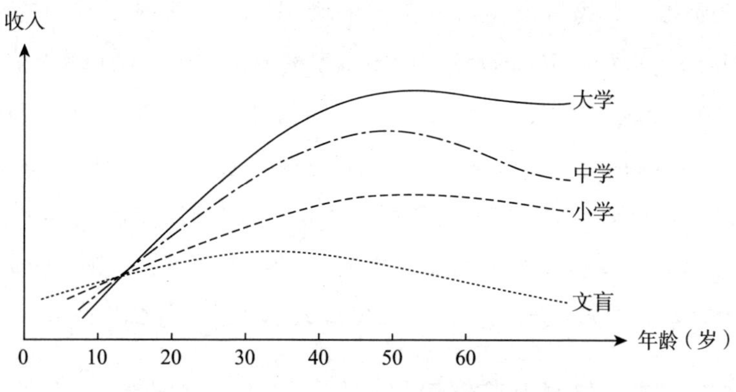

图 4-1　不同受教育层次对应的收入变化情况

资料来源：根据年龄-收入曲线绘制而成。

3.5%、2.1%。由此可见，不同受教育层次与贫困发生率之间存在密切关系，且此关系为负相关关系。同样的，在不同地区，两者之间的负向关系也会存在差异。综上所述，如果未考虑不同受教育层次的减贫效果，很有可能会导致教育对贫困影响的回归估计结果被低估。基于此，本章重点研究不同受教育层次对农村贫困的非线性影响。

为了考虑小学、初中、高中和大专及以上不同受教育层次对农村减贫的非线性影响，本节参考李晓嘉（2015）、柳建平和刘卫兵（2017）的研究，将家庭劳动力受教育水平替换为以上四个不同的受教育层次变量。在实际的模型估计过程中，本节将不同受教育层次变量通过虚拟变量的形式表示，且以文盲层次作为参照进行估计。按照公式（3-13）的研究思路，被解释变量家庭收入贫困被定义为两种状态，即贫困家庭和非贫困家庭，属于离散选择模型——Logit 模型的范畴，因此本节的具体模型设定如下：

$$\begin{aligned} Logit(Micpoor_{it}) &= \ln[Micpoor_{it}/(1-Micpoor_{it})] \\ &= \partial_0 + \vartheta_1 Primary_{it} + \vartheta_2 Junior_{it} + \vartheta_3 Senior_{it} + \vartheta_4 College_{it} + \\ &\quad \beta_1 Famsize_{it} + \beta_2 Prochild_{it} + \beta_3 Proolder_{it} + \beta_4 Fhealth_{it} + \\ &\quad \beta_5 Landcir_{it} + \lambda_i X_{it} + \xi_{it} \end{aligned} \tag{4-1}$$

公式（4-1）中，$Micpoor_{it}$、$1-Micpoor_{it}$分别表示在自变量取值

给定的情形下，家庭发生收入贫困的概率和不发生收入贫困的概率。$\ln[Micpoor_{it}/(1-Micpoor_{it})]$ 则表示家庭发生收入贫困概率比的自然对数。∂_0为模型的截距，ϑ、β 表示回归估计系数。$Primary_{it}$、$Junior_{it}$、$Senior_{it}$、$College_{it}$表示虚拟变量，当受教育水平为小学文化时，$Primary_{it}=1$，否则 $Primary_{it}=0$；当受教育水平为初中文化时，$Junior_{it}=1$，否则 $Junior_{it}=0$；当受教育水平为高中文化时，$Senior_{it}=1$，否则 $Senior_{it}=0$；当受教育水平为大专及以上文化时，$College_{it}=1$，否则 $College_{it}=0$。

（二）实证结果及其解读

首先利用公式（4-1）进行基本回归估计，结果如表4-1所示。在表4-1中，第二列模型（1）的回归估计中未加入任何控制变量，从模型（1）可以发现，不同受教育层次的回归估计系数均在1%的统计水平上显著，且符号均为负，表明不同受教育层次会显著地降低家庭收入贫困发生的概率，且受教育层次越高，脱贫效果越显著。第三列模型（2）对应的回归估计控制了家庭特征变量，从模型（2）可以发现不同受教育层次的回归估计系数符号依然为负，且同样通过了1%的显著性水平检验，这再次印证了上面的估计结果。只是在控制家庭特征因素后，不同受教育层次发挥的脱贫效应程度有所下降。这主要是因为控制了其他变量，减少了模型（1）中遗漏变量产生的误差。第四列在模型（2）的基础上加入了户主个体特征变量，可以发现在模型（3）中不同受教育层次的系数依然显著为负，说明结果是稳健的。为了对比分析，第六列模型（5）同时给出了Probit模型的回归估计结果。

以下我们对模型（3）进行解读，模型（3）中的回归估计结果显示，小学、初中、高中和大专及以上各受教育层次的回归估计系数均显著为负，说明不同受教育层次能够有效缓解农村家庭收入贫困程度。具体来看，与文盲相比，家庭劳动力受教育层次为小学的样本，发生收入贫困的概率为58.29%，也就是说后者陷入收入贫困的概率要比前者低出41.71个百分点；与文盲相比，家庭劳动力受教育层次为初中的样

表 4－1　受教育层次对家庭收入贫困影响的回归估计结果

变量	模型（1）	模型（2）	模型（3）	模型（4）	模型（5）
Primary	－0.6513*** (0.0447)	－0.5766*** (0.0498)	－0.5398*** (0.0552)	0.5829*** (0.0322)	－0.2991*** (0.0307)
Junior	－1.0930*** (0.0544)	－0.9523*** (0.0604)	－0.8922*** (0.0680)	0.4097*** (0.0279)	－0.4878*** (0.0367)
Senior	－1.4304*** (0.0887)	－1.2508*** (0.0968)	－1.0521*** (0.1076)	0.3492*** (0.0376)	－0.5719*** (0.0553)
College	－2.2093*** (0.2857)	－2.0857*** (0.3437)	－1.7916*** (0.3661)	0.1667*** (0.0610)	－0.9114*** (0.1686)
Landcir		－0.3186*** (0.0759)	－0.2496*** (0.0860)	0.7791*** (0.0670)	－0.1227*** (0.0444)
Fhealth		0.5683*** (0.0624)	0.5267*** (0.0710)	1.6934*** (0.1203)	0.2931*** (0.0393)
Prochild		0.3186*** (0.0336)	0.4164*** (0.0384)	1.5165*** (0.0582)	0.2415*** (0.0217)
Proolder		0.3303*** (0.0418)	0.2432*** (0.0528)	1.2753*** (0.0674)	0.1396*** (0.0294)
Famisize		0.0843*** (0.0128)	0.0646*** (0.0143)	1.0667*** (0.0153)	0.0328*** (0.0078)
N（个）	27851	24984	21399	21399	21399
R^2	0.0583	0.0754	0.0926	0.0926	0.0930
Chi^2	1133.56***	1380.33***	1380.19***	1380.19***	1388.49***

注：*、**、*** 分别表示 10%、5%、1% 的显著性水平，本章余同；模型（3）至模型（5）控制了户主个体特征变量；第五列模型（4）表示模型（3）中估计参数的概率比；第六列报告的是采用 Probit 模型的估计结果；（ ）内数值为标准误，本章余同；以上回归模型均控制了省份效应和年份效应，且常数项省略，本章余同。

本，发生收入贫困的概率为 40.97%，也就是说后者陷入收入贫困的概率要比前者低出 59.03 个百分点；与文盲相比，家庭劳动力受教育层次为高中的样本，发生收入贫困的概率为 34.92%，也就是说后者陷入收入贫困的概率要比前者低出 65.08 个百分点；与文盲相比，家庭劳动力受教育层次为大专及以上的样本，发生收入贫困的概率为 16.67%，也就是说后者陷入收入贫困的概率要比前者低出 83.33 个百分点。根据以上分析可知，随着劳动力受教育层次的提高，家庭陷入收入贫困的概率将不断下降，尤其是高中以上阶段更为明显。

根据表 4 - 1 还可以发现，不同的控制变量对家庭收入贫困的影响存在差异性。其中，过大的家庭人口规模，依然会加大家庭落入收入贫困的概率。同时，老年人口抚养比的估计系数通过了 1% 显著性水平的检验，且符号为正；同样的，儿童抚养比也在 1% 的显著性水平上显著为正。这说明随着家庭人口规模扩大、老年人和儿童增多，家庭的负担会不断加重，导致家庭陷入收入贫困的概率不断增加。此外，劳动力患病的家庭落入收入贫困的可能性将大大增加，而土地流转的系数在不同模型中显著为负，说明土地流转能够有效降低家庭陷入收入贫困的概率。

（三）稳健性检验

为了进一步验证表 4 - 1 中实证结果的可靠性，本节将以替换被解释变量和核心解释变量两种方式进行稳健性检验。

1. 不同收入贫困衡量标准下的稳健性检验

本部分的稳健性分析主要基于更换被解释变量，即采用不同的收入贫困标准测度农村家庭收入贫困。跟前文类似，这里同样参考三种国际贫困标准来重新度量农村家庭收入贫困状况，分别为 1.25 美元贫困标准、2 美元贫困标准、3.1 美元贫困标准，在此基础上进行稳健性检验，回归估计结果如表 4 - 2 所示。

表 4 - 2　受教育层次对不同收入贫困标准下家庭收入贫困影响的回归估计结果

变量	模型（1）	模型（2）	模型（3）	模型（4）
Primary	-0.5244*** (0.0575)	-0.4871*** (0.0652)	-0.5343*** (0.0501)	-0.5398*** (0.0552)
Junior	-0.8805*** (0.0711)	-0.8424*** (0.0808)	-0.9215*** (0.0616)	-0.8922*** (0.0680)
Senior	-0.9988*** (0.1107)	-0.9287*** (0.1254)	-1.0336*** (0.0950)	-1.0521*** (0.1076)

续表

变量	模型（1）	模型（2）	模型（3）	模型（4）
College	-1.6660*** (0.3658)	-1.4628*** (0.3885)	-1.5966*** (0.2930)	-1.7916*** (0.3661)
Landcir	-0.2579*** (0.0901)	-0.2657*** (0.1023)	-0.2336*** (0.0770)	-0.2496*** (0.0860)
Fhealth	0.5497*** (0.0734)	0.4514*** (0.0840)	0.5135*** (0.0653)	0.5267*** (0.0710)
Prochild	0.4080*** (0.0398)	0.4145*** (0.0435)	0.4097*** (0.0361)	0.4164*** (0.0384)
Proolder	0.2467*** (0.0544)	0.2448*** (0.0598)	0.2418*** (0.0491)	0.2432*** (0.0528)
Famisize	0.0601*** (0.0151)	0.0534*** (0.0172)	0.0787*** (0.0129)	0.0646*** (0.0143)
N（个）	21399	21399	21408	21399
R^2	0.0918	0.0853	0.0942	0.0926
Chi^2	1308.10***	1023.23***	1579.16***	1380.19***

注：模型（1）至模型（4）均控制了户主个体特征变量。

其中模型（1）至模型（3）分别对应1.25美元贫困标准、2美元贫困标准和3.1美元贫困标准，为了对比分析在模型（4）中给出了国定2300元贫困标准对应的回归估计结果。从表4－2的稳健性检验结果可以发现，无论是采用1.25美元贫困标准、2美元贫困标准还是采用3.1美元贫困标准，不同受教育层次的估计系数均在1%的统计水平上显著，且符号为负，说明不同受教育层次均有利于降低家庭陷入收入贫困的概率。控制变量，如家庭人口规模、老年人口抚养比、儿童抚养比以及健康和土地流转等的系数，均在不同程度上通过了显著性水平检验，且符号与基准模型的回归估计结果（如表4－1所示）总体上保持一致。因此，可以说明本节结论的稳健性。

2. 利用家庭各受教育层次劳动力比重的稳健性检验

为了进一步检验基准模型回归估计结果（如表4－1所示）的稳健性，本部分用家庭各受教育层次劳动力比重替代家庭受教育层次，重新进行了回归估计，结果如表4-3所示。表4-3中，*BPrimary* 表示家庭小学文化程度劳动力占总劳动力的比重；*BJunior* 表示家庭初中文化程度劳动力占总劳动力的比重；*BSenior* 表示家庭高中文化程度劳动力占总劳动力的比重；*BCollege* 表示家庭大学文化程度劳动力占总劳动力的比重。表4-3中的第二列至第四列分别采用了逐步回归估计分析方法。从表4-3可以发现，模型（1）至模型（3）的估计中，家庭各受教育层次劳动力比重的估计系数符号和显著性水平与基准模型相比，均未发生明显的变化。我们以第四列模型（3）为例进行分析，从模型（3）中可以发现，各受教育层次劳动力比重的系数均通过了1%显著性水平的检验，且符号为负。控制变量系数的符号和显著性也基本和基准模型的回归估计结果（见表4-1）保持一致，这表明替换核心解释变量并未对回归估计结果造成显著的影响，回归估计结果具有良好的稳健性。

表4-3　家庭各受教育层次劳动力比重对家庭收入贫困影响的回归估计结果

变量	模型（1）	模型（2）	模型（3）	模型（4）
BPrimary	-0.7907*** (0.0606)	-0.7339*** (0.0639)	-0.7221*** (0.0710)	0.4857*** (0.0345)
BJunior	-1.1388*** (0.0661)	-0.9863*** (0.0709)	-0.9237*** (0.0804)	0.3971*** (0.0319)
BSenior	-1.6074*** (0.1222)	-1.3557*** (0.1262)	-1.1413*** (0.1417)	0.3194*** (0.0453)
BCollege	-2.7155*** (0.2888)	-2.4192*** (0.3111)	-2.0015*** (0.3257)	0.1351*** (0.0440)
Landcir		-0.3049*** (0.0760)	-0.2415*** (0.0861)	0.7855*** (0.0676)
Fhealth		0.5516*** (0.0628)	0.5095*** (0.0714)	1.6644*** (0.1188)
Prochild		0.3503*** (0.0337)	0.4482*** (0.0384)	1.5654*** (0.0602)
Proolder		0.3756*** (0.0417)	0.2894*** (0.0529)	1.3356*** (0.0706)

续表

变量	模型（1）	模型（2）	模型（3）	模型（4）
Famisize		0.0648*** (0.0127)	0.0472*** (0.0143)	1.0483*** (0.0150)
N（个）	27853	24986	21400	21400
R^2	0.0600	0.0771	0.0941	0.0941
Chi^2	1119.84***	1396.67***	1390.99***	1390.99***

注：模型（3）和模型（4）控制了户主个体特征变量；第5列模型（4）表示模型（3）中估计参数的概率比。

3. 利用家庭劳动力最高受教育层次的稳健性检验

本部分继续采用替换核心解释变量的方式进行稳健性检验，将家庭受教育层次变量替换为家庭劳动力最高受教育层次变量。*MPrimary*、*MJunior*、*MSenior*、*MCollege* 分别为家庭劳动力最高受教育层次为小学、初中、高中和大专及以上。表4-4汇报了替换核心解释变量后，家庭劳动力最高受教育层次对家庭收入贫困影响的回归估计结果。模型（1）至模型（3）采用了逐步回归估计分析方法，我们主要对模型（3）进行解读。

表4-4　家庭劳动力最高受教育层次对家庭收入贫困影响的回归估计结果

变量	模型（1）	模型（2）	模型（3）	模型（4）
MPrimary	-0.5466*** (0.0494)	-0.5096*** (0.0530)	-0.4739*** (0.0588)	0.6226*** (0.0366)
MJunior	-0.9022*** (0.0497)	-0.8259*** (0.0558)	-0.7709*** (0.0625)	0.4626*** (0.0289)
MSenior	-1.2306*** (0.0685)	-1.1008*** (0.0760)	-0.9784*** (0.0851)	0.3759*** (0.0320)
MCollege	-1.7125*** (0.1170)	-1.5642*** (0.1284)	-1.3609*** (0.1381)	0.2564*** (0.0354)
Landcir		-0.3213*** (0.0758)	-0.2511*** (0.0859)	0.7780*** (0.0669)
Fhealth		0.5897*** (0.0619)	0.5418*** (0.0705)	1.7190*** (0.1213)

续表

变量	模型（1）	模型（2）	模型（3）	模型（4）
Prochild		0.2655 *** (0.0339)	0.3726 *** (0.0387)	1.4515 *** (0.0562)
Proolder		0.2819 *** (0.0415)	0.1954 *** (0.0528)	1.2158 ** (0.0642)
Famisize		0.1089 *** (0.0128)	0.0852 *** (0.0144)	1.0890 *** (0.0157)
N（个）	27851	24984	21399	21399
R^2	0.0589	0.0759	0.0931	0.0931
Chi^2	1159.41 ***	1394.33 ***	1397.90 ***	1397.90 ***

注：模型（3）和模型（4）控制了户主个体特征变量；第五列模型（4）表示模型（3）中估计参数的概率比。

从表4－4中的模型（3）可以发现，小学、初中、高中和大专以上各最高受教育层次的估计系数均通过了1%显著性水平的检验，且符号为负，具有较高受教育层次的家庭较容易摆脱收入贫困的困境。同时，还可以发现与初中相比，劳动力最高受教育层次为高中以上的家庭，收入贫困发生概率显著降低。所以当前要继续巩固农村义务教育，同时要进一步提升农村地区学生接受高中及以上教育的机会。此外，控制变量估计系数的符号和显著性也基本和基准模型保持吻合，这表明基准模型的回归估计结果是稳健的。

4. 利用户主受教育层次的稳健性检验

本部分将核心解释变量受教育层次替换为户主受教育层次，并重新对公式（4－1）进行了回归估计，结果显示在表4－5中。

表4－5　户主受教育层次对家庭收入贫困影响的回归估计结果

变量	模型（1）	模型（2）	模型（3）	模型（4）
HPrimary	－0.4818 *** (0.0446)	－0.4246 *** (0.0471)	－0.4245 *** (0.0535)	0.6541 *** (0.0350)
HJunior	－0.6785 *** (0.0485)	－0.5440 *** (0.0513)	－0.5042 *** (0.0596)	0.6040 *** (0.0360)

续表

变量	模型（1）	模型（2）	模型（3）	模型（4）
HSenior	-0.9344*** (0.0848)	-0.7233*** (0.0896)	-0.5399*** (0.1000)	0.5828 (0.0583)
HCollege	-1.8821*** (0.3393)	-1.5252*** (0.3599)	-0.8766** (0.3590)	0.4162*** (0.1494)
Landcir		-0.3646*** (0.0759)	-0.2750*** (0.0859)	0.7595*** (0.0652)
Fhealth		0.6689*** (0.0618)	0.6426*** (0.0702)	1.9015*** (0.1334)
Prochild		0.4138*** (0.0327)	0.4983*** (0.0375)	1.6458*** (0.0617)
Proolder		0.3435*** (0.0406)	0.2792*** (0.0519)	1.3220*** (0.0687)
Famisize		0.0374*** (0.0127)	0.0213 (0.0143)	1.0215*** (0.0146)
N（个）	27765	24927	21354	21354
R^2	0.0470	0.0670	0.0853	0.0853
Chi^2	932.97***	1247.94***	1277.27***	1277.27***

注：模型（3）和模型（4）控制了户主个体特征变量；第五列模型（4）表示模型（3）中估计参数的概率比。

表4-5中，*HPrimary*、*HJunior*、*HSenior*、*HCollege*分别代表家庭户主受教育层次为小学、初中、高中和大专及以上。从表4-5中可以看出，户主受教育层次的提升对家庭收入贫困具有显著的降低效应，与户主受教育层次为文盲相比，户主受教育层次为小学以上的家庭，收入贫困发生率显著降低。总体而言，不同受教育层次的减贫效果存在差异，随着户主受教育层次的提高，家庭陷入收入贫困的概率降低。通过对比基准模型的回归估计结果（如表4-1所示）可以发现，核心解释变量的系数在符号和显著性水平上均未发生明显的变化，不同受教育层次的估计系数均通过了1%显著性水平的检验，且符号为负。控制变量系数的符号和显著性程度与基准模型的回归估计结果基本一致，且绝大多数具备较好的统计显著性，这再次说明本节的实证结果是稳健可靠的。

（四）区域差异性分析

1. 按照东部、中部以及西部三大地区分组

在此，笔者基于东部、中部和西部三大地区，分别探析各地区不同受教育层次对家庭收入贫困的影响。表 4－6 给出了东部、中部以及西部地区不同受教育层次对收入贫困影响的回归估计结果。从表 4－6 可以看出，不同受教育层次对家庭收入贫困的影响存在显著的地区差异，且随着家庭受教育层次的提高，影响程度在不断增加。具体来看，在东部地区，受教育层次越高，家庭陷入收入贫困的概率越低，且在大专以上受教育层次上最为明显，小学最不明显，初中和高中介于两者之间。中部地区与东部地区较为类似，大专以上受教育层次的家庭落入收入贫困的概率最低，不过拥有高中以上的受教育层次也能够较大幅度地降低家庭陷入收入贫困的概率。对于西部地区而言，拥有小学学历也能够降低家庭落入收入贫困的概率，而初中和高中以上受教育层次的家庭落入收入贫困的概率进一步降低，拥有大学学历的家庭摆脱收入贫困的概率更大。其实，这说明了在西部地区大学文化程度的家庭落入收入贫困的概率非常之小。这暗示着在相对落后的西部地区，在相同条件下，受教育层次高的家庭，减贫效果比东部要高一些，这是因为在相对落后地区受教育层次高的家庭获得的潜在教育收益大（周强和张全红，2017）。所以当前要加大对中西部地区，尤其是西部地区基础教育的投入力度，在巩固基础教育的同时，进一步提升高等教育在农村的普及范围（李晓嘉，2015）。

表 4－6　东中西三大地区不同受教育层次对家庭收入贫困影响的回归估计结果

变量	模型（1）	模型（2）	模型（3）
	东部	中部	西部
Primary	－0.4587*** （0.1145）	－0.4756*** （0.1263）	－0.4900*** （0.1028）
Junior	－0.8280*** （0.1341）	－0.7251*** （0.1448）	－0.6849*** （0.1071）

续表

变量	模型（1）	模型（2）	模型（3）
	东部	中部	西部
Senior	-0.9599*** (0.1901)	-1.0114*** (0.2040)	-0.9233*** (0.1493)
College	-1.4203** (0.6059)	-1.3068*** (0.4836)	-1.4847*** (0.2732)
Landcir	-0.1721 (0.1501)	-0.2914* (0.1606)	-0.3537** (0.1785)
Fhealth	0.4579*** (0.1353)	0.6424*** (0.1413)	0.4624*** (0.1304)
Prochild	0.4428*** (0.0755)	0.4443*** (0.0782)	0.2970*** (0.0688)
Proolder	0.3592*** (0.1058)	0.2731*** (0.1040)	0.1995** (0.0984)
Famisize	-0.0125 (0.0308)	0.0263 (0.0304)	0.1243*** (0.0244)
N（个）	7616	6067	7664
R^2	0.0862	0.0768	0.0799
Chi^2	392.71***	321.36***	363.98***

注：模型（1）至模型（3）均控制了户主个体特征变量。

2. 按照各省区市经济发展水平分组

与第三章类似，本部分同样按照人均 GDP 对各省区市进行分类检验，以表征地区经济发展不同水平下不同受教育层次的减贫影响。借助公式（4－1）重新对模型进行估计。表 4－7 汇报了各地区受教育层次对家庭收入贫困影响的回归估计结果。

表 4－7　不同经济发展水平下受教育层次对家庭收入贫困影响的回归估计结果

变量	模型（1）	模型（2）	模型（3）
	欠发达地区	中等发达地区	发达地区
Primary	-0.5830*** (0.0744)	-0.4138*** (0.1124)	-0.4632*** (0.1292)

续表

变量	模型（1）	模型（2）	模型（3）
	欠发达地区	中等发达地区	发达地区
Junior	-0.9611***	-0.7028***	-0.8283***
	(0.1002)	(0.1280)	(0.1543)
Senior	-0.9884***	-0.9120***	-1.0894***
	(0.1800)	(0.1751)	(0.2342)
College	-2.7343***	-1.6339***	-1.1600*
	(1.0305)	(0.5133)	(0.6069)
Landcir	-0.3469**	-0.2230	-0.1447
	(0.1390)	(0.1450)	(0.1697)
Fhealth	0.4836***	0.6692***	0.4115***
	(0.1034)	(0.1281)	(0.1518)
Prochild	0.3980***	0.4727***	0.4263***
	(0.0548)	(0.0723)	(0.0849)
Proolder	0.1650**	0.2286**	0.3988***
	(0.0758)	(0.0962)	(0.1173)
Famisize	0.0988***	0.0491*	-0.0245
	(0.0198)	(0.0264)	(0.0366)
N（个）	8069	7202	6128
R^2	0.0902	0.0660	0.0942
Chi^2	594.45***	336.87***	338.82***

注：模型（1）至模型（3）均控制了户主个体特征变量。

从表4-7可以看出，受教育层次越高，家庭落入收入贫困的概率越小。通过计算模型中各系数的概率比值，可以发现在经济发达的地区，相对于受教育层次为文盲的家庭而言，小学、初中、高中和大专及以上受教育层次的家庭落入收入贫困的概率分别下降44.18个百分点、61.75个百分点、62.78个百分点、93.51个百分点。在经济中等发达地区，相对于受教育层次为文盲的家庭而言，它们落入收入贫困的概率分别下降33.89个百分点、50.48个百分点、59.83个百分点、80.48个百分点。在经济欠发达地区，相对于家庭受教育层次为文盲的家庭而言，它们落入收入贫困的概率分别下降37.07个百分点、56.32个百分点、66.36个百分点、68.65个百分点。由此可见，在经济发展相对落后的地区，提升受教育层次更能够减贫，减贫效果更佳。这样说明了在经济快速发展过程中，家庭利用经济增长带来的“涓滴效应”也会存在较大差异，对于受教育层次较高的家庭来说，从经济增长过程中获得的福利相对更多。相反，对于受教育层次偏低的家庭来说，从经济增长过程中获得的福利却很少，这无疑会加大贫困家庭的贫困程度和延长其贫困持续时间。

二　受教育层次对农村家庭长期收入贫困的影响

本章第一节在考虑教育异质性的情形下，分析了不同受教育层次对农村家庭收入贫困的影响，但是该研究局限于静态层面。实际上，贫困并不是静态的，而是一个动态变化的过程。鉴于此，本节从动态视角出发，研究不同受教育层次对农村家庭长期收入贫困的影响。

（一）模型的设定

本节主要分析不同受教育层次对农村家庭长期收入贫困的影响，考虑的是微观层面的数据。与本章第一节类似，我们参考李晓嘉（2015）、柳建平和刘卫兵（2017）的研究，同时在公式（3－14）的基础上，将家庭劳动力受教育水平替换为四个不同的受教育层次变量。以文盲作为参照组，考虑小学、初中、高中、大专及以上不同受教育层次对家庭长期收入贫困的影响，通过对虚拟变量参数进行分析，考虑如下估计模型：

$$
\begin{aligned}
Logit(LMicpoor_{it}) &= \ln[LMicpoor_{it}/(1-LMicpoor_{it})] \\
&= \vartheta_0 + \vartheta_1 Primary_{it} + \vartheta_2 Junior_{it} + \vartheta_3 Senior_{it} + \vartheta_4 College_{it} + \\
&\quad \beta_1 Famsize_{it} + \beta_2 Prochild_{it} + \beta_3 Proolder_{it} + \beta_4 Fhealth_{it} + \\
&\quad \beta_5 Landcir_{it} + \lambda_i X_{it} + \xi_{it} \qquad (4-2)
\end{aligned}
$$

公式（4－2）中，$LMicpoor_{it}$、$1-LMicpoor_{it}$分别表示在自变量取值

给定的情形下，家庭发生长期收入贫困的概率和不发生长期收入贫困的概率。ln ［$LMicpoor_{it}$/（$1-LMicpoor_{it}$）］则表示家庭发生长期收入贫困的概率比的自然对数。

为了进一步考察不同受教育层次对农村家庭长期收入贫困持续时间的影响，且长期收入贫困持续时间为序数变量，与公式（3－20）类似，本节同样采用 Ordered Logit 模型进行回归，构建出不同受教育层次对家庭贫困持续时间的 Ordered Logit 模型：

$$\begin{aligned} OLogit(HMicpoor_{it}) &= \ln[(HMicpoor_{it})/(1-HMicpoor_{it})] \\ &= \vartheta_0 + \vartheta_1 Primary_{it} + \vartheta_2 Junior_{it} + \vartheta_3 Senior_{it} + \vartheta_4 College_{it} + \\ &\quad \beta_1 Famsize_{it} + \beta_2 Prochild_{it} + \beta_3 Proolder_{it} + \beta_4 Fhealth_{it} + \\ &\quad \beta_5 Landcir_{it} + \lambda_i X_{it} + \xi_{it} \end{aligned} \tag{4-3}$$

公式（4－3）中，$HMicpoor_{it}$表示贫困持续时间；∂_0为模型的截距，ϑ、β 表示回归估计系数。

（二）实证结果及其解读

判断长期收入贫困的关键在于对贫困持续时间的界定，但是目前对长期收入贫困时间临界值的选取在学术界并没有达成共识，通常根据联合国对贫困的测度，以 1/3 以上的贫困持续时间来界定长期收入贫困。本节根据这种做法，采用 Logit 模型分析不同受教育层次对家庭长期收入贫困的影响。在此对全国所有农村样本做相关回归估计，结果如表 4－8 所示。

表4－8中，模型（1）所示为在不加入控制变量的情况下，家庭不同受教育层次与农村家庭长期收入贫困之间关系的回归估计结果。模型（2）至模型（3）中，是逐步加入了家庭特征变量、户主个体特征变量之后的回归估计结果，而模型（4）则表示模型（3）的概率比值。从模型（1）至模型（3）可以看出，家庭受教育层次提升对家庭长期收入贫困影响估计系数的符号和显著性水平均未发生较大变化，说明家庭受教育层次对家庭长期收入贫困的负向作用是稳健的。以模型（3）为

表 4-8　不同受教育层次对家庭长期收入贫困影响的回归估计结果

变量	模型（1）	模型（2）	模型（3）	模型（4）	模型（5）
Primary	-0.7497 *** (0.0602)	-0.6595 *** (0.0664)	-0.5980 *** (0.0724)	0.5499 *** (0.0398)	-0.3330 *** (0.0400)
Junior	-1.3201 *** (0.0780)	-1.1789 *** (0.0855)	-1.1259 *** (0.0948)	0.3244 *** (0.0308)	-0.5975 *** (0.0499)
Senior	-1.7644 *** (0.1371)	-1.5786 *** (0.1474)	-1.3215 *** (0.1613)	0.2667 *** (0.0430)	-0.6834 *** (0.0785)
College	-2.9130 *** (0.5768)	-3.4368 *** (1.0006)	-2.9730 *** (1.0004)	0.0511 *** (0.0512)	-1.4071 *** (0.3697)
Landcir		-0.5133 *** (0.1159)	-0.4250 *** (0.1250)	0.6537 *** (0.0817)	-0.2211 *** (0.0625)
Fhealth		0.5291 *** (0.0897)	0.6286 *** (0.0979)	1.8749 *** (0.1836)	0.3466 *** (0.0534)
Prochild		0.4117 *** (0.0459)	0.4696 *** (0.0512)	1.5993 *** (0.0818)	0.2710 *** (0.0286)
Proolder		0.2835 *** (0.0617)	0.2175 *** (0.0736)	1.2429 *** (0.0915)	0.1240 *** (0.0409)
Famisize		0.1050 *** (0.0169)	0.0952 *** (0.0184)	1.0999 *** (0.0202)	0.0486 *** (0.0101)
N（个）	17454	15831	13896	13896	13896
R^2	0.0987	0.1193	0.1388	0.1388	0.1381
Chi^2	963.75 ***	1112.30 ***	1103.37 ***	1103.37 ***	1124.26 ***

注：模型（3）至模型（5）控制了户主个体特征变量；第五列模型（4）表示模型（3）中估计参数的概率比；第六列报告的是采用 Probit 模型的估计结果。

例，可以发现家庭不同受教育层次的回归估计系数在1%的统计水平上显著为负，且小学、初中、高中、大专以上受教育层次对应的回归估计系数分别为 -0.5980、-1.1259、-1.3215、-2.9730，这说明受教育层次提高有助于家庭摆脱长期收入贫困。根据表 4-8 的第五列模型（4）可以进一步得知，相对于家庭受教育层次为文盲而言，当家庭劳动力受教育层次为小学时，农村家庭落入长期收入贫困的概率为 54.99%；当家庭劳动力受教育层次为初中时，农村家庭落入长期收入贫困的概率为32.44%；当家庭劳动力受教育层次为高中时，农村家庭落入长期收入贫困的概率为26.67%；当家庭劳动力受教育层次为大专及以上时，农村家庭落入长期收入贫困的概率为5.11%。这与李晓嘉（2015）、周强（2017）、柳建平和刘卫兵（2017）的观点相当。

从控制变量来看，土地流转、健康、老年人口抚养比、儿童抚养比以及家庭人口规模的系数均通过了1%的显著性水平检验。具体来看，家庭人口规模与家庭长期收入贫困之间呈现显著的正向关系，同时儿童抚养比和老年人口抚养比与家庭长期收入贫困之间也呈现出正向关系。而家庭劳动力健康状况对家庭长期收入贫困现状有很大的影响，劳动力不健康的家庭发生长期收入贫困的概率要远远大于劳动力健康的家庭，土地流转则能够有效降低家庭陷入长期收入贫困的概率。

（三）稳健性检验

上文研究了不同受教育层次对家庭长期收入贫困的影响，在各种模型设定下，我们重点关注的核心解释变量不同受教育层次的回归估计系数符号及显著性水平并未发生明显改变，说明回归估计结果较为稳健。为了进一步验证上述回归估计结果的可靠性，以下通过替换被解释变量和核心解释变量等两种方式来考察模型稳健性。

1. 不同时间临界值下受教育层次对家庭长期收入贫困影响的稳健性

学术界对家庭长期收入贫困的判别并没有达成共识，为了使得估计结果更加可信，我们继续调整贫困时间的临界值，重新对基准模型即公式（4-2）进行估计。表4-9汇报了贫困持续时间临界值为考察期3/4（即3期）时的估计结果，同时为了对比分析，我们也给出了不同受教育层次对应的家庭长期收入贫困发生率分布情况，如表4-10和图4-2所示。

表 4－9　不同时间临界值下受教育层次对家庭长期收入贫困影响的回归估计结果

变量	模型（1）	模型（2）	模型（3）	模型（4）
Primary	－0.9838 *** (0.1135)	－0.8954 *** (0.1210)	－0.8938 *** (0.1341)	0.4091 *** (0.0549)
Junior	－1.8624 *** (0.1316)	－1.7295 *** (0.1463)	－1.6854 *** (0.1682)	0.1854 *** (0.0312)
Senior	－2.1093 *** (0.1950)	－1.9172 *** (0.2090)	－1.7282 *** (0.2325)	0.1776 *** (0.0413)
College	－2.7522 *** (0.4198)	－2.8374 *** (0.5117)	－2.4198 *** (0.5179)	0.0889 *** (0.0461)
Landcir		－1.0497 *** (0.2997)	－0.7949 ** (0.3150)	0.4516 ** (0.1423)
Fhealth		0.5054 *** (0.1585)	0.5468 *** (0.1770)	1.7277 (0.3058)
Prochild		0.3531 *** (0.0724)	0.4234 *** (0.0854)	1.5271 *** (0.1305)
Proolder		0.2287 ** (0.0969)	0.2052 * (0.1115)	1.2278 * (0.1369)
Famisize		0.1827 *** (0.0261)	0.1741 *** (0.0288)	1.1902 *** (0.0343)
N（个）	15618	14387	12450	12450
R^2	0.1321	0.1659	0.2032	0.2032
Chi^2	615.16 ***	774.04 ***	741.20 ***	741.20 ***

注：模型（3）和模型（4）控制了户主个体特征变量；第五列模型（4）表示模型（3）中估计参数的概率比。

表 4－10　不同受教育层次家庭长期收入贫困发生率分布

单位：%

受教育层次	1 期	2 期	3 期	4 期
文盲	42.80	54.48	70.00	76.92
小学	28.48	24.63	17.12	13.46
初中	23.27	17.32	10.77	9.62
高中	5.07	3.41	1.73	0.00
大专及以上	0.38	0.16	0.38	0.00

注：1 期表示时间临界值为 1 期，2 期表示时间临界值为 2 期，以此类推，下同。

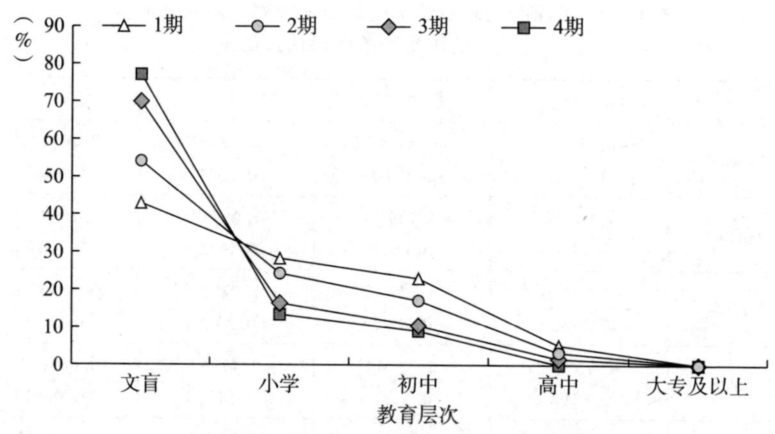

图 4-2 不同受教育层次家庭长期收入贫困发生率分布

在表 4-9 中，我们同样采用了逐步回归的估计方法。其中模型（1）仅仅包含不同受教育层次与家庭长期收入贫困之间关系的回归估计结果，而模型（2）至模型（3）中逐步加入了家庭特征、户主个体特征等控制变量。从模型（1）至模型（3）中可以发现核心解释变量系数的显著性水平和符号与基准模型的回归估计结果（见表 4-8）相比，均未发生实质性的变化。各受教育层次的系数均显著为负，说明受教育层次依旧是影响家庭长期收入贫困的重要因素。不同受教育层次的减贫效果存在差异，随着受教育层次的上升，家庭陷入长期收入贫困的概率呈现非常明显的下降趋势。而且控制变量系数的符号和显著性也和基准模型的回归估计结果（见表 4-8）基本保持一致。由此可知，本节基准模型的回归估计结果是较为稳健的。

2. 利用家庭各受教育层次劳动力比重的稳健性检验

为了更进一步检验前文回归估计结果的稳健性，本部分我们采用替换核心解释变量的方法来验证基准模型回归估计结果（如表 4-8 所示）的稳健性。在此，我们将核心解释变量受教育层次替换为家庭各受教育层次劳动力比重，根据公式（4-2），我们重新对基准模型进行了估计，结果如表 4-11 所示。

表 4-11　家庭各受教育层次劳动力比重对家庭长期收入贫困影响的回归估计结果

变量	模型（1）	模型（2）	模型（3）	模型（4）
BPrimary	-0.9691*** (0.0853)	-0.9297*** (0.0896)	-0.8877*** (0.0976)	0.4116*** (0.0402)
BJunior	-1.4113*** (0.0974)	-1.2487*** (0.1026)	-1.1722*** (0.1130)	0.3097*** (0.0350)
BSenior	-2.0733*** (0.1962)	-1.8138*** (0.2002)	-1.5878*** (0.2227)	0.2044*** (0.0455)
BCollege	-3.6739*** (0.4964)	-3.5173*** (0.5266)	-2.8435*** (0.5290)	0.0582*** (0.0308)
Landcir		-0.4962*** (0.1162)	-0.4158*** (0.1252)	0.6598*** (0.0826)
Fhealth		0.5005*** (0.0906)	0.6030*** (0.0988)	1.8276*** (0.1806)
Prochild		0.4421*** (0.0463)	0.5000*** (0.0514)	1.6488*** (0.0848)
Proolder		0.3300*** (0.0620)	0.2642*** (0.0741)	1.3024*** (0.0965)
Famisize		0.0859*** (0.0168)	0.0782*** (0.0183)	1.0814*** (0.0198)
N（个）	17454	15831	13896	13896
R^2	0.0862	0.0893	0.0881	0.0881
Chi^2	825.10***	794.28***	893.22***	893.22***

注：模型（3）和模型（4）控制了户主个体特征变量；第五列模型（4）表示模型（3）中估计参数的概率比。

表 4-11 中，我们同样采用了逐步回归的估计方法，其中模型（1）至模型（3）中逐步加入了家庭不同受教育层次、家庭其他特征变量、户主个体特征变量等。从表 4-11 中不难发现，模型（1）至模型（3）的回归估计结果中，核心解释变量被替换后，系数的符号和显著性水平与基准模型的回归估计结果相比，并没有发生明显的变化。以模型（3）为例，可以看出各受教育层次劳动力比重的系数均通过了 1% 显著性水平的检验，且符号为负，进一步说明不同受教育层次的减贫效果存

在差异，劳动力受教育层次越高，家庭陷入长期收入贫困的概率越小。而且控制变量系数的估计符号和显著性也均未发生明显改变。这说明将核心解释变量受教育层次替换为家庭各受教育层次劳动力比重并未对回归估计结果造成显著的影响。

3. 利用户主受教育层次的稳健性检验

上文替换核心解释变量后，我们发现估计结果依然较为稳健。为了使估计结果更加可靠，我们将核心解释变量替换为户主受教育层次，重新对模型进行估计，结果如表4－12所示。表4－12中的第二列至第四列逐步加入了不同受教育层次、家庭特征以及户主个体特征等变量。从表4－12中可以发现，模型（1）至模型（4）中的户主受教育层次系数的显著性水平和符号与基准模型的回归估计结果（见表4－8）相比，均未发生实质性的改变，各受教育层次的系数依然显著为负，这再次说明不同受教育层次的减贫效果存在差异，受教育层次越高，家庭陷入长期收入贫困的概率越小。具体来看，相对于户主受教育层次为文盲而言，当户主受教育层次为小学时，家庭落入长期收入贫困的概率为60.96%；当户主受教育层次为初中时，家庭落入长期收入贫困的概率为53.15%；当户主受教育层次为高中时，家庭落入长期收入贫困的概率为37.86%；当户主受教育层次为大专及以上时，家庭落入长期收入贫困的概率为15.58%。而且控制变量，如家庭人口规模、土地流转、儿童抚养比、老年人口抚养比以及健康等的系数均通过了1%水平的显著性检验，且符号没有发现明显改变。这进一步说明了将核心解释变量替换为户主受教育层次对估计结果没有产生显著的影响。

表4－12　户主受教育层次对家庭长期收入贫困影响的回归估计结果

变量	模型（1）	模型（2）	模型（3）	模型（4）
HPrimary	−0.5464*** (0.0616)	−0.4953*** (0.0649)	−0.4949*** (0.0715)	0.6096*** (0.0436)
HJunior	−0.7267*** (0.0676)	−0.6050*** (0.0712)	−0.6321*** (0.0810)	0.5315*** (0.0431)

续表

变量	模型（1）	模型（2）	模型（3）	模型（4）
HSenior	-1.2400 *** (0.1300)	-1.0452 *** (0.1353)	-0.9714 *** (0.1500)	0.3786 *** (0.0568)
HCollege	-2.6202 *** (0.7150)	-2.2131 *** (0.7228)	-1.8595 *** (0.7186)	0.1558 *** (0.1119)
Landcir		-0.5513 *** (0.1153)	-0.4455 *** (0.1242)	0.6405 *** (0.0796)
Fhealth		0.6252 *** (0.0894)	0.7322 *** (0.0973)	2.0797 *** (0.2024)
Prochild		0.5448 *** (0.0450)	0.5810 *** (0.0504)	1.7878 *** (0.0901)
Proolder		0.3203 *** (0.0601)	0.2666 *** (0.0725)	1.3055 *** (0.0946)
Famisize		0.0550 *** (0.0169)	0.0498 *** (0.0185)	1.0511 *** (0.0194)
N（个）	17404	15798	13868	12241
R^2	0.0842	0.1089	0.1315	0.1315
Chi^2	810.95 ***	1029.49 ***	1050.44 ***	1050.44 ***

注：模型（3）和模型（4）控制了户主个体特征变量；第五列模型（4）表示模型（3）中估计参数的概率比。

4. 利用家庭劳动力最高受教育层次的稳健性检验

为了更进一步验证模型的稳健性，我们依然采用替换解释变量的方法来验证模型的稳健性，这次我们采用的是家庭劳动力最高受教育层次。采用 Logit 模型重新对基准模型进行估计，结果如表 4-13 所示。通过比较表 4-13 中模型（1）至模型（3）的估计结果可以发现，核心解释变量不同家庭劳动力最高受教育层次的系数在三个模型中符号和显著性水平基本保持一致，只是在大小上存在一定的波动。此外，通过对比基准模型回归估计结果（如表 4-8 所示）和表 4-13 的回归估计结果可以发现，我们关注的核心解释变量，家庭劳动力最高受教育层次估计系数的符号和显著性水平与基准模型的估计结果几乎保持一致。同样也可以说明受教育层次越高，家庭陷入长期收入贫困的概率越小。而且控制变量系数的符号和显著性也基本和基准模型保持一致，这说明前文回归估计结果具有很好的稳健性。

表 4－13　家庭劳动力最高受教育层次对家庭长期收入贫困影响的回归估计结果

变量	模型（1）	模型（2）	模型（3）	模型（4）
MPrimary	-0.6417*** (0.0672)	-0.6040*** (0.0718)	-0.5549*** (0.0779)	0.5741*** (0.0447)
MJunior	-1.0232*** (0.0686)	-0.9284*** (0.0757)	-0.8558*** (0.0835)	0.4250*** (0.0355)
MSenior	-1.4592*** (0.0978)	-1.3273*** (0.1074)	-1.1865*** (0.1189)	0.3053*** (0.0363)
MCollege	-2.0744*** (0.1822)	-1.9103*** (0.1988)	-1.5959*** (0.2065)	0.2027*** (0.0419)
Landcir		-0.5175*** (0.1157)	-0.4266*** (0.1247)	0.6527*** (0.0814)
Fhealth		0.5604*** (0.0891)	0.6562*** (0.0974)	1.9274*** (0.1877)
Prochild		0.3522*** (0.0464)	0.4233*** (0.0516)	1.5270*** (0.0789)
Proolder		0.2329*** (0.0613)	0.1637** (0.0734)	1.1779*** (0.0865)
Famisize		0.1310*** (0.0169)	0.1174*** (0.0184)	1.1246*** (0.0207)
N（个）	17454	15831	13896	13896
R^2	0.0984	0.1183	0.1372	0.1372
Chi^2	987.88***	1128.49***	1116.49***	1116.49***

注：模型（3）和模型（4）控制了户主个体特征变量；第五列模型（4）表示模型（3）中估计参数的概率比。

采用家庭劳动力最高受教育层次、户主受教育层次以及家庭各受教育层次劳动力比重作为核心解释变量的回归估计结果均表明，不同受教育层次依然起到了反贫困效应，相较于文盲而言，小学、初中、高中、大学以上受教育层次家庭，发生长期收入贫困的概率逐渐下降。比较三种度量受教育层次方法对应的回归估计结果，我们不难发现，受教育层次回归估计系数的显著性相同，且大小也较接近。整体而言，无论是替换被解释变量还是替换解释变量对模型重新进行估计，结果与基准模型的基本吻合，并未发生实质性的变化。尤其是本节重点关注的不同受教育层次的估计系数符号和显著性水平均未受到较大的影响，这表明基准模型的回归估计结果是较为稳健的。

5. 不同受教育层次对家庭长期收入贫困持续时间的影响

本节在此分析不同受教育层次对家庭长期收入贫困持续时间的影响，回归估计结果如表 4 – 14 所示。其中，表 4 – 14 中第二列模型（1）仅仅包含核心解释变量不同受教育层次对家庭长期收入贫困持续时间的影响，同时控制了省份效应和年份效应。模型（2）则表示在模型（1）的基础上加入了家庭人口规模、老年人口抚养比、儿童抚养比、健康以及土地流转等家庭特征变量。模型（3）则是在模型（2）的基础上进一步加入了户主个体特征变量。总体上来看，模型（1）至模型（3）的回归结果基本保持了较好的显著性，且核心解释变量估计系数的符号保持一致。从表 4 – 14 可以看出，不同受教育层次的系数均通过了 1% 的显著性水平检验，且符号为负。说明不同受教育层次对缩短贫困持续时间有显著影响，家庭劳动力受教育层次的提高有利于减少家庭贫困持续时间。具体来看，受教育层次越高，家庭贫困持续时间上升一个等级的概率越低。与受教育层次为文盲相比，劳动力受教育层次为小学的家庭，收入贫困持续时间上升一个等级的比率为 55. 44%；劳动力受教育层次为初中的家庭，收入贫困持续时间上升一个等级的比率为 40. 43%；劳动力受教育层次为高中的家庭，收入贫困持续时间上升一个等级的比率为 31. 17%；劳动力受教育层次为大专以上的家庭，收入贫困持续时间上升一个等级的比率为 14. 37%。以上数据总体表明，受教育层次越高，家庭收入贫困持续时间上一个等级的概率越低，为了对比分析，我们也给出了不同受教育层次与家庭长期收入贫困持续时间的统计性描述结果（如表 4 – 15 和图4 – 3 所示）。

表 4-14 不同受教育层次对家庭长期收入贫困持续时间影响的回归估计结果

变量	模型（1）	模型（2）	模型（3）	模型（4）
Primary	-0.6548*** (0.0451)	-0.6378*** (0.0492)	-0.5899*** (0.0532)	0.5544*** (0.0295)
Junior	-1.0654*** (0.0516)	-0.9862*** (0.0565)	-0.9057*** (0.0617)	0.4043*** (0.0250)
Senior	-1.4758*** (0.0740)	-1.3309*** (0.0807)	-1.1659*** (0.0887)	0.3117*** (0.0277)
College	-2.2092*** (0.2179)	-2.3392*** (0.2799)	-1.9402*** (0.2833)	0.1437*** (0.0407)
Landcir		-0.2725*** (0.0620)	-0.1686** (0.0673)	0.8449*** (0.0568)
Fhealth		0.5751*** (0.0617)	0.6154*** (0.0680)	1.8504*** (0.1259)
Prochild		0.3430*** (0.0346)	0.3833*** (0.0394)	1.4671*** (0.0578)
Proolder		0.2306*** (0.0466)	0.1618*** (0.0559)	1.1756*** (0.0658)
Famisize		0.0933*** (0.0117)	0.0910*** (0.0129)	1.0953*** (0.0141)
N（个）	17520	15879	13943	13943
R^2	0.0605	0.0717	0.0831	0.0831
Chi^2	16402.24***	12431.41***	8922.04***	8922.04***

注：模型（3）和模型（4）控制了户主个体特征变量；第五列模型（4）表示模型（3）中估计参数的概率比。

表 4-15 不同受教育层次农村家庭收入贫困持续时间分布

单位：%

层次	0 期	1 期	2 期	3 期	4 期
文盲	15.31	37.56	48.53	68.27	76.92
小学	28.97	30.22	27.51	18.03	13.46
初中	39.78	25.93	19.84	11.06	9.62
高中	13.50	5.81	4.06	2.16	0.00
大专及以上	2.45	0.48	0.07	0.48	0.00

资料来源：2010~2016 年 CFPS 数据。

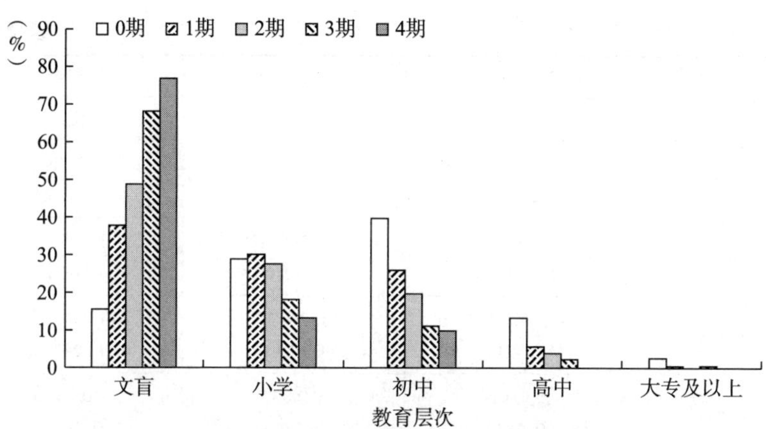

图 4-3　不同受教育层次农村家庭长期收入贫困持续时间分布

资料来源：2010～2016 年 CFPS 数据。

从控制变量来看，各个变量的系数均通过了至少 5% 水平的显著性检验。同时家庭人口规模越大，家庭陷入收入贫困的时间会越长。此外，老年人口数量、儿童数量过大以及家庭劳动力不健康也在一定程度上拉长了家庭陷入收入贫困的时间，但是土地流转则有利于减少家庭收入贫困持续时间。

（四）区域差异性分析

1. 按照东部、中部以及西部三大地区分组

由于地区之间存在较大差异，分区域探讨不同受教育层次对农村家庭长期收入贫困的影响可能更加有意义。因此，本节结合国家统计局对东部、中部和西部地区的分类标准，将中国分为东部、中部和西部三大地区，采用公式（4-2）重新进行估计，回归估计结果如表 4-16 所示。

表 4-16　东中西三大地区不同受教育层次对农村家庭长期收入贫困影响的回归估计结果

变量	模型（1）	模型（2）	模型（3）
	东部	中部	西部
Primary	-0.1474 (0.1783)	-0.7039*** (0.1900)	-0.6181*** (0.1012)

续表

变量	模型（1）	模型（2）	模型（3）
	东部	中部	西部
Junior	-0.6411*** (0.2011)	-0.7910*** (0.2078)	-0.9020*** (0.1052)
Senior	-0.5045** (0.2440)	-1.2415*** (0.2946)	-1.4471*** (0.1622)
College	-1.6202*** (0.4916)	-1.2617*** (0.3913)	-1.6686*** (0.2890)
Landcir	-0.9591*** (0.2842)	-0.4833* (0.2706)	-0.1725 (0.1690)
Fhealth	0.6708*** (0.2035)	0.7046*** (0.2116)	0.6218*** (0.1322)
Prochild	0.3447*** (0.1051)	0.7383*** (0.1168)	0.3363*** (0.0690)
Proolder	0.3530** (0.1684)	-0.1304 (0.1679)	0.1998** (0.0961)
Famisize	0.0328 (0.0435)	0.0861** (0.0400)	0.1454*** (0.0245)
N（个）	4736	4011	5149
R^2	0.0883	0.1117	0.1089
Chi^2	196.22***	220.02***	471.72***

注：模型（1）至模型（3）均控制了户主个体特征变量。

从表4-16可以发现，各地区不同受教育层次对农村家庭长期收入贫困的影响程度存在较为明显的差异，除了东部地区小学受教育层次以外，其他模型中不同受教育层次的估计系数基本都在1%的水平上显著为负，这表明不同受教育层次对东部地区、中部地区和西部地区农村家庭长期收入贫困均有显著的抑制效应。

具体来看，对于东部地区而言，相比于家庭劳动力受教育层次为文盲而言，劳动力受教育层次为小学、初中、高中和大专以上的家庭，陷入长期收入贫困的概率将分别下降13.71个百分点、47.33个百分点、39.62个百分点、80.21个百分点。对于中部地区而言，相比于家庭劳动力受教育层次为文盲而言，劳动力受教育层次为小学、初中、高中和大专以上的家庭，陷入长期收入贫困的概率将分别下降 50.53 个百分点、54.66 个百分点、71.10 个百分点、71.68 个百分点。对于西部地区而言，相比于家庭劳动力受教育层次为文盲而言，劳动力受教育层次为小学、初中、高中和大专以上的家庭，陷入长期收入贫困的概率将分别下降 46.10 个百分点、59.42 个百分点、76.47 个百分点、81.15 个百分点。从以上数据可以看出，家庭劳动力受教育层次提高能显著地降低家庭陷入长期收入贫困的概率，尤其是高中以上受教育层次对降低贫困的效应更为显著。

从控制变量来看，健康的估计系数依然在三大地区均显著为正，说明劳动力健康状态是影响三大地区家庭长期收入贫困的重要因素。儿童抚养比的估计系数同样在东部、中部和西部地区均通过了1%的显著性水平检验，说明儿童的增加将加大三大地区家庭陷入长期收入贫困的概率。但是老年人口抚养比的系数仅仅在东部和西部地区显著为正，而且在东部地区较大，但是在中部地区则不显著。而家庭人口规模的估计系数在中部和西部地区显著为正，说明中部和西部地区人口规模过大家庭更容易陷入长期收入贫困。而在东部地区，家庭人口规模相比要小于中部和西部地区，可能导致估计系数不显著。土地流转的估计系数在东部和中部地区显著为负，说明东部和中部地区土地市场更为发达，土地流转更能降低家庭陷入长期收入贫困的概率。

2. 按照各省区市经济发展水平分组

表 4-17 汇报了根据各省区市经济发展水平分组的回归估计结果。通过计算模型中估计系数的概率比值可知，对于经济欠发达地区而言，相比于家庭受教育层次为文盲而言，劳动力受教育层次为小学、初中、高中和大专以上的家庭，陷入长期收入贫困的概率将分别下降 44.35 个百分点、60.00 个百分点、76.25 个百分点、83.00 个百分点。对于经济中等发达地区而言，相比于家庭受教育层次为文盲而言，劳动力受教育层次为小学、初中、高中和大专以上的家庭，陷入长期收入贫困的概

率将分别下降 51. 24 个百分点、51. 49 个百分点、65. 26 个百分点、73. 00 个百分点。对于经济发达地区而言，相比于家庭受教育层次为文盲而言，劳动力受教育层次为小学、初中、高中和大专以上的家庭，陷入长期收入贫困的概率将分别下降 4. 56 个百分点、49. 49 个百分点、37. 55 个百分点、73. 04 个百分点。

表 4－17　不同经济发展水平下受教育层次对家庭长期收入贫困影响的回归估计结果

变量	模型（1）	模型（2）	模型（3）
	欠发达地区	中等发达地区	发达地区
Primary	－0. 5861 *** (0. 1008)	－0. 7182 *** (0. 1672)	－0. 0467 (0. 2063)
Junior	－0. 9164 *** (0. 1056)	－0. 7234 *** (0. 1769)	－0. 6830 *** (0. 2446)
Senior	－1. 4374 *** (0. 1619)	－1. 0572 *** (0. 2381)	－0. 4708 * (0. 2947)
College	－1. 7717 *** (0. 2955)	－1. 3092 *** (0. 3643)	－1. 3109 *** (0. 5023)
Landcir	－0. 1334 (0. 1645)	－0. 6054 ** (0. 2514)	－1. 1672 *** (0. 3558)
Fhealth	0. 4632 *** (0. 1329)	1. 0603 *** (0. 1781)	0. 6952 *** (0. 2355)
Prochild	0. 3720 *** (0. 0683)	0. 6597 *** (0. 1038)	0. 2535 ** (0. 1183)
Proolder	0. 1367 (0. 0963)	0. 1093 (0. 1438)	0. 3559 * (0. 1968)
Famisize	0. 1421 *** (0. 0243)	0. 0833 ** (0. 0358)	0. 0544 (0. 0510)
N（个）	5345	4815	3736
R^2	0. 1210	0. 0985	0. 0916
Chi^2	481. 32 ***	260. 12 ***	150. 80 ***

注：模型（1）至模型（3）均控制了户主个体特征变量。

从控制变量来看，土地流转能有效地降低经济中等发达地区和经济发达地区家庭长期收入贫困的发生概率，但是对于经济欠发达地区土地流转变量的系数则不显著，说明经济越发达的地区，土地市场可能越完善。健康的系数在经济欠发达地区、经济中等发达地区和经济发达地区均显著为正，说明劳动力不健康，将在很大程度上加大家庭陷入长期收入贫困的概率。儿童抚养比的系数同样均通过了1%的显著性水平检验，说明儿童数量增加，将不利于三大地区家庭摆脱长期收入贫困。老年人口数量的增多将加大经济发达地区家庭陷入长期收入贫困的概率，但是对经济中等发达地区和经济欠发达地区这一影响则不明显。而家庭人口规模的系数仅仅在经济欠发达地区和经济中等发达地区显著为正，且家庭人口规模对经济欠发达地区家庭长期收入贫困的影响更为明显。

三　受教育层次对农村家庭多维贫困的影响

本章第一节和第二节考虑到教育异质性，从静态和动态视角分析了不同受教育层次对农村家庭收入贫困的影响。事实上，贫困不仅是指收入的缺乏，还应该表现为教育、健康、生活等多个维度可行能力的被剥夺。因此，在关注收入贫困的同时，也应该更多地关注收入之外其他维度的贫困问题。鉴于此，本节从多维贫困视角出发，研究不同受教育层次对农村家庭多维贫困的影响。

（一）模型的设定

本节主要分析不同受教育层次对农村家庭多维贫困的影响。同样，本节参考李晓嘉（2015）、柳建平和刘卫兵（2017）的研究，并在公式（3－28）的基础上，将家庭劳动力受教育水平划分为四个不同的受教育层次变量。以文盲作为参照组，考虑小学、初中、高中、大专及以上不同受教育层次对家庭多维贫困的影响，通过对虚拟变量参数进行分析，构建如下回归估计模型：

$$
\begin{aligned}
Logit(Mamicpoor_{it}) &= \ln[Mamicpoor_{it}/(1-Mamicpoor_{it})] \\
&= \vartheta_0 + \vartheta_1 Primary_{it} + \vartheta_2 Junior_{it} + \vartheta_3 Senior_{it} + \vartheta_4 College_{it} + \\
&\quad \beta_1 Famisize_{it} + \beta_2 Prochild_{it} + \beta_3 Proolder_{it} + \beta_4 Fhealth_{it} + \\
&\quad \beta_5 Landcir_{it} + \lambda_i X_{it} + \xi_{it} \qquad (4-4)
\end{aligned}
$$

（二）实证结果及其解读

首先，我们对全样本做 Logit 回归分析，并且结合逐步回归估计方法，得到如表 4－18 所示的回归估计结果。其中，模型（1）仅仅包含不同受教育层次变量，模型（2）在模型（1）的基础上加入了土地流转、家庭人口规模等家庭特征变量，模型（3）在模型（2）基础上加入了户主个体特征变量，而模型（4）所示为模型（3）的概率比值。综合回归估计结果来看，主要解释变量的估计系数均显著且较为稳定，即家庭不同受教育层次在很大程度上直接影响家庭多维贫困状态。随着家庭劳动力受教育层次的提高，家庭多维贫困发生概率明显下降，受教育层次越高的家庭多维贫困发生概率越低。

表 4－18　不同受教育层次对家庭多维贫困影响的回归估计结果

变量	模型（1）	模型（2）	模型（3）	模型（4）	模型（5）
Primary	－0.4709*** (0.0368)	－0.5414*** (0.0407)	－0.4431*** (0.0439)	0.6420*** (0.0282)	－0.2720*** (0.0265)
Junior	－1.6676*** (0.0431)	－1.7887*** (0.0476)	－1.6192*** (0.0520)	0.1981*** (0.0103)	－0.9719*** (0.0309)
Senior	－1.9423*** (0.0573)	－2.0271*** (0.0636)	－1.8380*** (0.0698)	0.1591*** (0.0111)	－1.1039*** (0.0417)
College	－2.3356*** (0.1241)	－2.4806*** (0.1449)	－2.1877*** (0.1582)	0.1122*** (0.0177)	－1.3067*** (0.0941)
Landcir		－0.3617*** (0.0494)	－0.2110*** (0.0545)	0.8098*** (0.0441)	－0.1233*** (0.0327)
Fhealth		0.4561*** (0.0403)	0.3997*** (0.0441)	1.4914*** (0.0658)	0.2412*** (0.0264)

续表

变量	模型（1）	模型（2）	模型（3）	模型（4）	模型（5）
Prochild		-0.1752*** (0.0279)	-0.0931*** (0.0321)	0.9111*** (0.0293)	-0.0550*** (0.0194)
Proolder		0.2044*** (0.0361)	0.0593 (0.0439)	1.0611 (0.0465)	0.0378 (0.0262)
Famisize		0.0835*** (0.0098)	0.0750*** (0.0108)	1.0779*** (0.0116)	0.0440*** (0.0065)
N（个）	27864	24929	21370	21370	21370
R^2	0.1347	0.1419	0.1487	3090.24	0.0873
Chi^2	3756.93***	3496.99***	3090.24***	3090.24***	1899.35***

注：模型（3）至模型（5）控制了户主个体特征变量；第五列模型（4）表示模型（3）中估计参数的概率比。

与受教育层次为文盲的家庭相比，受教育层次为小学的家庭，陷入多维贫困的概率为64.20%。也就是说，后者陷入多维贫困的概率要比前者低35.80个百分点。与受教育层次为文盲的家庭相比，受教育层次为初中的家庭，陷入多维贫困的概率为19.81%。也就是说，后者陷入多维贫困的概率要比前者低80.19个百分点。与受教育层次为文盲的家庭相比，受教育层次为高中的家庭，陷入多维贫困的概率为15.91%。也就是说，后者陷入多维贫困的概率要比前者低84.09个百分点。与受教育层次为文盲的家庭相比，受教育层次为大专及以上的家庭，陷入多维贫困的概率为11.22%。也就是说，后者陷入多维贫困的概率要比前者低88.78个百分点。总体而言，根据上面的分析可知，随着家庭劳动力受教育层次的提高，该家庭陷入多维贫困的概率逐渐下降。此外，从控制变量来看，家庭人口规模的加大在一定程度上使得家庭更容易陷入多维贫困。儿童抚养比的回归估计系数虽然为负，但这并不意味着儿童抚养比越高，家庭越不容易陷入多维贫困。造成这种现象的原因可能跟本书选择的多维贫困指标具有一定的关系，因为在多维贫困指标选取中，如生活设施、医疗等对于少年儿童来说并不由自己来决定，他们自身对这些的要求本身处于偏低状态，或者这些在很大程度上取决于其父辈。家庭劳动力不健康，家庭陷入多维贫困的概率将大大增加。但是土地流转则有利于降低家庭陷入多维贫困的概率。

（三）稳健性检验

为了验证模型（4－4）的稳健性，本节主要采用替换被解释变量和核心解释变量的方式对基准模型的回归估计结果进行稳健性检验，以进一步验证实证结果的可靠性。

1. 不同多维贫困临界值下的稳健性检验

多维贫困的划分标准在学术界并没有完全统一的说法，世界银行的划分标准是 k 大于总维度的 1/3。根据本书考察样本的详细统计结果来看，当多维贫困维度临界值 $k=1$ 时，劳动力受教育层次为小学的农村家庭多维贫困发生率为 64.98%，劳动力受教育层次为初中的农村家庭多维贫困发生率为 26.26%，劳动力受教育层次为高中的农村家庭多维贫困发生率为 7.65%，劳动力受教育层次为大专及以上的农村家庭多维贫困发生率为 1.11%。当多维贫困维度临界值 $k=2$ 时，劳动力受教育层次为小学、初中、高中和大专及以上对应的农村家庭多维贫困发生率分别为 72.65%、21.09%、5.57%、0.69%。当多维贫困维度临界值 $k=3$ 时，劳动力受教育层次为小学、初中、高中和大专及以上对应的农村家庭多维贫困发生率分别为 82.64%、13.44%、3.55%、0.37%。当多维贫困维度临界值 $k=4$ 时，劳动力受教育层次为小学、初中、高中和大专及以上对应的农村家庭多维贫困发生率分别为 89.06%、8.04%、2.42%、0.48%。当多维贫困维度临界值 $k=5$ 时，劳动力受教育层次为小学、初中、高中和大专及以上对应的农村家庭多维贫困发生率分别为 80.64%、12.47%、4.51%、2.39%。根据上面的分析可知，在各维度临界值下，随着受教育层次的提高，家庭陷入多维贫困的概率降低。为了使得回归估计结果更加可信，本部分将多维贫困临界值 k 进行改变，改变为 $k=3$、$k=4$、$k=5$。

将基准模型的被解释变量换为以上三种新的多维贫困标准下的被解

释变量，重新对基准模型进行估计，得到的估计结果如表 4－19 所示。其中，第二列模型（1）为 $k=3$ 对应的回归估计结果，第三列模型（2）为 $k=4$ 对应的回归估计结果，第四列模型（3）为 $k=5$ 对应的回归估计结果。从表 4－19 的回归估计结果可以发现，家庭劳动力受教育层次越高，家庭陷入多维贫困的概率越低。对比表 4－19 和基准模型的回归估计结果（如表 4－18 所示）可以发现，各模型的受教育层次系数的显著性水平和符号均未发生较大的改变，这说明本节的实证结果是稳健的。

表 4－19　不同受教育层次在不同临界值下对家庭多维贫困影响的回归估计结果

变量	模型（1）	模型（2）	模型（3）
Primary	-0.6762*** (0.0454)	-0.7144*** (0.0668)	-0.2251 (0.1705)
Junior	-2.0944*** (0.0601)	-2.6119*** (0.1134)	-2.9478*** (0.3240)
Senior	-2.2734*** (0.0902)	-2.8066*** (0.2034)	-2.8505*** (0.4107)
College	-2.9790*** (0.3032)	-4.0639*** (1.0060)	-3.2771*** (0.7453)
Landcir	-0.2164*** (0.0663)	-0.1543 (0.1165)	-0.0927 (0.3469)
Fhealth	0.5184*** (0.0461)	0.6046*** (0.0677)	0.5900*** (0.1765)
Prochild	-0.0870** (0.0343)	-0.0877* (0.0532)	-0.1113 (0.1475)
Proolder	-0.0369 (0.0476)	-0.2308*** (0.0746)	-0.7670*** (0.2084)
Famisize	0.1027*** (0.0119)	0.1236*** (0.0180)	0.3156*** (0.0434)
N（个）	21368	21289	19916
R^2	0.1627	0.1652	0.1834
Chi^2	2845.07***	1231.27***	291.52***

注：模型（1）至模型（3）均控制了户主个体特征变量。

2. 利用户主受教育层次的稳健性检验

本部分采用替换核心解释变量的方式进行稳健性检验，将核心解释变量替换为户主受教育层次，重新对模型（4－4）进行估计，结果如表4－20所示。

表4－20　户主受教育层次对家庭多维贫困影响的回归估计结果

变量	模型（1）	模型（2）	模型（3）	模型（4）
HPrimary	－0.3926*** (0.0330)	－0.3495*** (0.0353)	－0.2946*** (0.0390)	0.7448*** (0.0291)
HJunior	－1.2806*** (0.0365)	－1.2433*** (0.0387)	－1.1856*** (0.0437)	0.3056*** (0.0134)
HSenior	－1.4351*** (0.0539)	－1.3784*** (0.0584)	－1.3517*** (0.0645)	0.2588*** (0.0167)
HCollege	－1.9247*** (0.1442)	－1.9902*** (0.1736)	－1.6676*** (0.1901)	0.1887*** (0.0359)
Landcir		－0.4059*** (0.0483)	－0.2293*** (0.0537)	0.7951*** (0.0427)
Fhealth		0.4052*** (0.0399)	0.3902*** (0.0437)	1.4773*** (0.0645)
Prochild		－0.0245 (0.0270)	0.0352 (0.0315)	1.0359 (0.0326)
Proolder		0.1346*** (0.0348)	0.0240 (0.0428)	1.0242 (0.0438)
Famisize		0.0158* (0.0093)	0.0168 (0.0103)	1.0169 (0.0105)
N（个）	27777	24871	21324	21364
R^2	0.1133	0.1145	0.1275	0.1275
Chi^2	3326.81***	2973.38***	2791.88***	2791.88***

注：模型（3）和模型（4）控制了户主个体特征变量；第五列模型（4）表示模型（3）中估计参数的概率比。

从表4－20可以发现，模型（1）至模型（3）的估计中，户主受教育层次系数的显著性水平和符号与基准模型的回归估计结果相比，均未发生实质性的改变。以表4－20中的第四列模型（3）为例，各受教育层次的系数均通过了1%水平的显著性检验，为负，且绝对值呈现递增趋势，说明不同受教育层次的减贫效果存在差异，受教育层次越高，家庭陷入多维贫困的概率越小。而且控制变量的估计系数符号和显著性水平也基本和基准模型保持一致，这表明替换核心解释变量并未对估计结果造成显著的影响，估计结果是稳健的。

3. 利用家庭劳动力最高受教育层次的稳健性检验

为了更进一步验证模型的稳健性，我们依然采用替换解释变量的方法来验证模型的稳健性，这次我们采用的是家庭劳动力最高受教育层次变量。同样，我们采用Logit模型重新进行了估计，结果如表4－21所示。表4－21的第二列至第四列，我们同样采用了逐步回归的方法进行估计，这样更有利于判断控制变量的变化对模型估计的影响，使得模型更加具有稳健性。通过比较发现，在第二列至第四列之间，核心解释变量的系数符号和显著性水平均没有产生明显变化，且系数大小也基本维持在一定幅度的变化范围内。具体来看，与受教育层次为文盲相比，家庭劳动力最高受教育层次为小学的家庭，陷入多维贫困的概率为84.01%，也就是说后者陷入多维贫困的概率要比前者低15.99个百分点。与受教育层次为文盲相比，家庭劳动力最高受教育层次为初中的家庭，陷入多维贫困的概率为24.01%，也就是说后者陷入多维贫困的概率要比前者低75.99个百分点。与受教育层次为文盲相比，家庭劳动力最高受教育层次为高中的家庭，陷入多维贫困的概率为18.64%，也就是说后者陷入多维贫困的概率要比前者低81.36个百分点。与受教育层次为文盲相比，家庭劳动力受教育层次为大专及以上的家庭，陷入多维贫困的概率为17.25%，也就是说后者陷入多维贫困的概率要比前者低82.75个百分点。

表4－21　家庭劳动力最高受教育层次对家庭多维贫困影响的回归估计结果

变量	模型（1）	模型（2）	模型（3）	模型（4）
MPrimary	－0.1910*** (0.0396)	－0.2676*** (0.0437)	－0.1742*** (0.0471)	0.8401*** (0.0396)

续表

变量	模型（1）	模型（2）	模型（3）	模型（4）
MJunior	-1.3913 *** (0.0421)	-1.6036 *** (0.0474)	-1.4265 *** (0.0514)	0.2401 *** (0.0123)
MSenior	-1.5951 *** (0.0498)	-1.8529 *** (0.0569)	-1.6797 *** (0.0621)	0.1864 *** (0.0116)
MCollege	-1.6877 *** (0.0653)	-1.9886 *** (0.0755)	-1.7572 *** (0.0815)	0.1725 *** (0.0141)
Landcir		-0.3767 *** (0.0493)	-0.2175 *** (0.0545)	0.8045 *** (0.0438)
Fhealth		0.4492 *** (0.0407)	0.3859 *** (0.0445)	1.4710 *** (0.0655)
Prochild		-0.3264 *** (0.0286)	-0.2227 *** (0.0327)	0.8003 *** (0.0261)
Proolder		0.0556 (0.0359)	-0.1008 ** (0.0438)	0.9041 *** (0.0396)
Famisize		0.1507 *** (0.0104)	0.1345 *** (0.0114)	1.1439 *** (0.0131)
N（个）	27864	24929	21370	21370
R^2	0.1250	0.1374	0.1454	0.1454
Chi^2	3424.29 ***	24929 ***	2951.51 ***	2951.51 ***

注：模型（3）和模型（4）控制了户主个体特征变量；第五列模型（4）表示模型（3）中估计参数的概率比。

此外，通过对比基准模型的估计结果（如表4-18所示）发现，我们关注的核心解释变量，家庭最高受教育层次的系数符号和显著性水平与基准模型的回归估计结果保持一致。可以说明受教育层次越高，家庭陷入多维贫困的概率越小。同时控制变量的符号和显著性也基本和基准模型的回归估计结果保持一致，这进一步表明替换核心解释变量并未对回归估计结果造成显著的影响，基准模型的回归估计结果具有良好的稳健性。

4. 利用家庭各受教育层次劳动力比重的稳健性检验

本部分我们将核心解释变量替换为家庭各受教育层次劳动力比重，重新分析不同受教育层次对家庭多维贫困的影响，回归估计结果如表

4－22 所示。表 4－22 中的第二列至第四列为逐步回归估计结果，第二列解释变量仅仅包含核心解释变量，从第三列开始，依次加入了家庭特征变量、户主个体特征变量。由表 4－22 可以发现，家庭各受教育层次劳动力比重的回归估计系数的显著性水平和符号与基准模型的回归估计结果（见表 4－18）相比，均未发生较大改变，依然显著为负。这说明不同受教育层次对多维贫困的影响存在差异，受教育层次越高，家庭陷入多维贫困的概率越小。而且控制变量系数的符号和显著性也基本和基准模型的回归估计结果保持一致，这表明替换核心解释变量并未对回归估计结果造成显著的影响。

表 4－22　家庭各受教育层次劳动力比重对家庭多维贫困影响的回归估计结果

变量	模型（1）	模型（2）	模型（3）	模型（4）
BPrimary	－0.6057 *** (0.0445)	－0.6153 *** (0.0480)	－0.4850 *** (0.0521)	0.6157 *** (0.0321)
BJunior	－2.2081 *** (0.0504)	－2.2872 *** (0.0543)	－2.1191 *** (0.0598)	0.1201 *** (0.0072)
BSenior	－2.3677 *** (0.0762)	－2.4206 *** (0.0843)	－2.2593 *** (0.0932)	0.1044 *** (0.0097)
BCollege	－2.5308 *** (0.1288)	－2.6914 *** (0.1433)	－2.3843 *** (0.1561)	0.0922 *** (0.0144)
Landcir		－0.3514 *** (0.0496)	－0.2100 *** (0.0548)	0.8106 *** (0.0444)
Fhealth		0.4471 *** (0.0407)	0.3895 *** (0.0444)	1.4762 *** (0.0656)
Prochild		－0.1540 *** (0.0286)	－0.0821 ** (0.0329)	0.9212 ** (0.0303)
Proolder		0.2604 *** (0.0374)	0.0944 ** (0.0454)	1.0990 ** (0.0499)
Famisize		0.0623 *** (0.0097)	0.0596 *** (0.0106)	1.0614 *** (0.0113)
N（个）	27866	24931	21371	21371
R^2	0.1452	0.1515	0.1575	0.1575
Chi^2	4000.00 ***	3696.15 ***	3230.67 ***	3230.67 ***

注：模型（3）和模型（4）控制了户主个体特征变量；第五列模型（4）表示模型（3）中估计参数的概率比。

整体而言，采用家庭劳动力最高受教育层次、户主受教育层次以及家庭各受教育层次劳动力比重作为核心解释变量的回归估计结果均表明，不同受教育层次依然起到了反贫困作用。相较于文盲而言，小学、初中、高中、大专及以上受教育层次家庭发生多维贫困的概率依次呈现下降趋势。比较三种度量受教育层次方法下的回归估计结果，不难发现，受教育层次回归估计系数的显著性水平基本相同，且大小也非常接近。而且三种度量方法下的回归估计结果均表明，受教育层次在消除多维贫困方面起到重要作用。综合来看，无论是替换被解释变量还是替换解释变量对模型重新进行估计，结果与基准模型的回归估计结果基本保持一致，尤其是我们关注的核心解释变量系数的符号及其显著性水平均未受到较大的影响，这表明本节基准模型的回归估计结果较为稳健。

（四）区域差异性分析

1. 按照东部、中部以及西部三大地区分组

按东部、中部和西部地区分类，不同受教育层次对农村家庭多维贫困影响的回归结果见表4－23，从中可以看出，不同受教育层次对农村家庭多维贫困的影响存在差异性；总体而言，受教育层次越高，家庭陷入多维贫困的概率越低。通过计算各地区各变量对应的概率比值可知，从东部地区来看，与家庭劳动力受教育层次为文盲相比，劳动力受教育层次为小学、初中、高中、大专及以上的家庭，陷入多维贫困的概率依次下降22.57个百分点、72.35个百分点、75.93个百分点、88.81个百分点。从中部地区来看，与家庭劳动力受教育层次为文盲相比，劳动力受教育层次为小学、初中、高中、大专及以上的家庭，陷入多维贫困的概率依次下降34.48个百分点、80.79个百分点、82.88个百分点、86.39个百分点。从西部地区来看，与家庭劳动力受教育层次为文盲相比，劳动力受教育层次为小学、初中、高中、大专及以上的家庭，陷入多维贫困的概率依次下降44.05个百分点、84.53个百分点、90.80个百分点、87.86个百分点。

表 4－23　东部、中部、西部受教育层次对家庭多维贫困影响的回归估计结果

变量	模型（1）	模型（2）	模型（3）
	东部	中部	西部
Primary	－0.2558*** (0.0801)	－0.4228*** (0.0891)	－0.5808*** (0.0671)
Junior	－1.2857*** (0.0908)	－1.6498*** (0.1020)	－1.8661*** (0.0855)
Senior	－1.4240*** (0.1138)	－1.7650*** (0.1295)	－2.3859*** (0.1301)
College	－2.1902*** (0.2736)	－1.9942*** (0.2692)	－2.1085*** (0.3036)
Landcir	－0.2065** (0.0889)	－0.3217*** (0.0966)	－0.1628 (0.1008)
Fhealth	0.4281*** (0.0772)	0.4662*** (0.0761)	0.3433*** (0.0763)
Prochild	－0.0408 (0.0585)	－0.0313 (0.0598)	－0.1864*** (0.0525)
Proolder	0.0781 (0.0774)	0.0081 (0.0818)	0.0706 (0.0714)
Famisize	0.0768*** (0.0189)	0.0630*** (0.0197)	0.0725*** (0.0180)
N（个）	7607	6060	7703
R^2	0.1453	0.1478	0.1446
Chi^2	1100.91***	853.84***	1083.63***

注：模型（1）至模型（3）均控制了户主个体特征变量。

从控制变量来看，健康的系数在三大地区均显著为正，说明劳动力健康状态是影响三大地区家庭多维贫困的重要因素。家庭人口规模的系数同样在三大地区均通过了1%水平的显著性检验，且为正，说明家庭人口规模越大，家庭陷入多维贫困的概率也越大。儿童抚养比的系数仅在西部地区显著，而老年人口抚养比的系数则未通过显著性水平检验。对于土地流转而言，系数在东部和中部地区显著为负，说明东部和中部地区土地市场较为发达，土地流转更能降低家庭陷入多维贫困的概率。

2. 按照各省区市经济发展水平分组

与第三章类似，本部分按照各省区市人均 GDP 水平将样本分为经济欠发达地区、经济中等发达地区以及经济发达地区三组，分组回归估计结果见表 4－24。表 4－24 中的估计结果显示，受教育层次能够有效促进三大地区多维贫困发生率下降。通过计算各估计系数的概率比值可知，对于经济欠发达地区而言，相比于受教育层次为文盲，家庭劳动力受教育层次为小学、初中、高中、大专及以上的家庭，陷入多维贫困的概率依次下降 42.82 个百分点、83.05 个百分点、89.28 个百分点、86.99 个百分点。对于中等发达地区而言，相比于受教育层次为文盲，家庭劳动力受教育层次为小学、初中、高中、大专及以上的家庭，陷入多维贫困的概率依次下降 34.76 个百分点、81.14 个百分点、82.92 个百分点、87.74 个百分点。对于发达地区而言，相比于受教育层次为文盲，家庭劳动力受教育层次为小学、初中、高中、大专及以上的家庭，陷入多维贫困的概率依次下降 22.88 个百分点、72.66 个百分点、77.45 个百分点、89.60 个百分点。

表 4－24 不同经济发展水平下各地区不同受教育层次对家庭多维贫困影响的回归估计结果

变量	模型（1）	模型（2）	模型（3）
	欠发达地区	中等发达地区	发达地区
Primary	－0.5590*** （0.0658）	－0.4271*** （0.0820）	－0.2598*** （0.0887）
Junior	－1.7750*** （0.0831）	－1.6679*** （0.0956）	－1.2967*** （0.0999）
Senior	－2.2334*** （0.1256）	－1.7673*** （0.1178）	－1.4895*** （0.1281）
College	－2.0395*** （0.3024）	－2.0990*** （0.2635）	－2.2637*** （0.2910）
Landcir	－0.1011 （0.0948）	－0.3065*** （0.0935）	－0.2722*** （0.0980）
Fhealth	0.3811*** （0.0742）	0.4037*** （0.0697）	0.4501*** （0.0894）

续表

变量	模型（1）	模型（2）	模型（3）
	欠发达地区	中等发达地区	发达地区
Prochild	-0.1759 *** (0.0507)	-0.0565 (0.0566)	-0.0126 (0.0650)
Proolder	0.0769 (0.0697)	0.0590 (0.0776)	0.0078 (0.0843)
Famisize	0.0689 *** (0.0176)	0.0604 *** (0.0180)	0.0950 *** (0.0217)
N（个）	8049	7202	6119
R^2	0.1389	0.1321	0.1569
Chi^2	1093.94 ***	935.38 ***	945.05 ***

注：模型（1）至模型（3）均控制了户主个体特征变量。

从控制变量来看，土地流转的系数在经济发达和经济中等发达地区通过了1%的显著性水平检验，说明土地流转能够有效降低经济发达地区和经济中等发达地区农村家庭陷入多维贫困的概率。健康的系数在经济发达地区、经济中等发达地区和经济欠发达地区均显著为正，说明劳动力健康状况不佳将提高家庭陷入多维贫困的概率。儿童抚养比的系数仅在经济欠发达地区显著，而老年人口抚养比的系数则均未通过显著性检验。家庭人口规模的系数在经济欠发达地区、经济中等发达地区和经济发达地区均在1%的水平上显著为正，说明家庭人口规模越大，家庭陷入多维贫困的概率也越大。

第五章　受教育类型对农村贫困影响的实证研究

在前文的第三、第四章中，本书探讨了受教育水平和受教育层次对农村贫困的影响，本章则在前两章的基础上重点分析受教育类型对农村贫困的影响。类型是具有共同特征的事物所形成的种类；层次更多地表现为具有相属关系之事物的次序；水平则表示为某一专业方面所达到的高度。基于此，本章所讨论的受教育类型是基于相同教育特征的教育种类。随着社会的发展，对于受教育类型的界定与分类也越趋完善。通常意义上，受教育类型是根据教育的对象、任务、形式和内容的特征对教育实践所做的划分。主要包括家庭教育、社会教育与学校教育 3 种类型。同时根据教育存在形态不同，又可以将受教育类型划分为形式教育、非形式化教育和制度化教育 3 种。在现代的教育体系中，又可以分为职业教育和普通教育两种。而本章就是基于职业教育和普通教育两种受教育类型而展开的。事实上，在许多国家，职业教育与普通教育这“两辆马车”是并驾齐驱的，是两种非常重要的受教育类型（陈英杰，2006；姜大源，2008）。

根据人力资本理论可知，教育为积累人力资本的主要途径，在反贫困过程中起到不可估量的作用。职业教育作为一种教育形式，与普通教育一样，属于教育的范畴，在现代社会发展过程中，各国越来越重视职业教育的发展。发展职业教育不仅能够提高个人的受教育程度，积累人力资本，同时还关乎一个国家和地区未来科技人才的培养。更重要的是，职业教育发展在反贫困过程中也做出了突出贡献，尤其对于当前提出的“精准扶贫、精准脱贫”，职业教育将大有作为。同时，发展职业教育也是发展中国家反贫困的一条重要途径。综合国内外学者现有的研究可知，绝大多数研究均表明职业教育与普通教育都能够缓解农村贫困，不过现有研究大多将研究重点放在普通教育的减贫效应分析上，对比分析普通高中教育和职业高中教育这两个人力资本变量对农村贫困的影响差异，还相对鲜少，本章将围绕这一方面展开。

一　受教育类型对农村贫困影响的模型构建和研究方法

为了考察职业教育和普通教育对农村居民贫困的影响，本章参考程名望、Jin Yanhong 和盖庆恩等（2014）及李晓嘉（2015）的研究，同时考虑到数据的可得性，将受教育类型划分为普通高中教育和职业高中教育。在模式的设定过程中，本章将普通高中教育和职业高中教育通过虚拟变量的形式表示，且以初中文化层次作为参照。按照第三章第二节的研究思路，将被解释变量居民收入贫困定义为两种状态，即贫困居民和非贫困居民，属于离散选择模型——Logit 模型，因此本节的具体模型设定如下：

$$\begin{aligned} Logit(Poppoor_{it}) &= \ln[Poppoor_{it}/(1-Poppoor_{it})] \\ &= a_0 + a_1 ptgz_{it} + a_2 zygz_{it} + \beta_1 age_{it} + \beta_2 sage_{it} + \beta_3 hunyin_{it} + \\ &\quad \beta_4 gender_{it} + \beta_5 zhiye_{it} + \beta_6 ylbx_{it} + \beta_7 mxjb_{it} + \beta_8 jtrk_{it} + \xi_{it} \end{aligned} \tag{5-1}$$

公式（5-1）中，$Poppoor_{it}$、$1-Poppoor_{it}$分别表示在自变量取值给定的情形下，居民发生收入贫困的概率和不发生收入贫困的概率。$\ln[Poppoor_{it}/(1-Poppoor_{it})]$ 则表示居民发生收入贫困的概率比的自然对数。a_0为模型的截距，a、β 表示回归估计系数。$zygz_{it}$、$ptgz_{it}$分别代表职业高中教育和普通高中教育，是本章关注的核心解释变量，两者分别以初中毕业劳动力为参照组，采用虚拟变量表示，当居民受教育水平为普通高中时，$ptgz_{it}=1$，否则 $ptgz_{it}=0$；当居民受教育水平为职业高中时，$zygz_{it}=1$，否则 $zygz_{it}=0$ 。同时，模型中也包含一系列控制变量（程名望、Jin Yanhong 和盖庆恩等，2014；郭熙保和周强，2016；谢沁怡，2017），如 $gender_{it}$表示性别、$jtrk_{it}$表示家庭人口规模、age_{it}表示年龄、$sage_{it}$表示年龄的平方、$hunyin_{it}$表示婚姻状况、$zhiye_{it}$表示职业类型、$ylbx_{it}$表示是否购买医疗保险、$mxjb_{it}$表示是否患有慢性疾病。

此外，为了有效控制地区效应和时间效应带来的冲击，在模型的估计过程中也将省份和年份进行了控制。

二　贫困及其影响因素的数据来源及指标定义

（一）数据来源及处理

本章所选用的数据来自 CHNS 数据，包括收入、性别、年龄、工作、教育、健康、医疗等大量个体特征数据。根据本章研究需要，将所考察的目标人群限制在 16～64 岁具有职业高中或普通高中学历的人口，对应年份的样本情况如表 5－1 所示。

表 5－1　样本数及其分布

单位：个

类型	1989 年	1991 年	1993 年	1997 年	2000 年
农村个体	142	2065	2078	2676	2420
城市个体	161	1257	1171	1455	1337
类型	**2004 年**	**2006 年**	**2009 年**	**2011 年**	**合计**
农村个体	2386	2304	2503	2740	19314
城市个体	1284	1181	1263	2007	11116

（二）指标选取与定义

根据研究需要，本章主要涉及的被解释变量为居民收入贫困，核心解释变量为普通高中教育和职业高中教育，控制变量包含年龄、年龄的平方、婚姻状况、性别、职业类型、是否购买医疗保险、是否患有慢性疾病和家庭人口规模等，具体描述见表 5－2。

表 5－2　变量的选取和定义

变量名	变量定义
Poppoor	个体是否贫困：贫困为 1，非贫困为 0
gender	男性为 1；女性为 0
age	年龄
sage	年龄的平方
ptgz	受过普通高中教育为 1，其他为 0
zygz	受过职业高中教育为 1，其他为 0
hunyin	未婚为 0、已婚为 1
zhiye	单位类型：非农行业 =1，农业 =0
ylbx	购买医疗保险为 1，没有为 0
mxjb	患有慢性疾病为 1，没有为 0
jtrk	家庭人口规模

三　受教育类型对农村贫困影响的实证结果及其解读

（一）基准模型回归估计结果分析

首先利用公式（5－1）进行基本回归估计，结果如表 5－3 所示。在表 5－3 中，第二列模型（1）的回归估计中未加入任何控制变量，从模型（1）可以发现，普通高中教育和职业高中教育的回归估计系数均在 1% 的水平上显著，且符号均为负，表明普通高中教育和职业高中教育会显著地降低农村人口收入贫困发生概率，相比于普通高中教育而言，职业高中教育的脱贫效果更为显著。第三列模型（2）中的回归估计控制了个体特征变量，从模型（2）同样可以发现普通高中教育和职业高中教育的回归估计系数符号为负，且通过了 1% 水平的显著性检验，这再次印证了上面的估计结果。只是在控制个体特征因素后，普通高中教育和职业高中教育发挥的脱贫效应有所减弱。这主要是因为控制了其他变量，减少了模型（1）中遗漏变量产生的误差。第四列在模型（2）的基础上报告了回归估计的概率比值，可以发现模型（3）中普通高中教育和职业高中教育的系数依然符合预期。为了对比分析，第五列模型（4）给出了 Probit 模型的回归估计结果。

表 5－3　受教育类型对农村人口收入贫困影响的回归估计结果

变量	模型（1）	模型（2）	模型（3）	模型（4）
ptgz	-0.6458*** (0.0472)	-0.1905*** (0.0570)	0.8265*** (0.0471)	-0.1119*** (0.0319)
zygz	-1.5579*** (0.1151)	-0.5786*** (0.1391)	0.5607*** (0.0780)	-0.2973*** (0.0697)
age		-0.2045*** (0.0144)	0.8150*** (0.0118)	-0.1180*** (0.0083)
sage		0.0025*** (0.0002)	1.0025*** (0.0002)	0.0014*** (0.0001)
hunyin		-0.1774** (0.0713)	0.8374** (0.0597)	-0.0903** (0.0408)
gender		-0.2414*** (0.0448)	0.7856*** (0.0352)	-0.1347*** (0.0254)
zhiye		-1.7777*** (0.0540)	0.1690*** (0.0091)	-0.9948*** (0.0294)
ylbx		-0.2776*** (0.0658)	0.7576*** (0.0499)	-0.1837*** (0.0358)
mxjb		0.0282 (0.0920)	1.0286 (0.0947)	0.0221 (0.0520)
jtrk		0.0567*** (0.0157)	1.0584*** (0.0166)	0.0322*** (0.0089)
常数项	0.0753 (0.3737)	4.5081*** (0.5727)	90.7468*** (51.9705)	2.5737*** (0.2705)
省份效应	已控制	已控制	已控制	已控制
年份效应	已控制	已控制	已控制	已控制

续表

变量	模型（1）	模型（2）	模型（3）	模型（4）
N（个）	19215	16953	16，953	16953
R^2	0.1151	0.2442	0.2442	0.2449
Chi^2	1942.34***	3007.24***	3007.24***	3254.43***

注：*、**、***分别表示10%、5%、1%的显著性水平，本章余同；括号内数值表示标准误，本章余同；第五列为Probit模型的回归估计结果。

以下我们对模型（2）进行解读，模型（2）中的回归估计结果显示，普通高中教育和职业高中教育的回归估计系数均显著为负，说明普通高中教育和职业高中教育能够有效缓解个体收入贫困。具体来看，与仅受过初中教育的劳动力相比，受过普通高中教育的样本，发生收入贫困的概率为82.65%，也就是说后者陷入收入贫困的概率要比前者低出17.35个百分点；与仅受过初中教育的劳动力相比，受过职业高中教育的样本，发生收入贫困的概率为56.07%，也就是说后者陷入收入贫困的概率要比前者低出43.93个百分点。根据以上分析可知，随着个体劳动力受教育程度的提高，他陷入收入贫困的概率将不断下降，相比之下，职业高中教育比普通高中教育的减贫效果更明显。

根据表5－3还可以发现不同的控制变量对个体收入贫困的影响存在差异性。其中，年龄的系数在1%的水平上显著为负，且年龄的平方的系数符号显著为正，即年龄与居民收入贫困之间存在先下降、后上升的非线性关系，表现出“U形”的变化趋势。婚姻状况对居民收入贫困的影响在5%的水平上为负，说明已婚居民相比于未婚居民而言，陷入收入贫困的概率要低。性别的估计系数显著为负，这说明相比于女性而言，男性发生收入贫困的概率要低一些。居民从事不同的职业对收入贫困的影响也是非常明显，与从事农业的居民相比，从事非农工作的居民落入收入贫困的概率明显下降。患有慢性病的劳动力落入收入贫困状态的可能性大大增加，而是否购买医疗保险的系数显著为负，说明购买医疗保险能够有效降低居民陷入收入贫困的概率。此外，家庭人口规模也在1%的水平上显著为正。这说明家庭人口规模过大，个体的负担会加重，导致居民陷入收入贫困的概率增加。

（二）稳健性检验

上文研究了普通高中教育与职业高中教育对居民收入贫困的影响，在各种模型的设定和逐步回归分析下，本章重点关注的核心解释变量普通高中教育与职业高中教育系数的符号及显著性水平并没有发生明显改变。为了进一步验证表5-3中实证结果的可靠性，本节在此将以替换被解释变量的方式进行稳健性检验。即采用不同的收入贫困标准测度农村居民收入贫困。跟前文类似，这里参考四种国际贫困标准来重新度量农村居民收入贫困状况，分别为1.25美元贫困标准、2美元贫困标准、3.1美元贫困标准和1.51美元贫困标准，在此基础上进行稳健性检验，回归结果如表5-4所示。

表5-4　不同国际贫困标准下受教育类型对农村人口收入贫困影响的回归估计结果

变量	模型（1）	模型（2）	模型（3）	模型（4）
	1.25美元	2美元	3.1美元	1.51美元
ptgz	-0.1615** (0.0654)	-0.2034*** (0.0589)	-0.1644*** (0.0522)	-0.2034*** (0.0610)
zygz	-0.5530*** (0.1773)	-0.4940*** (0.1445)	-0.4412*** (0.1093)	-0.6219*** (0.1598)
age	-0.1978*** (0.0158)	-0.2022*** (0.0147)	-0.1850*** (0.0137)	-0.1939*** (0.0151)
sage	0.0024*** (0.0002)	0.0024*** (0.0002)	0.0023*** (0.0002)	0.0023*** (0.0002)
hunyin	-0.1412* (0.0779)	-0.1683** (0.0726)	-0.2020*** (0.0681)	-0.1837** (0.0745)
gender	-0.1679*** (0.0493)	-0.2180*** (0.0458)	-0.3240*** (0.0421)	-0.2359*** (0.0467)
zhiye	-1.9922*** (0.0683)	-1.8523*** (0.0566)	-1.6596*** (0.0482)	-1.8803*** (0.0596)
ylbx	-0.4636*** (0.0809)	-0.3090*** (0.0690)	-0.1415** (0.0569)	-0.3846*** (0.0729)

续表

变量	模型（1）	模型（2）	模型（3）	模型（4）
	1.25 美元	2 美元	3.1 美元	1.51 美元
mxjb	0.0712 (0.1011)	0.0355 (0.0946)	0.0748 (0.0854)	0.0139 (0.0970)
jtrk	0.0205 (0.0172)	0.0511 *** (0.0159)	0.0819 *** (0.0149)	0.0336 ** (0.0162)
常数项	3.7643 *** (0.6575)	4.1280 *** (0.6482)	4.5702 *** (0.5255)	3.9341 *** (0.6515)
省份效应	已控制	已控制	已控制	已控制
年份效应	已控制	已控制	已控制	已控制
N（个）	16953	16953	16953	16953
R^2	0.2259	0.2414	0.2515	0.2368
Chi^2	2257.84 ***	2853.59 ***	3331.45 ***	2681.62 ***

从表 5－4 的稳健性检验结果可以发现，无论是采用 1.25 美元贫困标准、2 美元贫困标准、3.1 美元贫困标准还是采用 1.51 美元贫困标准，普通高中教育与职业高中教育的估计系数均显著，且符号为负，说明普通高中教育与职业高中教育均有利于降低居民家庭陷入收入贫困的概率。其他变量，如年龄、性别、婚姻状况、职业类型、是否购买医疗保险、家庭人口规模等的系数，均在不同程度上通过了显著性水平检验，且符号与基准模型的回归估计结果（如表 5－4 所示）总体上保持一致。因此，可以说明本章研究结论的稳健性。

（三）异质性检验

为了探讨不同年龄阶段、不同调查年份、不同地区职业高中教育与普通高中教育对中国农村居民收入贫困的影响效果及其差异程度，本章将在前文分析的基础上，从这三个方面做进一步分析。

1. 普通高中教育与职业高中教育的减贫效应会随着时间变化吗？

上文研究已经从不同贫困标准角度验证了基准模型回归估计结果的稳健性。本章重点关注的核心解释变量系数的符号及其显著性水平并未发生较大变化。为了进一步验证基准模型回归估计结果的异质性。本部分将考察普通高中教育与职业高中教育在不同考察时间段的减贫效应。那么，对于职业高中教育与普通高中教育对农村居民收入贫困的影响，是否随着时间变化而发生改变，下面通过回归估计模型做进一步分析。

从表 5 -5 可以得知，职业高中教育与普通高中教育对农村居民收入贫困的影响在不同时间阶段总体表现出较明显的差异性。具体来看，普通高中教育和职业高中教育对降低收入贫困的作用在 1997 年之前的年份均未通过显著性水平检验。不过在 1997 年之后，普通高中教育和职业高中教育对降低收入贫困的作用非常明显，并且在 2006 ~ 2011 年，它们降低收入贫困的效果最好。另外，相比于普通高中教育而言，1997 ~ 2011 年职业高中教育对降低农村居民收入贫困的效果更好。

表 5 -5　不同时间段受教育类型对农村人口收入贫困影响的回归估计结果

变量	模型（1）	模型（2）	模型（3）
	1989 ~ 1993 年	1997 ~ 2004 年	2006 ~ 2011 年
ptgz	0.0529 (0.0905)	-0.2508*** (0.0906)	-0.4315*** (0.1417)
zygz	0.0406 (0.2471)	-0.7667*** (0.2366)	-0.8288*** (0.2854)
age	-0.1818*** (0.0275)	-0.2340*** (0.0229)	-0.1636*** (0.0310)
sage	0.0021*** (0.0004)	0.0028*** (0.0003)	0.0020*** (0.0004)
hunyin	-0.5156*** (0.1247)	0.0647 (0.1057)	-0.0960 (0.1847)
gender	-0.2380*** (0.0758)	-0.1794*** (0.0684)	-0.3553*** (0.0966)
zhiye	-1.4204*** (0.0908)	-2.1923*** (0.0923)	-1.6495*** (0.1321)
ylbx	-0.4363*** (0.1149)	-0.3707*** (0.1163)	-0.1911 (0.1309)

续表

变量	模型（1）	模型（2）	模型（3）
	1989～1993 年	1997～2004 年	2006～2011 年
mxjb	0.1358 (0.1699)	0.0527 (0.1470)	-0.1015 (0.1660)
jtrk	0.0274 (0.0252)	0.0639 ** (0.0255)	0.0772 ** (0.0325)
常数项	3.8621 *** (0.4784)	3.7426 *** (0.4271)	2.4591 *** (0.7934)
省份效应	已控制	已控制	已控制
年份效应	已控制	已控制	已控制
N（个）	3945	6627	6381
R^2	0.1677	0.2118	0.1871
Chi^2	697.07 ***	1062.10 ***	581.29 ***

2. 普通高中教育与职业高中教育的减贫效应会随年龄变化吗？

根据第四章提到的年龄－收入曲线可知，在不同的劳动年龄阶段个体收入水平存在一定的差异。那么，职业高中教育与普通高中教育对农村居民收入贫困的影响是否随着年龄阶段变化而发生改变，下面通过回归模型对此进行分析。表 5－6 报告了不同年龄阶段受教育类型对农村居民收入贫困影响的回归估计结果。

表 5－6　不同年龄阶段受教育类型对农村人口收入贫困影响的回归估计结果

变量	模型（1）	模型（2）	模型（3）	模型（4）
	16～30 岁	30～40 岁	40～50 岁	50～64 岁
ptgz	-0.4421 *** (0.1019)	-0.0959 (0.0995)	-0.1734 (0.1187)	-0.4212 ** (0.1791)
zygz	-0.7206 *** (0.2045)	-0.0346 (0.2470)	-1.2300 *** (0.4765)	-0.8084 * (0.4395)
hunyin	-0.7391 *** (0.0722)	-0.0458 (0.1973)	0.0195 (0.2383)	-0.1542 (0.2578)
gender	-0.2457 *** (0.0702)	-0.2455 *** (0.0825)	-0.3361 *** (0.0987)	-0.0619 (0.1546)

续表

变量	模型（1）	模型（2）	模型（3）	模型（4）
	16～30岁	30～40岁	40～50岁	50～64岁
zhiye	-1.8138*** (0.0792)	-1.8233*** (0.1090)	-1.8324*** (0.1302)	-1.6296*** (0.1770)
ylbx	-0.0884 (0.1036)	-0.5224*** (0.1283)	-0.2852** (0.1448)	-0.4858** (0.1891)
mxjb	0.2349 (0.1941)	-0.0533 (0.1812)	-0.0145 (0.1798)	0.1375 (0.1948)
jtrk	0.0823*** (0.0232)	0.0876** (0.0344)	0.0338 (0.0436)	-0.0203 (0.0390)
常数项	2.7072*** (0.8211)	-0.0054 (0.3081)	1.1023 (0.7110)	0.5467 (1.1294)
省份效应	已控制	已控制	已控制	已控制
年份效应	已控制	已控制	已控制	已控制
N（个）	5132	5154	4388	2080
R^2	0.2323	0.1958	0.1972	0.1942
Chi^2	1101.01***	796.72***	522.85***	254.69***

从表5-6可以看出，普通高中教育和职业高中教育在不同年龄阶段，估计系数均为负值，只是显著性水平在不同年龄阶段存在一定差异。通过计算模型中各系数的概率比值，可以发现在16～30岁年龄阶段，相对于居民受教育层次为初中而言，受过普通高中教育和职业高中教育的居民，落入收入贫困的概率分别下降27.82个百分点、46.63个百分点。在30～40岁年龄阶段，相对于居民受教育层次为初中而言，受过普通高中教育和职业高中教育的居民，落入收入贫困的概率分别下降8.72个百分点、4.94个百分点。在40～50岁年龄阶段，相对于居民受教育层次为初中而言，受过普通高中教育和职业高中教育的居民，落入收入贫困的概率分别下降15.93个百分点、70.65个百分点。在50～64岁年龄阶段，相对于居民受教育层次为初中而言，受过普通高中教育和职业高中教育的居民，落入收入贫困的概率分别下降31.30个百分点、55.44个百分点。综合来看，对于40～50岁年龄阶段居民，职业

高中教育的减贫效果最佳，其次是对于 50 ~ 64 岁居民，这可能是因为该阶段的居民受到当时中专选拔考试的影响比较大。但是普通高中教育的系数仅仅在 16 ~ 30 岁和 50 ~ 64 岁年龄阶段通过了显著性水平检验。

3. 普通高中教育与职业高中教育的减贫效应会随地区变化吗？

上文分别探讨了普通高中教育和职业高中教育对全国农村居民收入贫困的影响，然而，中国地大物博，各地区经济发展水平、人文、资源等各方面存在较大差异，因此普通高中教育和职业高中教育对农村居民收入贫困的影响必然存在地区异质性。基于此，笔者基于东部、中部和西部三大地区，分别探析普通高中教育和职业高中教育对农村居民收入贫困的影响。

从表 5 - 7 可以看出，普通高中教育和职业高中教育对农村居民收入贫困的影响存在显著的地区差异。具体来看，在东部地区，普通高中教育和职业高中教育的回归估计系数均为负值，但是未通过显著性水平检验，说明普通高中教育和职业高中教育在东部地区的减贫效果不是非常明显。在中部地区，普通高中教育和职业高中教育的回归估计系数均为负值，且都通过 1% 的显著性水平检验，说明普通高中教育和职业高中教育在中部地区的减贫效果非常明显，同时，相比普通高中教育而言，职业高中教育的减贫效果更具优势。在西部地区，普通高中教育和职业高中教育的回归估计系数均为负值，不过只有普通高中教育的系数通过了显著性水平检验，说明普通高中教育的减贫效果比职业高中教育更明显。产生这样的现象原因可能如下。东部地区大多数省市经济较为发达，对劳动力的受教育程度要求较高，在求职市场中，劳动力的受教育水平往往普遍较高，更高的受教育水平，往往更加具有竞争力，而受过职业高中教育和普通高中教育的劳动力在劳动力市场上竞争力相对较弱，因此他们的收入边际效应相对较低。而中部地区的省区市比东部地区省市的经济水平稍稍落后，劳动力整体受教育水平也相较于东部地区偏低，所以在劳动力市场上，受过职业高中教育和普通高中教育的劳动力竞争力相对较高，因此他们的收入边际效应相对较高。但是对于西部地区而言，劳动力的受教育水平普遍较低，所以受过职业高中教育和普通高中教育的劳动力的收入边际效比中部地区要低。

表5－7　东中西三大地区受教育类型对农村人口收入贫困影响的回归估计结果

变量	模型（1）	模型（2）	模型（3）
	东部	中部	西部
ptgz	－0.0359 （0.1030）	－0.2701 *** （0.0836）	－0.2235 * （0.1180）
zygz	－0.2891 （0.2485）	－0.9389 *** （0.2141）	－0.3601 （0.2679）
age	－0.2002 *** （0.0271）	－0.2196 *** （0.0223）	－0.2204 *** （0.0274）
sage	0.0024 *** （0.0003）	0.0027 *** （0.0003）	0.0026 *** （0.0003）
hunyin	0.0742 （0.1404）	－0.0991 （0.1081）	－0.4196 *** （0.1345）
gender	－0.3410 *** （0.0821）	－0.3156 *** （0.0674）	－0.0496 （0.0906）
zhiye	－1.8725 *** （0.0941）	－1.6627 *** （0.0849）	－1.8834 *** （0.1108）
ylbx	－0.2788 *** （0.1012）	－0.3225 *** （0.1117）	－0.2151 （0.1451）
mxjb	－0.0874 （0.1803）	0.1992 （0.1389）	－0.0508 （0.1740）
jtrk	0.0873 *** （0.0291）	0.0661 ** （0.0266）	0.0256 （0.0267）
常数项	－4.3442 *** （0.7272）	3.8505 *** （0.3937）	5.1759 *** （0.5093）
省份效应	已控制	已控制	已控制
年份效应	已控制	已控制	已控制
N（个）	6164	6724	4065
R^2	0.2459	0.2235	0.2646
Chi^2	1006.62 ***	1163.64 ***	769.93 ***

第六章　教育减贫实践的效果评估

前文首先结合贫困成因论、反贫困理论、人力资本理论、能力贫困理论等，从理论上探析了教育促进农村减贫的作用机制。然后基于宏观视角，运用了空间计量分析方法，从空间和非空间、静态和动态等角度，探析了受教育水平对农村收入贫困的影响。其次，从微观视角出发，采用 CFPS 数据，通过构建 Logit 模型，分析了家庭劳动力受教育水平和不同受教育层次对家庭收入贫困的影响。再次，从动态贫困视角出发，根据家庭贫困持续时间，研究了农村家庭劳动力受教育水平和受教育层次对家庭长期收入贫困的影响。最后，结合生活用水、生活能源、住房、医疗与健康等维度构建出多维贫困指标体系，并在此基础上，评价了农村家庭劳动力受教育水平和受教育层次对家庭多维贫困的影响。除此之外，考虑到教育异质性，以职业高中与普通高中为例，借助 CHNS 数据，实证分析了职业高中与普通高中两种受教育类型对农村居民贫困的影响。通过以上不同角度和维度的分析，得出了丰富的结论。

本章则在前文的基础上，以《义务教育法》实施和高校扩招政策实施为例，对教育减贫实践进行效果评估。

一　《义务教育法》实施对农村居民贫困影响的效果评估

作为广义人力资本的积累方式，教育是推动现代经济发展的关键要素。从世界各国发展经验来看，教育是推动发展中国家追赶发达国家的核心因素，尤其是基础教育的发展在创造“东亚奇迹”过程中，被认为起到了至关重要的作用。新中国自成立以来也非常重视基础教育的发展，尤其是《中华人民共和国义务教育法》在 1986 年正式提出之后，对推动中国教育发展做出了巨大贡献。

根据制度贫困理论可知，制度是影响贫困的重要因素，而《义务教育法》是中国推动教育发展的重要教育制度。因此，近年来开始有学者逐渐注意到这一政策制度因素对教育发展的影响，并展开了大量实证考察。根据研究结果可知，大多数学者认为《义务教育法》实施后对中国居民受教育程度的提升产生了较为显著的促进效应。其实，在实施前后，《义务教育法》自然地将个体分为了两部分：其一，《义务教育法》实施时，个体已经完成义务教育，没有受到政策的影响；其二，《义务教育法》实施时，个体还没有完成义务教育，即受到《义务教育法》的影响。因此，受到《义务教育法》影响的个体和没有受到《义务教育法》影响的个体之间就形成了一个“断点”。从现有相关文献来看，采用断点回归估计方法分析《义务教育法》实施对农村居民贫困影响的研究极为鲜见。基于此，本节试图采用“断点”回归分析方法，以《义务教育法》实施为工具变量，实证分析《义务教育法》的实施对农村居民贫困的影响，对于笔者来说，这是一项具有探讨性及现实意义的工作。

（一）研究设计

1. 模型的构建

为了检验《义务教育法》实施对农村居民贫困的影响，本节参考了 Mincer（1974），刘生龙、周绍杰和胡鞍钢（2016），初帅和孟凡强（2017）的研究思路。首先假设贫困是收入的函数：

$$Poverty = f(Income) + X + \varepsilon \tag{6-1}$$

式（6－1）中，*Income* 表示个人收入，X 表示影响个体贫困的一些其他因素，ε 表示随机扰动项。

另有：

$$\ln Income_{ijt} = \alpha_0 + \alpha_1 School_{ijt} + \sum_{k=1}^{k} \alpha_k Convar_{ijkt} + \varepsilon_{ij} \tag{6-2}$$

$$Poverty_{ijt} = \alpha_0 + \alpha_1 School_{ijt} + \sum_{k=1}^{k} \alpha_k Convar_{ijkt} + \varepsilon_{ij} \tag{6-3}$$

式（6－2）和式（6－3）中，i 表示第 i 个农村居民，j 表示区域（省区市），t 表示年份；*Poverty* 是本节的被解释变量，表示农村居民贫困状况；*School* 是本节的核心解释变量，表示农村居民的受教育年限。*Convar* 表示模型中涉及的控制变量。控制变量的选取主要参考刘生龙、周绍杰和胡鞍钢（2016），程名望、Jin Yanhong 和盖庆恩等（2014）以及周强和张全红（2017）的相关研究。选取了民族（*Nation*）、工作（*Work*）、婚姻（*Marry*）、健康（*Health*）、性别（*Gender*）等。

2. 研究方法介绍

本节重点参考 Rubin（1974），雷晓燕、谭力和赵耀辉（2010），邹红和喻开志（2015），初帅和孟凡强（2017），李江一和李涵（2017）等的研究，对断点回归估计方法进行简要介绍。断点回归估计方法主要是基于估计平均处理效应的因果模型而来的，可以用下式表示：

$$\begin{aligned}\beta &= E(Y_{i1} - Y_{i0} \mid G_i = 1) \\ &= E(Y_{i1} \mid G_i = 1) - E(Y_{i0} \mid G_i = 0) - \\ &\quad [E(Y_{i0} \mid G_i = 1) - E(Y_{i0} \mid G_i = 0)]\end{aligned} \tag{6-4}$$

公式（6－4）中，i 表示个体，Y_{i0}、Y_{i1} 分别表示未受到和受到《义务教育法》实施影响的贫困个体。G_i 代表控制组和实验组，如果 $G_i=1$，则表示实验组，即受到《义务教育法》影响的个体；相反，$G_i=0$，则表示控制组。在公式（6－4）中，对于同一个体 i，Y_{i1} 和 Y_{i0} 不可能在同一时点被观测到。个体能否顺利读完义务教育受到家庭或者个体的影响，因此读完和未读完义务教育的个体是存在差异的，这将导致 $E(Y_{i0} \mid G_i = 1) \neq E(Y_{i0} \mid G_i = 0)$，所以不能直接比较控制组和实验组的个体差异。受到年龄和《义务教育法》的影响，受影响的个体概率

在断点 c_0 处不连续，即 $\lim_{c\downarrow c_0}E(G_i \mid c_i = c) \neq \lim_{c\uparrow c_0}E(G_i \mid c_i = c)$，$c_i$ 通常被称为“驱动变量”，在本节中即出生年份（张川川、John Giles 和赵耀辉，2015）。

尽管《义务教育法》规定年满 6 周岁至 15 周岁的个体都要读完 9 年义务教育，然而，从实地调研情况来看，农村居民个体并未严格遵守这个年龄的规定，根据刘生龙、周绍杰和胡鞍钢（2016）的研究可以发现，《义务教育法》实施初期，农村个体并未全部完成 9 年义务教育。此外，《义务教育法》的实施也受到各地区教学资源的影响，教学资源欠缺的地方，适龄儿童可能无法达到《义务教育法》所规定的受教育年限。因此，本节采用模糊断点回归设计（Fuzzy RDD）。考虑经典的断点回归估计模型：

$$Y_i = D_i\beta + W_i\varphi + U_i \tag{6-5}$$

$$Pr(G_i = 1 \mid c_i) = \begin{cases} g_1(c_i) & \text{if } c_i > c_0 \\ g_0(c_i) & \text{if } c_i \leqslant c_0 \end{cases}, g_1(c_i) \neq g_0(c_i) \tag{6-6}$$

式（6-5）和式（6-6）中，W_i 表示前定变量，且不随时间变化，同时严格外生。其中，断点回归识别的效应是《义务教育法》通过影响个体的受教育水平，作用于个体贫困。在式（6-6）的基础上，在断点 c_0 处，同时求得断点 c_0 处左极限和右极限，两者相减可以得到：

$$\begin{aligned} & \lim_{c\downarrow c_0}E(Y_i \mid c_i = c) - \lim_{c\uparrow c_0}E(Y_i \mid c_i = c) \\ = & \beta[\lim_{c\downarrow c_0}E(G_i \mid c_i = c) - \lim_{c\uparrow c_0}E(G_i \mid c_i = c)] + \\ & \lim_{c\downarrow c_0}\sum_{w,u}(w_i\varphi + u_i) \cdot Pr(W_i = w_i, U_i = u_i \mid c_i = c) - \\ & \lim_{c\uparrow c_0}\sum_{w,u}(w_i\varphi + u_i) \cdot Pr(W_i = w_i, U_i = u_i \mid c_i = c) \end{aligned} \tag{6-7}$$

从式（6-7）可以发现，如果 $Pr(W_i = w_i, U_i = u_i \mid c_i = c)$ 在断点 c_0 处连续，β 的一致估计则可以表示为：

$$\beta = \frac{\lim_{c\downarrow c_0}E(Y_i \mid c_i = c) - \lim_{c\uparrow c_0}E(Y_i \mid c_i = c)}{\lim_{c\downarrow c_0}E(G_i \mid c_i = c) - \lim_{c\uparrow c_0}E(G_i \mid c_i = c)} = \widetilde{\beta_{RD}} \tag{6-8}$$

$Pr(W_i = w_i, U_i = u_i \mid c_i = c)$ 在 c_0 处连续是断点回归估计有效的前提。不过在具体的计算过程中，对于 U_i 而言，由于无法对它进行观察，仅仅能够观察到 W_i。所以，一般情况下，断点回归估计有效性只能借助 W_i 在 c_0 处是否连续来进行判断（雷晓燕、谭力和赵耀辉，2010；储德银、何鹏飞和梁若冰，2017）。

按照 Hahn、Todd 和 Van Der Klaauw（2001）的研究思路，$\widetilde{\beta_{RD}}$ 的分子和分母可以通过非参数方法进行估计。$\widetilde{\beta_{RD}}$ 的分子 $\alpha_1 = \lim_{c \downarrow c_0} E(Y_i \mid c_i = c) - \lim_{c \uparrow c_0} E(Y_i \mid c_i = c)$ 可以通过极小化处理求得：

$$\min_{\alpha_1, \gamma_1, \tau_1, \delta_1} \sum_{i=1}^{N} K\left(\frac{c_i - c_0}{h_1}\right)[Y_i - \delta_1 - \gamma_1(c_i - c_0) - \alpha_1 E_i - \tau_1 E_i(c_i - c_0)]^2 \quad (6-9)$$

类似的，$\widetilde{\beta_{RD}}$ 的分母 $\alpha_2 = \lim_{c \downarrow c_0} E(G_i \mid c_i = c) - \lim_{c \uparrow c_0} E(G_i \mid c_i = c)$ 的一致估计为：

$$\min_{\alpha_2, \gamma_2, \tau_2, \delta_2} \sum_{i=1}^{N} K\left(\frac{c_i - c_0}{h_2}\right)[G_i - \delta_2 - \gamma_2(c_i - c_0) - \alpha_2 E_i - \tau_2 E_i(c_i - c_0)]^2 \quad (6-10)$$

其中，h_i 表示带宽，$K(\cdot)$ 代表核密度函数，E_i 表示哑变量，当 $c_i > c_0$ 时 $E_i = 1$，否则 $E_i = 0$。在非参数估计过程中，对带宽和核密度函数的选取至关重要（Imbens and Lemieux，2008；Lee and Lemieux，2010；Clark and Royer，2013）。

对于模糊断点估计而言，Angrist 和 Lavy（1999）、Meng（2013）、张川川和陈斌开（2014）、王丽艳和马光荣（2017）等认为标准的做法是采用 2SLS 方法进行参数估计。根据公式（6－1）至公式（6－3）将计量方程设定如下：

$$Poverty_i = \phi_0 + \phi_1 \cdot Complaw_i + h(Birth_i) + \mu_i \quad (6-11)$$

$$School_i = \chi_0 + \chi_1 \cdot Complaw_i + g(Birth_i) + \lambda_i \quad (6-12)$$

教育影响贫困的结构式方程即为：

$$Poverty_i = \xi_0 + \xi_1 \cdot School_i + f(Birth_i) + \chi_i \quad (6-13)$$

式（6-11）至式（6-13）中，$h(\cdot)$、$f(\cdot)$ 和 $g(\cdot)$ 表示驱动变量的平滑函数；$Poverty_i$表示农村居民个体贫困状态，$School_i$表示个体受教育年限。事实上，断点回归估计分析方法是一种工具变量法，只是相比于普通的IV估计而言，断点回归估计方法随机实验的特征更加明显；而且，通过控制窗宽，断点回归估计方法能够较为准确地估计出政策冲击效果，使得估计结果更加贴合实际且有效。本节只简短地介绍断点回归分析方法，有关断点回归分析方法的详细介绍可以参考Rubin（1974），雷晓燕、谭力和赵耀辉（2010），邹红和喻开志（2015），初帅和孟凡强（2017）以及李江一和李涵（2017）等的研究。

3. 数据来源与说明

本节使用的数据来自CFPS 2010～2016年数据。样本包括1986年实施《义务教育法》的15个省区市①。经过对样本的处理，筛选出户籍为农村的样本。按照大多数学者的做法，我们对个体不同受教育程度对应的年限进行了规定，文盲、小学、初中、高中、大专及以上的受教育年限分别设定为：0年、6年、9年、12年、16年。另外，虽然能从CFPS微观数据中直接筛选出个体年度总收入，但考察到价格因素的影响，不同省区市和年份均存在一定的差异，直接进行比较并不合理。因此，我们根据各省区市公布的消费者物价指数，以2010年为基期对收入数据进行调整。虽然我们得到了个人收入的数据，但CFPS数据库中并未直接给出贫困数据，所以，我们进一步按照国家2011年最新公布的贫困线识别居民是否贫困，以此作为我们后文中的被解释变量。除此之外，我们也选择了影响居民贫困的一系列控制变量，包括民族、婚姻、性别和工作以及健康等。表6-1和表6-2报告了所有变量的定义和统计性描述。

① 1986年，实施《义务教育法》的省区市包括北京、天津、河北、山西、辽宁、黑龙江、江苏、浙江、江西、山东、河南、广东、重庆、四川、云南。

表 6－1　变量的选取和定义

变量	变量名	变量定义
贫困	*Poverty*	贫困，赋值为 1，非贫困，赋值为 0
受教育水平	*School*	个体受教育年限，连续变量
性别	*Gender*	男性为 1；女性为 0
健康	*Health*	自评为健康、比较健康为 1，其他为 0
民族	*Nation*	汉族为 1，其他为 0
婚姻	*Marry*	已婚为 1、其他为 0
工作	*Work*	有正式工作为 1，其他 0

表 6－2　变量的描述性统计

变量	观测值（个）	均值	标准差	最小值	最大值
Poverty	10829	0. 1163	0. 3206	0	1
School	10825	6. 3649	3. 9379	0	19
Gender	10829	0. 6135	0. 4870	0	1
Health	10822	0. 0865	0. 2811	0	1
Nation	10829	0. 0444	0. 2060	0	1
Marry	10827	0. 9295	0. 2560	0	1
Work	10449	0. 8122	0. 3905	0	1

（二）实证结果及其解读

1. 断点图分析

为了更加清晰地看出驱动变量与处理状态以及驱动变量与结果变量之间的变动关系。本节首先通过图的形式进行展示，通过图形进行分析有助于我们更加直观地认识到断点回归的内涵（Lee and Lemiuex，2010），这也是分析断点回归的标准做法。

图 6－1 描述了驱动变量（年龄）和农村居民受教育水平之间的关系，这相当于 Fuzzy RDD 第一阶段的回归估计结果。通过图 6－1 可以发现，在 1974 年附近，确实存在一个较为明显的断点，虽然在 1974 年之前，农村居民受教育水平也在不断上升，但是上升的幅度较慢，而在

1974 年之后出现了较大幅度的上升。究其原因，主要是因为国家 1986 年在全国各省区市先后落实《义务教育法》相关规定，直到 1993 年在全国范围内全面铺开，1974 年出生的小孩，当时恰好处于上小学的时期，对他们的影响最大。虽然按照《义务教育法》实施年份考虑，1972 年或者 1973 年出生的个体也会受到影响，但本节在此并未选择 1972 年和 1973 年为断点。这主要是因为在 1972 年和 1973 年出生的样本，在 1986 年时可能处于上初中阶段，而在此之前没有《义务教育法》的相关规定，所以可能有部分个体并未上完初中就已经辍学；而且在政策刚刚实施阶段，执行力度较大和敏感性较强，以及当时《义务教育法》并未在全国全面实施，处于一个实验阶段。

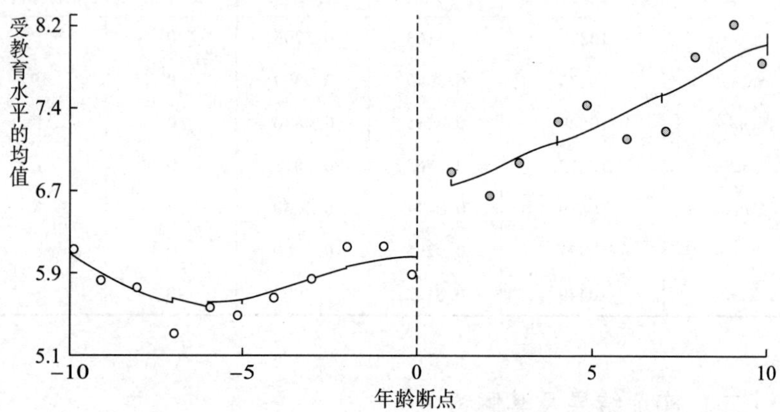

图 6－1　《义务教育法》实施前后的教育断点

注：图中的实线采用的是 Lowess 曲线拟合，图 6－2 同。

图 6－2 显示了驱动变量与农村居民贫困之间关系，这相当于 Fuzzy RDD 回归估计中的简约型结果。我们看到的是 1974 年出生的人口在“0”附近有非常明显的断点状态，年龄断点的右侧曲线明显要低于年龄断点的左侧曲线。图 6－2 初步表明《义务教育法》实施可能促使了农村居民贫困发生概率的下降，不过准确的结论需要视回归分析结果而定。

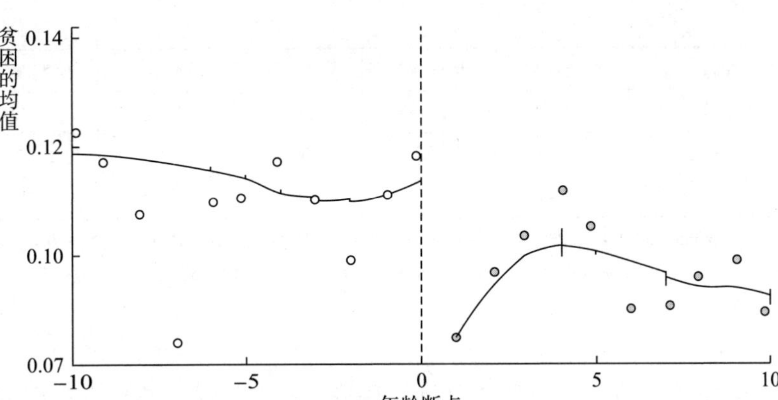

图 6-2　《义务教育法》实施前后贫困断点

2. 回归估计结果分析

根据表 6-3 中《义务教育法》实施对贫困影响的回归估计结果可以得知,《义务教育法》的实施对农村居民贫困产生了明显的影响。模型（1）为基准模型的回归估计结果，在模型（1）中并没有加入任何控制变量，而模型（2）至模型（5）中则在模型（1）的基础上逐步加入个体控制变量。从模型（1）至模型（5）可以发现，《义务教育法》的实施对农村居民贫困始终保持负向影响，且至少在 5% 的水平上显著。根据加入所有控制变量后的模型（5）可知，《义务教育法》实施对农村贫困影响的估计系数为 -0.0138。

表 6-3　《义务教育法》实施对农村居民贫困影响的回归估计结果

变量	模型（1）	模型（2）	模型（3）	模型（4）	模型（5）
Complaw	-0.0176*** (0.0061)	-0.0173*** (0.0060)	-0.0197*** (0.0060)	-0.0139** (0.0060)	-0.0138** (0.0060)
常数项	0.0787*** (0.0094)	0.1243*** (0.0110)	0.1197*** (0.0110)	0.1083*** (0.0118)	0.1059*** (0.0160)
年龄控制函数	已控制	已控制	已控制	已控制	已控制
省份效应	已控制	已控制	已控制	已控制	已控制
年份效应	已控制	已控制	已控制	已控制	已控制

续表

变量	模型（1）	模型（2）	模型（3）	模型（4）	模型（5）
个体效应	未控制	已控制	已控制	已控制	已控制
N（个）	10829	10829	10829	10822	10820
R^2	0.043	0.054	0.056	0.065	0.065

注：*Complaw* 代表一个指针变量，当个体出生在1974年以后时取值为1，之前为0，本章余同；*、**、*** 分别为10%、5%、1%的显著性水平，本章余同；（ ）内数值为标准误，本章余同。

表6－4报告了《义务教育法》实施对农村居民受教育水平影响的回归估计结果，即一阶段回归估计结果。与表6－3类似，模型（1）为基准模型的回归估计结果，而模型（2）至模型（5）则在模型（1）的基础上逐步加入个体控制变量。根据表6－4中的模型（1）至模型（5）的估计结果可知，《义务教育法》实施促进了居民受教育年限的增加。通过加入所有控制变量后的模型（5）可以发现，《义务教育法》实施促使居民受教育年限增加约1.56年。

表6－4　《义务教育法》实施对农村居民受教育水平影响的回归估计结果

变量	模型（1）	模型（2）	模型（3）	模型（4）	模型（5）
Complaw	1.4334*** （0.0754）	1.4567*** （0.1033）	1.5850*** （0.0714）	1.6345*** （0.0710）	1.5595*** （0.0710）
常数项	5.7622*** （0.0489）	12.6524*** （0.2753）	7.4088*** （0.5026）	7.5042*** （0.5026）	7.6563*** （0.5035）
年龄控制函数	已控制	已控制	已控制	已控制	已控制
省份效应	已控制	已控制	已控制	已控制	已控制
年份效应	已控制	已控制	已控制	已控制	已控制
个体效应	未控制	已控制	已控制	已控制	已控制
N（个）	10825	4937	10825	10825	10818
R^2	0.032	0.152	0.134	0.141	0.151

表6－5报告了受教育水平对农村居民贫困影响的回归估计结果，即工具变量估计结果。与表6－3类似，模型（1）为基准模型的回归估计

结果，而模型（2）至模型（5）则在模型（1）的基础上逐步加入个体控制变量。根据表6－5中的模型（1）至模型（5）可知，受教育水平对农村居民贫困具有显著负向影响。从加入所有控制变量后的模型（5）可以看出，教育减贫效果为－0.0083。总体而言，2SLS的估计结果表明，《义务教育法》的实施确实对农村居民贫困产生了较为显著的负向影响。

表6－5　受教育水平对农村居民贫困影响的回归估计结果

变量	模型（1）	模型（2）	模型（3）	模型（4）	模型（5）	模型（6）
School	－0.0111*** （0.0038）	－0.0109*** （0.0038）	－0.0121*** （0.0037）	－0.0089** （0.0038）	－0.0088** （0.0038）	－0.0083** （0.0038）
常数项	0.1635*** （0.0319）	0.2052*** （0.0318）	0.2102*** （0.0313）	0.1765*** （0.0331）	0.1707*** （0.0344）	0.2099*** （0.0341）
年龄控制函数	已控制	已控制	已控制	已控制	已控制	已控制
省份效应	已控制	已控制	已控制	已控制	已控制	已控制
年份效应	已控制	已控制	已控制	已控制	已控制	已控制
个体效应	未控制	已控制	已控制	已控制	已控制	已控制
N（个）	10825	10825	10825	10818	10816	10437
R^2	0.060	0.069	0.070	0.077	0.077	0.081

（三）稳健性检验

为了进一步检验前文估计结果的稳健性，本节在此将从不同贫困标准、平滑性检验、有效性检验、不同窗宽以及不同性别等角度对基准模型进行稳健性检验。

1. 不同贫困标准下的检验结果

对于贫困标准，在学术界并未形成一致的意见，有一部分学者认为中国贫困标准过低，也有学者认为当前中国贫困标准与世界银行贫困标准差异不大。虽然贫困的标准存在一定差异，但是均能够在一定层面上反映农村贫困的总体变化趋势。

基于此，按照大多数学者的做法，本节采用两种国际贫困标准进行稳健性检验，以此替换被解释变量重新进行回归估计，结果见表6－6。

在表6-6中模型（1）和模型（2）采用的是2美元的贫困标准，而模型（3）和模型（4）则采用的是3.1美元的贫困标准。采用国际贫困标准以后，在四个模型中，*School*的估计系数均通过了至少5%水平的显著性检验，符号为负，说明农村居民受教育水平的提高能够显著地降低农民陷入贫困程度。具体来看，结合模型（2）和模型（4），当采用2美元贫困标准时，*School*的回归估计系数通过了5%的显著性水平检验，且大小为-0.0090；当采用3.1美元贫困标准时，*School*的回归估计系数通过了1%的显著性水平检验，且大小为-0.0117。对比分析可知，随着贫困标准的提高，《义务教育法》实施的效果差异发生很大变化。另外，总体而言，替换被解释变量后，指针变量（*Complaw*）依然显著地促进了农村居民受教育水平的提高，同时其系数在1%的水平下显著为负，说明本节的估计结果是稳健性的。

表6-6　不同贫困标准下的稳健性检验结果

变量	2美元贫困标准		3.1美元贫困标准	
	模型（1）	模型（2）	模型（3）	模型（4）
Model A：教育简化式方程				
Complaw	1.5865*** (0.0713)	1.5660*** (0.0721)	1.5659*** (0.0721)	1.5865*** (0.0714)
R^2	0.1319	0.1551	0.1551	0.1319
Model B：贫困结构式方程				
School	-0.0117*** (0.0037)	-0.0090** (0.0038)	-0.0146*** (0.0041)	-0.0117*** (0.0041)
常数项	0.1692*** (0.0315)	0.2144*** (0.0335)	0.1908*** (0.0343)	0.2424*** (0.0367)
年龄控制函数	已控制	已控制	已控制	已控制
省份效应	已控制	已控制	已控制	已控制
年份效应	已控制	已控制	已控制	已控制
个体效应	未控制	已控制	未控制	已控制
N（个）	10825	10437	10825	10437
R^2	0.061	0.082	0.062	0.083

2. 平滑性检验

除了稳健性和有效性检验之外，按照大多数学者的做法，我们检验了模型的平滑性，即断点回归估计方法要求控制变量在断点值前后处于平滑状态。表 6－7 给出了个人的性别、健康、民族、婚姻、工作等五个控制变量的平滑性检验结果，最后一列表示局部瓦尔德估计量。通过表 6－7 的检验结果可以得知，模型中选择的控制变量在断点处并未出现明显的“跳跃”，从而可以证实所选择的变量具有良好的平滑性。另外，驱动变量的连续性也是决定断点回归估计结果是否有效的因素之一，通过检验我们也可以得知驱动变量在断点附近出现的概率没有产生大的变动，从而满足了断点回归估计方法所需的非随机排序要求。

表 6－7　控制变量的平滑性检验结果

变量	*Gender*	*Health*	*Nation*	*Marry*	*Work*	Lwald
系数 （标准误）	－0.0159 （0.0281）	0.0027 （0.0129）	－0.0040 （0.0138）	－0.0156 （0.0157）	－0.0047 （0.0220）	0.0082 （0.0164）

3. 不同窗宽下的有效性检验

考虑到上文回归估计结果的稳健性，下面我们对断点回归估计方法的有效性做进一步检验。由于断点回归对带宽的选择较为敏感，在前文的分析中并未特意设定带宽。下面本节按照 Imbens 和 Kalyanaraman（2012）以及 Calonico、Cattaneo 和 Titiunik（2014a，2014b）的做法，采用 IK 准则和 CV 准则进行估计。具体做法是分别利用这两种准则重新估计《义务教育法》实施对农村居民贫困的影响，结果如表 6－8 所示。其中模型（1）和模型（2）采用的是 IK 准则，模型（3）和模型（4）采用的是 CV 准则。通过模型（1）至模型（4）可以发现，无论是 IK 准则还是 CV 准则，指针变量（*Complaw*）依然显著地促进了农村居民受教育水平的提高，同时受教育水平（*School*）的系数显著为负，说明前文的回归估计结果是稳健的。

表 6-8 不同窗宽下 RDD 回归估计结果比较

变量	模型（1）	模型（2）	模型（3）	模型（4）
Model A：教育简化式方程				
Complaw	1.3485*** (0.0831)	1.3449*** (0.0823)	1.5614*** (0.0743)	1.5557*** (0.0737)
R^2	0.1392	0.1630	0.1359	0.1578
Model B：贫困结构式方程				
School	-0.0125** (0.0053)	-0.0103** (0.0053)	-0.0095** (0.0040)	-0.0076* (0.0040)
常数项	0.1621*** (0.0439)	0.1496*** (0.0445)	0.1441*** (0.0331)	0.1464*** (0.0346)
年龄控制函数	已控制	已控制	已控制	已控制
省份效应	已控制	已控制	已控制	已控制
年份效应	已控制	已控制	已控制	已控制
个体效应	未控制	已控制	未控制	已控制
准则	IK 准则	IK 准则	CV 准则	CV 准则
窗宽	+/-7	+/-7	+/-9	+/-9
N（个）	7655	7647	9800	9791
R^2	0.060	0.076	0.058	0.074

4. 分性别回归估计结果分析

为了考虑《义务教育法》实施效果在不同性别个体之间的差异性，表 6-9 报告了分性别组的 RDD 回归估计结果。其中，第二列和第三列，即模型（1）和模型（2）为男性组的回归估计结果；第四列和第五列，即模型（3）和模型（4）为女性组的回归估计结果。以下对表 6-9 中的回归估计结果做简要分析。

表 6-9 按照性别分组的 RDD 回归估计结果

变量	男性		女性	
	模型（1）	模型（2）	模型（3）	模型（4）
Model A：教育简化式方程				
Complaw	1.3237*** (0.0910)	1.3524*** (0.0921)	2.0182*** (0.1139)	1.9148*** (0.1155)
R^2	0.1320	0.1517	0.1593	0.1807

续表

变量	男性		女性	
	模型（1）	模型（2）	模型（3）	模型（4）
Model B：贫困结构式方程				
School	-0.0020 (0.0053)	-0.0008* (0.0052)	-0.0197*** (0.0054)	-0.0170*** (0.0057)
常数项	0.0891* (0.0463)	0.1271*** (0.0471)	0.2126*** (0.0450)	0.1607*** (0.0517)
年龄控制函数	已控制	已控制	已控制	已控制
省份效应	已控制	已控制	已控制	已控制
年份效应	已控制	已控制	已控制	已控制
个体效应	未控制	已控制	未控制	已控制
N（个）	6642	6379	4183	4058
R^2	0.064	0.072	0.047	0.067

具体来看，在表6-9的模型（1）和模型（3）中均没有加入控制变量，受教育水平与贫困之间的相关性为负。而模型（2）和模型（4）中则加入了个体控制变量，从模型（2）和模型（4）可以发现，《义务教育法》实施后，农村男性和女性的受教育水平分别提高了1.3524年和1.9148年，工具变量估计结果表明受教育水平分别在10%和1%的统计水平上显著，且受教育水平与农村居民贫困之间存在负相关关系。具体来看，《义务教育法》实施后，教育减贫效果在农村男性群体和女性群体之间存在一定差异。其中，男性群体的减贫边际效应要明显小于女性群体的减贫边际效应。此外，根据表6-9的回归估计结果还可以进一步发现，相比于农村男性而言，农村女性受到《义务教育法》的影响更为明显，她们受教育程度的上升幅度要明显大于农村男性，且女性的贫困程度在《义务教育法》实施后的下降趋势明显于男性。这可能是因为在《义务教育法》实施之前，农村家庭普遍存在“重男轻女”“养儿防老”的封建思想，导致家庭对男性的投入要多于女性，尤其是在教育投入方面。但是《义务教育法》实施后，农村女性受到了政策的惠及程度更高，她们受教育的程度逐渐升高。由于传统生育观念的影响，改革开放以来，很多农村家庭“重男轻女”的思想观念依然存在，

且这种现象还非常明显，在有限的经济条件下，农村家庭更加偏向于对男性进行教育投资，让他们接受更好的教育（余利苹，2017）。并且，吕晓娟和王嘉毅（2009）也得到类似的结论。

（四）区域差异性分析

由于地区之间存在较大差异，分区域探讨《义务教育法》实施对农村居民贫困的影响可能更有实际意义。按照前文的研究思路，本部分对中国东部、中部和西部三大地区进行分组检验。表6-10给出了东部、中部和西部地区《义务教育法》实施对农村居民贫困影响的回归估计结果，从中可以发现，指针变量（*Complaw*）的估计系数在东部、中部和西部地区均通过了1%的显著性水平检验，符号均为正，并且东部地区的系数值最大，其次是中部地区，而西部地区最小。从核心解释变量*School*来看，对于东部地区而言，*School*的回归估计系数通过了1%的显著性水平检验，且符号为负，说明在东部地区，受教育水平的提高显著地降低了农村居民陷入贫困的概率。在中部地区，受教育水平的回归估计系数通过了10%的显著性水平检验，且符号为负。但相比之下，从模型（3）可以发现，西部地区的核心解释变量*School*的回归估计系数并未通过显著性水平检验，造成这一结果可能存在两方面的原因。第一，西部地区居民本身受教育水平偏低，而且在《义务教育法》的实施阶段，执行力度可能不够，当年的适龄儿童并未真正地读完义务教育，所有导致样本估计结果不显著。第二，可能受到样本的影响，由于1986年，西部地区开始实施《义务教育法》的省区市较少，对应样本在总体样本中偏少。

表6-10　东中西三大地区的回归估计结果

变量	模型（1）	模型（2）	模型（3）
	东部	中部	西部
Model A：教育简化式方程			
Complaw	1.8736*** (0.0970)	1.3478*** (0.1276)	1.0514*** (0.1949)

续表

变量	模型（1）	模型（2）	模型（3）
	东部	中部	西部
R^2	0.1716	0.1333	0.1310
Model B：贫困结构式方程			
School	-0.0112*** (0.0040)	-0.0126* (0.0081)	-0.0161 (0.0184)
常数项	0.2562*** (0.0372)	0.2963*** (0.0564)	0.1801 (0.1179)
年龄控制函数	已控制	已控制	已控制
省份效应	已控制	已控制	已控制
年份效应	已控制	已控制	已控制
个体效应	已控制	已控制	已控制
N（个）	5584	3224	1629
R^2	0.080	0.056	0.002

二　高校扩招政策实施对农村居民贫困影响的效果评估

根据相关统计资料可以发现，自1999年中国实施高校扩招政策以来，接受高等教育的学生大幅度增加（张先锋、李燕云和刘有璐，2017；马磊和魏天保，2017）。从现有研究来看，有关高等教育的研究绝大多数侧重于分析高等教育不平等和高等教育溢价问题，而关于高等教育发展与农村贫困的相关研究则相对较少，直接研究高校扩招与农村贫困关系的研究更是鲜少。此外，以往研究大多没有关注模型内生性问题，这可能对估计结果造成一定的偏误。有鉴于此，本节重点关注高校扩招这一教育政策的实施对农村居民贫困的影响，在这个方面试图展开一些探索性工作。具体做法如下，首先，在具体指标选择上，本节采用高校扩招政策实施前后作为对比，借助虚拟变量来构建计量模型。其次，在研究方法上，本节采用双重差分估计方法，将高校扩招这一教育政策引入模型当中，能够很好地控制前文所提及的内生性问题。最后，在数据选择上，本节选取 1994 ~ 2016 年宏观数据，数据能够有效区分 1999 年实施高校扩招前后的变化，这为双重差分估计提供了数据基础。

（一）研究设计

1. 模型的设定

以往对高校扩招政策影响的研究大多基于时间段进行划分，研究高校扩招政策实施前后的变化情况。然而这些研究忽略了高校扩招政策实施前后不同省区市之间的差异，也无法识别出高校扩招前后的因果效应，同时这些研究还存在一定的内生性问题。为了解决以上问题，本节参考郭书君和米红（2005）、章冬斌和程瑶（2008）、初帅（2016）、石大千和张卫东（2017）的研究思路，采用双重差分模型，同时考虑到研究需要，将估计模型设定如下：

$$Y_{it} = \alpha_1 + \theta \times (D_i \times D_t)_{it} + \beta \times X_{it} + \varepsilon_{it} \tag{6-14}$$

式（6 - 14）中，Y 表示农村贫困状况、t 表示年份、i 表示省区市、X_{it}则表示一系列控制变量，参考以往关于农村贫困的相关文献（尹飞霄，2013；苏静，2015），选择相关控制变量；ε_{it}表示随机误差项。D_i 表示受到 1999 年实施的高校扩招政策影响的虚拟变量，按照初帅（2016）、石大千和张卫东（2017）的做法，高校扩招幅度较大的省区市取值为 1，高校扩招幅度较小的省区市取值为 0。D_t表示高校扩招政策发生时间虚拟变量，高校扩招政策实施前，即 1999 年之前，D_t取值为 0；高校扩招政策实施后，即 1999 年之后，D_t取值为 1。本节考察的时间样本跨度为 1994 ~ 2016 年，根据 D_t和 D_i我们可以将所考察的样本划分为四组，分别为高校扩招实施前的实验组、高校扩招实施后的实验组、高校扩招实施前的控制组以及高校扩招实施后的控制组。方程（6 - 14）中的交叉项系数 θ 是我们关注的核心。如果该系数显著为负，则表明高校扩招政策实施有助于降低农村贫困程度；反之，则会加大农村贫困程度。

2. DID 分析方法介绍

双重差分方法，也称为倍差法，通俗地讲，即通过两次差分得到估计量。双重差分法是当前一种非常流行的计量估计方法，在政策评估当中更为常见。双重差分法的使用需要同时寻找合适的控制组和处理（实验）组，控制组表示不受到政策的影响，而处理组则表示受到政策的影响，两者刚好形成一个参照系。以下对双重差分方法进行一般的介绍。

一般来说，控制组前后变化差异，可以表示为：

$$\overline{Y}_{control,after} - \overline{Y}_{control,before} \tag{6-15}$$

同理，可以按照上述方法得到处理组前后变化差异：

$$\overline{Y}_{treat,after} - \overline{Y}_{treat,before} \tag{6-16}$$

然后，通过将公式（6－16）和公式（6－15）相减，可得到政策实施前后的变化，即处理效应：

$$(\overline{Y}_{treat,after} - \overline{Y}_{treat,before}) - (\overline{Y}_{control,after} - \overline{Y}_{control,before}) \tag{6-17}$$

这就是所谓的双重差分估计量。双重差分法最早由 Ashenfelter（1978）引入经济学，并得到广泛的运用（Puhani，2012；Dimick and Ryan，2014；Ranchhod and Finn，2016；Fricke，2017）。双重差分法的应用有一个基本前提，即处理组如果没有受到政策影响，其时间趋势或者时间效应应该和控制组保持一致，这就是所谓的“平行趋势”假定。图 6－3 较为直观地描述了双重差分法的思想与平行趋势假定。

图 6－3 中，$t=0$ 和 $t=1$ 分别代表政策实施前和政策实施后。由于难以求得双重差分估计量的标准误，且无法加入控制变量。因此，在实践过程中，通常借助回归分析方法来计算双重差分估计量，一般将回归模型设定为：

$$y_{it} = a + b(D_i \times D_t) + cG_i + dD_t + \varepsilon_{it} \tag{6-18}$$

公式（6－18）中，G_i表示分组虚拟变量，即控制组或者处理组的固有差异。当 $D_i=1$ 时，表示处理组；当 $D_i=0$ 时，表示控制组。D_t表

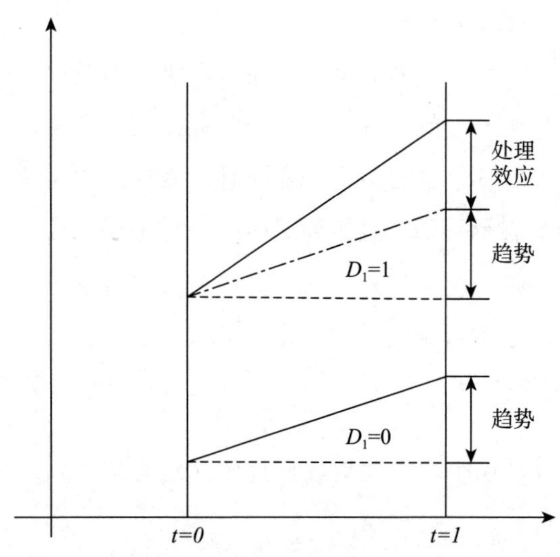

图 6-3 双重差分效应示意

示分期虚拟变量，即政策实施前后的时间效应。当 $D_t = 1$ 时，表示政策实施后；当 $D_t = 0$ 时，表示政策实施前。而交互项 $D_i \times D_t$ 则表示处理效应，即处理组在政策实施前和实施后的效应，交互项 $D_i \times D_t$ 是本节需要着重关注的变量。

以下我们简单地对处理效应进行分析，政策干预实施和政策实施之后，处理组的期望值分别为：

$$E(y_{it} \mid D_i = 1, D_t = 0) = a + c \tag{6-19}$$

$$E(y_{it} \mid D_i = 1, D_t = 1) = a + b + c + d \tag{6-20}$$

因此，在政策实施前后，处理组期望值变化为：

$$E(y_{it} \mid D_i = 1, D_t = 1) - E(y_{it} \mid D_i = 1, D_t = 0) = b + d \tag{6-21}$$

政策实施之前和政策实施之后，控制组的期望值分别为：

$$E(y_{it} \mid D_i = 0, D_t = 0) = a \tag{6-22}$$

$$E(y_{it} \mid D_i = 0, D_t = 1) = a + d \tag{6-23}$$

因此，在政策实施前后，控制组的期望值变化为：

$$E(y_{it} \mid D_i = 0, D_t = 1) - E(y_{it} \mid D_i = 0, D_t = 0) = d \qquad (6-24)$$

通过将公式（6－21）和公式（6－24）相减可得到 b，这恰好等于公式（6－18）中交互项 $D_i \times D_t$ 的系数。更一般的，可以通过对公式（6－18）进行扩展，将它引入面板模型中，加入个体固定效应和时间固定效应，同时加入控制变量，从而可以得到：

$$y_{it} = a + bD_i \times D_t + \lambda X_{it} + u_i + \eta_t + \varepsilon_{it} \qquad (6-25)$$

其中，u_i、λ 分别表示个体固定效应和时间固定效应，X_{it} 则代表控制变量。

3. 数据处理与说明

实验组和控制组的选取。按照双重差分法的研究思想，在进行双重差分估计之前，需要选择合适的实验组和控制组。对于实验组和控制组的选择，我们借鉴初帅（2016）、石大千和张卫东（2017）的分析思路，将高校扩招幅度较大的省区市定义为实验组。根据相关统计资料可以发现，自 1999 年高校扩招政策实施以来，各省区市高校扩招的幅度存在较大差异，有的省区市高校扩招幅度大，有的省区市高校扩招幅度小（初帅，2016；石大千和张卫东，2017）。究其原因是在高校扩招政策实施前，部分省区市省内高校的招生规模已经较大，因此政策实施后它们的扩招幅度较小；另外还有部分省区市由于地理位置、师资力量、经费等各方面的原因，在政策实施后高校扩招的幅度也并未明显增加。与此相对应的，还有一些省区市在高校扩招政策实施之后，高校扩招的幅度较大（郭书君和米红，2005；章冬斌和程瑶，2008）。对于控制组的选择，应尽量减少实验组和控制组之间的差异，同时为了满足 DID“平衡性”假设，并且考虑到数据的可得性，最终我们将控制组和实验组规定如下。其中，控制组包括黑龙江、吉林、山西、天津、内蒙古、北京、上海；实验组包括河南、辽宁、宁夏、浙江、甘肃、安徽、福建、江西、河北、四川、陕西。由于本书考察的样本时间跨度为 1994～2016 年，而 1999 年为高校扩招政策实施的年份，因此，

1994～1998年定义为高校扩招政策实施之前的年份，而1999～2016年则作为高校扩招政策实施之后的年份。有关实验组和控制组的描述性统计见表6－11。

表6－11　变量的描述性统计

组别	变量	均值	标准差	最小值	最大值	观测值
实验组	*Poverty*	0.4098	0.0867	0.2693	0.6436	161
	Pergdp	0.5785	0.3586	0.1025	1.5142	161
	Finainc	0.0268	0.0397	0.0028	0.1897	161
	Disaster	0.1739	0.1647	0.0021	1.4339	161
	Incineq	2.4025	0.3978	1.5992	3.3038	161
	Power	0.5455	0.3504	0.1373	1.3939	161
	Openn	0.5383	0.5732	0.0427	2.3179	161
控制组	*Poverty*	0.4501	0.0945	0.2647	0.7094	253
	Pergdp	0.3510	0.2052	0.1086	1.0953	253
	Finainc	0.0326	0.0424	0.0042	0.1680	253
	Disaster	0.1491	0.0946	0.0051	0.5204	253
	Incineq	2.8242	0.5348	1.7898	4.2991	253
	Power	0.4912	0.2523	0.0922	1.2704	253
	Openn	0.1933	0.1734	0.0316	0.7362	253

被解释变量：农村贫困（*Poverty*）。当前的研究中，对贫困的度量主要有恩格尔系数、人均纯收入、贫困发生率等指标。由于本节考虑的时间跨度相对较长，前后近23年，囿于相关数据的可得性，最终选择了农村居民恩格尔系数来度量农村贫困状况。恩格尔系数是国际上用来衡量贫困程度常用的指标，恩格尔系数越大，贫困程度越严重，反之则反是。

控制变量。遵循以往学者的研究，同时结合第三章第一节的研究思路，笔者选取如下6个变量作为控制变量。（1）农村经济增长（*Pergdp*），采用人均农林牧渔业总产值进行衡量，且以1994年不变价格进行调整。（2）收入差距（*Incineq*），采用城乡居民收入之比表示。（3）财政支农（*Finainc*），采用各地区财政支农投入与农业总产值的比例表示。财政支农投入是一个笼统的概念，本节所使用的财政支农投入包括支援农林水利气象、农业综合开发、农村生产支出等部门的事业费。（4）机械化（*Power*），采用单位耕地面积总动力数表示。（5）贸易开放（*Openn*），采用进出口与国内生产总值的比重表示。（6）自然灾害（*Disaster*），采用成灾面积与作物种植面积之比表示。以上变量的原始数据主要来源于《中国农村统计年鉴》，同时也用到了国泰安和中经网数据库以及《中国统计年鉴》。

（二）实证结果及其解读

表6－12报告了全样本回归估计结果。模型（1）表示仅将高校扩招政策实施的交叉项 $D_i \times D_t$ 作为解释变量引入回归模型进行实证考察。结果显示，政策虚拟变量（$D_i \times D_t$）的回归估计系数为－0.1589，且在1%的水平上显著，并且从模型（1）至模型（6）中，我们重点关注的交叉项 $D_i \times D_t$ 的估计系数始终保持了良好的稳健性。这说明，高校扩招政策实施对中国农村居民贫困程度具有显著的负向作用。模型（2）在模型（1）的基础上加入了农村经济增长变量，从模型（2）可以看出，农村经济增长的系数通过了1%的显著性水平检验，且符号为负，这说明人均收入水平的提高有助于农村居民贫困程度的下降。此时高校扩招政策实施的交叉项 $D_i \times D_t$ 的系数同样显著为负但大小有变，这说明伴随着人均收入水平的提高，高校扩招政策实施对中国农村居民贫困程度的负向效应有所减弱。模型（3）在模型（2）的基础上加入了财政支农，财政支农作为农村经济发展的重要保障，是推动农业可持续发展非常关键的支持方式。从模型（3）可以发现，高校扩招政策实施的交叉项 $D_i \times D_t$ 的系数符号和显著性水平均未发生明显改变，且财政支农的回归估计系数在1%水平上显著为负，这说明财政支农投入的加大对降低农村居民贫困有显著的促进效应。模型（4）在模型（3）基础上加入了自然灾害，农作物种植面积的成灾情况由于直接影响农民收入，也是导

致农户致贫的重要因素（尹飞霄，2013）。模型（4）的回归估计结果表明，自然灾害变量的系数未通过显著性水平检验，且符号为正，说明成灾率的上升加大农村居民贫困程度不明显。模型（5）在模型（4）基础上引入收入差距变量，其估计结果与预期相符，即城乡居民收入差距的上升，会导致农村居民贫困程度加深。模型（6）在模型（5）基础上引入机械化和贸易开放变量，从模型（6）可以发现机械化变量的系数显著为负，说明目前快速推进的机械化能够有效降低农村居民贫困程度，而进出口贸易额与GDP比重的上升，会导致农村居民贫困程度加深。这可能是由于贸易开放对农产品的冲击过大，虽然政府部门对农产品实施了价格保护，但还是难以抵消贸易开放带来的冲击。不过这与第三章的估计结果有所差异，可能是由于所采用的被解释变量存在一定差异。从另外的角度来讲，贸易开放的减贫效应还需要进一步验证，不过这不是本节的研究重点，在此暂不深究。总而言之，我们关注的核心解释变量并未发生明显变化。

表6-12　高校扩招政策实施对农村居民贫困影响的回归估计结果

变量	模型（1）	模型（2）	模型（3）	模型（4）	模型（5）	模型（6）
$D_i \times D_t$	-0.1589*** (0.0105)	-0.0873*** (0.0076)	-0.0908*** (0.0071)	-0.0910*** (0.0071)	-0.0778*** (0.0068)	-0.0603*** (0.0069)
Pergdp		-0.1119*** (0.0050)	-0.0796*** (0.0061)	-0.0784*** (0.0063)	-0.0581*** (0.0063)	-0.0434*** (0.0068)
Finainc			-0.5661*** (0.0713)	-0.5609*** (0.0716)	-0.7786*** (0.0713)	-0.6664*** (0.0689)
Disaster				0.0183 (0.0211)	0.0375* (0.0196)	0.0257 (0.0185)
Incineq					0.4222*** (0.0514)	0.3943*** (0.0492)
Power						-0.1227*** (0.0198)
Openn						0.0485*** (0.0131)

续表

变量	模型（1）	模型（2）	模型（3）	模型（4）	模型（5）	模型（6）
常数项	0.5104*** （0.0060）	0.3614*** （0.0077）	0.4133*** （0.0097）	0.4116*** （0.0099）	0.2650*** （0.0201）	0.3280*** （0.0254）
N（个）	414	414	414	414	414	414
R^2	0.369	0.724	0.762	0.763	0.798	0.822

综合来看，根据估计结果的系数符号和显著性水平可以得知，农村经济增长、财政支农、收入差距以及机械化等是影响农村居民贫困的重要因素。逐渐加入控制变量后，我们重点关注的核心变量 $D_i \times D_t$ 系数的符号和显著性水平均未发生实质性改变，只是大小有所下降而已，但并未对高校扩招政策实施与农村居民贫困之间的关系产生较大的冲击。因此就整体而言，高校扩招政策的实施显著降低了农村居民贫困程度，有利于中国实现农村减贫目标。

（三）稳健性检验

上文研究了高校扩招政策实施对农村居民贫困的影响，在各个模型中本节重点关注的核心解释变量 $D_i \times D_t$ 的回归估计系数符号和显著性水平并未发生明显改变。以下在不同时间段下和采用反事实估计验证上文基准模型回归估计结果的稳健性。

1. 不同时段的稳健性检验

为了使得回归估计结果更加可信，本节在不同时间段下重新对模型进行估计。表 6－13 报告了不同时间段下稳健性检验的回归估计结果。从表6－13 可以发现，模型（1）至模型（3）中我们重点关注的核心解释变量 $D_i \times D_t$ 的回归估计系数符号一直为负，并没有发生实质性的改变。但通过对比可以发现，在早期政策的效果较为明显。归其原因可能如下。高校扩招之前，社会需要大量的高受教育层次劳动力，因此在高校扩招政策实施后的前期时段，高校毕业的劳动力满足了社会的需求，就业人口的受教育程度普通提高，收入水平也随之增加，因此政策实施对贫困减缓确实起到了促进作用。但是随着时间的推移，高校扩招政策实施带来的效益呈现递减趋势，这主要是高校扩招使得具有高等学历的劳动力逐渐增多，而劳动力市场对高学历劳动力需求却接近饱和，这势必会导致就业人口的收入水平开始呈现平缓的增长趋势，所以高校扩招的边际效应出现递减现象也不足为奇，因此政策实施对农村居民贫困减缓的贡献也在减少。除此之外，还注意到在模型（2）中，即高校扩招后时间段为2004～2008年，核心解释变量 $D_i \times D_t$ 的回归估计系数没有通过显著性水平检验，这可能是由于受到2008年国际金融危机的冲击，中国经济结构和产业结构发生较大的变量，尤其是就业市场受到了重创（张车伟和蔡翼飞，2012）。

表6－13　不同时段下的稳健性检验结果

变量	模型（1）	模型（2）	模型（3）
$D_i \times D_t$	－0.0405*** (0.0078)	－0.0044 (0.0108)	－0.0156* (0.0119)
Pergdp	－0.0872*** (0.0257)	－0.0581*** (0.0125)	－0.0974*** (0.0108)
Finainc	－8.1836*** (1.8951)	－3.5365*** (1.0688)	－0.1875* (0.1085)
Disaster	0.0046 (0.0318)	0.0566* (0.0337)	0.0209 (0.0238)
Incineq	0.3655*** (0.0648)	0.4114*** (0.0693)	0.1200 (0.0788)
Power	－0.2808*** (0.0435)	－0.2265*** (0.0334)	－0.1671*** (0.0296)
Openn	0.0279 (0.0199)	0.0528*** (0.0177)	0.1519*** (0.0209)
常数项	0.4083*** (0.0585)	0.3603*** (0.0423)	0.3593*** (0.0355)
高校扩招前	1994～1998年	1994～1998年	1994～1998年
高校扩招后	1999～2003年	2004～2008年	2009～2013年
N（个）	180	180	180
R^2	0.747	0.818	0.884

对于控制变量而言，在模型（1）至模型（3）中的回归估计系数符号始终保持一致，只是显著性水平有所差异而已，这说明在不同时间段它们作用于农村贫困的程度有所差异。具体而言，财政支农、农村经济增长与机械化对农村居民贫困依然保持负向的作用，即三者有利于农村居民贫困程度的下降，而贸易开放、自然灾害则加剧农村居民贫困程度。总体而言，在不同时间段下重新对模型进行估计后，结果并未发生明显改变，这进一步说明本节估计结果具有良好的稳健性。

2. 反事实分析

前文设定1999年为政策实施的节点，并以此作为关键变量。下面通过反事实方法重新对模型进行回归估计，以期更进一步证实前文回归估计结果的稳健性。在反事实回归估计过程中，首先假设高校扩招政策在1999年之前就已经实施。因此在1994~1998年，选择任意一年作为高校政策实施的年份。例如，我们选择1995年为假设的高校扩招政策实施年份，再进一步借助双重差分分析方式重新对模型进行回归估计，得到的结果如表6-14所示。从表6-14可以发现，核心解释变量$D_i \times D_{t95}$的回归估计系数并没有通过显著性水平的检验。由此可以推断，假定的政策发生年并未对回归估计结果造成影响，因此利用反事实估计也证实了前文结果的稳健性和可靠性。

表6-14 反事实分析的回归估计结果

变量	模型（1）	模型（2）	模型（3）
$D_i \times D_{t95}$	0.0172 (0.0162)	0.0082 (0.0157)	0.0046 (0.0138)
Pergdp	-0.0274 (0.0787)	-0.0152 (0.0709)	0.0118 (0.0607)
Finainc	-4.6558 (4.2832)	-1.2394 (4.1316)	-1.5758 (3.1473)
Disaster	0.0736 (0.0737)	-0.0334 (0.0547)	0.0015 (0.0409)
Incineq	-0.1717 (0.2202)	-0.3739 (0.1787)	-0.3752 (0.1487)

续表

变量	模型（1）	模型（2）	模型（3）
Power	-0.0357 (0.1132)	-0.0913 (0.0914)	-0.1895** (0.0760)
Openn	0.0630 (0.0429)	0.0814** (0.0366)	0.1106*** (0.0309)
常数项	0.6133*** (0.1959)	0.7208*** (0.1725)	0.7803*** (0.1453)
N（个）	54	72	90
R^2	0.197	0.305	0.416

（四）区域差异性分析

由于各地区高校资源、经济发展水平存在较大差异，高校扩招政策实施在不同地区势必也会产生不同影响，这就是政策效果的异质性。为了进一步考虑高校扩招政策实施在不同地区的异质性，本节继续按照国家统计局的划分标准，在所考察样本的范围内，重点分析高校扩招政策实施在东部、中部和西部三大地区的影响差异。表6-15给出了高校扩招政策实施对中国东部、中部和西部地区农村居民贫困影响的回归估计结果。

表6-15　东中西三大地区高校扩招政策实施对农村居民贫困影响的回归估计结果

变量	模型（1）	模型（2）	模型（3）
	东部	中部	西部
$D_i \times D_t$	-0.0616*** (0.0119)	-0.0398*** (0.0122)	-0.0977*** (0.0116)
Pergdp	-0.0269*** (0.0087)	-0.0945*** (0.0156)	-0.0496** (0.0208)
Finainc	-0.5654*** (0.1250)	-0.5434*** (0.1000)	-0.5373*** (0.1246)
Disaster	0.0331 (0.0402)	0.0093 (0.0207)	0.0085 (0.0558)

续表

变量	模型（1）	模型（2）	模型（3）
	东部	中部	西部
Incineq	0.2686 *** (0.0827)	0.5534 *** (0.0648)	0.0979 (0.1217)
Power	-0.1123 *** (0.0253)	-0.0569 (0.0395)	-0.1318 (0.0864)
Openn	0.0356 ** (0.0138)	-0.0264 (0.0764)	0.2071 * (0.1088)
常数项	0.3615 *** (0.0454)	0.1833 *** (0.0375)	0.4856 *** (0.0760)
N（个）	161	161	92
R^2	0.757	0.873	0.915

从表6-15可以发现，不管是在东部、中部还是在西部地区，本节重点关注的变量 $D_i \times D_t$ 的系数均通过了1%的显著性水平检验，且符号为负。从系数大小来看，高校扩招政策实施对西部地区农村贫困影响最为明显，其次是东部地区，而中部地区相对较弱。原因可能如以下所述。首先，对于西部地区而言，整体受教育水平相对偏低，高校扩招政策实施后，国家对西部地区具有政策倾斜，加大了西部地区高校录取比例，西部地区借助这一契机，大大提升了本地区农村学生步入高校的概率，从而他们在工作以后获得更好收入的可能性大大增加，摆脱贫困的概率自然得到上升。其次，对于中部地区而言，由于我们考察的中部省区市，如河南、安徽、江西、吉林等的高校本身不多，即使扩招政策实施后，影响也相对较小；尤其重要的是，这些省区市的人口居多，堪称高考大省，学生多且录取比例相对低。资源相对优越的城市学生往往会挤占农村学生步入大学的概率，导致农村学生享受的高校扩招政策福利大打折扣，从而导致高校扩招对农村居民贫困的影响较小。最后，对于东部地区而言，由于经济发展水平和教育资源比中西部地区要充足，农村居民受教育水平相对较高，高校扩招政策实施的影响虽然不如西部那么明显，但是对农村居民贫困的影响依然存在。这一结论蕴含着丰富的

政策含义，高校扩招能够有效降低农村居民贫困程度，尤其是对于教育资源相对落后的西部地区，因此国家在制定高校招生录取相关政策时，要加大对这些劣势地区的政策倾斜力度，从而提高农村贫困地区人口的素质和自我发展能力，增强这些落后地区的自我造血功能，进而促进他们整体收入增长，摆脱贫困。

第七章　结论与政策建议

一　研究结论

本书采用了 CFPS 和 CHNS 数据以及省级宏观面板数据，通过不同贫困测度方法，借助空间滞后模型（SAR）分析方法和空间误差模型（SEM）分析方法、Logit 模型分析方法、双重差分方法和断点回归设计方法，实证研究了受教育水平、受教育层次、受教育类型、《义务教育法》实施以及高校扩招政策实施等对农村贫困的影响。同时，在实证过程中，将农村贫困进一步细分为收入贫困、长期收入贫困和多维贫困等。

首先，基于宏观视角和微观视角，借助空间计量分析方法和 Logit 模型，实证分析了受教育水平对农村家庭收入贫困、家庭长期收入贫困和家庭多维贫困的影响，得到如下结论。第一，在静态空间面板模型和动态空间面板模型中，受教育水平与农村贫困之间均存在显著的负向关系。就微观层面而言，家庭劳动力受教育水平每增加 1 年，该家庭发生收入贫困的可能性将下降约 11 个百分点。第二，在动态贫困标准下，受教育水平与家庭长期收入贫困之间存在明显的负相关关系。说明受教育水平的提高能够有效降低家庭陷入长期收入贫困的概率；同时也进一步说明，受教育水平的提升能够减少农村家庭长期贫困的持续时间。第三，在多维贫困标准下，实证结果表明受教育水平与农村家庭多维贫困之间表现出负向效应。这说明受教育水平也是影响家庭多维贫困的重要因素，即家庭劳动力受教育水平越高，该家庭越不容易陷入多维贫困。第四，从东、中、西三大地区来看，受教育水平对农村贫困的影响呈现显著的地区差异。其中，受教育水平的提高对西部地区的影响更为明显，其次是中部地区，而对东部地区的影响最小；按照经济发展水平分组，也发现类似的结论。

其次，采用CFPS数据，通过构建Logit模型，研究了不同受教育层次对家庭收入贫困、长期收入贫困和多维贫困的影响，得到如下结论。第一，在静态贫困标准下，受教育层次的提高使得家庭收入贫困发生的概率下降。相对于家庭受教育层次为文盲而言，劳动力受教育层次为小学、初中、高中和大专及以上的家庭，落入收入贫困的概率分别为58.29%、40.97%、34.92%、16.67%，说明家庭劳动力受教育层次越高，该家庭陷入收入贫困的概率越低。第二，在动态贫困标准下，不同受教育层次与家庭长期收入贫困之间存在明显的负相关关系。随着家庭劳动力受教育层次的不断提升，该家庭陷入长期收入贫困的概率表现出下降趋势，这一点在大专及以上学历层次体现得最为明显。具体来看，与文盲相比，具有小学、初中、高中、大专及以上受教育层次的家庭，陷入长期收入贫困概率分别为54.99%、32.44%、26.67%、5.11%。第三，在多维贫困标准下，不同受教育层次与家庭多维贫困之间呈显著的负向关系。相比于家庭劳动力受教育层次为文盲而言，家庭劳动力受教育层次为小学、初中、高中、大专及以上的家庭，陷入多维贫困的概率依次为64.20%、19.81%、15.91%、11.22%。由此可以得知，家庭劳动力受教育层次越高，该家庭落入多维贫困的可能性越小，即随着家庭受教育层次的提高，该家庭摆脱多维贫困的可能性也显著增加，这一点在高中及以上教育层次体现得更为明显。第四，不同受教育层次与家庭多维贫困的关系在地区之间存在显著差异。对于西部和经济欠发达地区而言，高中受教育层次对降低家庭多维贫困程度的贡献较大，但对于东中部及经济发达和经济中等发达地区而言，大专及以上受教育层次的反贫困作用较大。

再次，利用1989～2011年CHNS数据，采用Logit模型，对比分析了职业高中教育和普通高中教育两者对中国农村居民贫困影响的差异，得到如下结论。第一，就整体而言，不管是职业高中教育还是普通高中教育，均能够有效地降低农村居民贫困程度，只是职业高中教育的减贫效果要比普通高中教育更为明显。第二，就区域差异来看，职业高中和普通高中教育对三大地区贫困居民收入的边际效应大小存在差异，根据贡献率的大小，依次为中部地区、西部地区、东部地区。此外，我们考察了不同劳动年龄段和不同时间段下的回归估计结果，发现研究结论十分稳健。

最后，采用CFPS数据和宏观面板数据，借助断点回归设计（RDD）方法和双重差分（DID）方法实证研究了《义务教育法》实施和高校扩招政策实施对农村贫困的影响，得到如下结论。第一，《义务教育法》实施所导致的局部处理效应为1.6年左右，且《义务教育法》实施前后存在明显的断点，说明《义务教育法》的实施降低了农村居民贫困程度；同时还进一步发现《义务教育法》实施后男性的受教育年限增加幅度要明显小于女性。第二，高校扩招能够有效降低农村贫困程度，与高校扩招前的1994～1998年相比，1999～2016年高校扩招政策实施对降低农村贫困程度的贡献较为明显；且地区间存在较大的差异性，对于西部地区而言影响最为明显，其次是东部和中部地区。此外，稳健性检验也基本支持此回归估计结果具有可靠性。

二　政策建议

上述结论给予了我们有益的政策启示，在深入分析不同教育发展方式对农村减贫影响的基础上，针对实证结果和当前农村教育发展和农村贫困现状，并结合中国农村教育发展与农村反贫困的实践与经验，就提升受教育水平、优化教育结构、加强职业教育发展等提出相关政策建议。

（一）发展普通教育促进减贫

教育发展要因地制宜，符合当地产业结构和经济发展水平，进而让农村家庭或者个人摆脱贫困。

1. 加大对贫困家庭考生的招生扶贫力度

由于教育资源配置的不均衡，城乡、区域间教育资源失衡，国家在高等院校招生的过程中应多渠道加大对贫困地区的倾斜力度，让更多的贫困家庭学子能够享受到高等教育的资源，并对贫困学子未来就业进行科学指导，强化人力资本的“增长引擎”功能。通过提升贫困地区的人力资本，树立发展成果由人们共享的发展理念，引领教育精准扶贫。最为重要的是，这不仅有利于城乡高等教育差异的减少，缩小教育差距，而且有利于降低农村贫困程度。因此，国家应该继续加大对贫困地区的定向招生专项计划，采取单项计划、单独招考、单列批次，重点增加指向连片特困地区、贫困集中地区的招生数额，招收一些建档立卡的贫困家庭考生。同时扩大少数民族预科班的招生规模，让更多贫困地区少数民族学生也能够顺利就读高校。除此之外，面临贫困地区师资缺乏的困境，国家可以扩大免费师范生培养招生规模，甚至可以对贫困地区实现单列计划，加大招生规模，让更多的贫困家庭学子拥有接受高等教育的机会。地方高校应该在同等条件下，优先录取贫困家庭学生；同时在专项推免招生计划中，可以拿出一定的推免招生指标用于农村地区，并向贫困家庭考生倾斜，畅通贫困学生纵向流动渠道。综合来说，可以通过多种招生渠道，让贫困家庭学子享受到更多接受高等教育的机会。

2. 提高贫困家庭义务免费教育覆盖层次

改革开放以来，中国在教育发展过程中不断努力，先后于 1986 年和 2006 年实施了“义务教育法”和“新义务教育法”，农村义务教育取得了长足的发展，适龄人口的小学和初中入学率已达到非常高的水平。在“全面改薄”工程实施后，农村中小学教学条件、硬件设施等方面有了较大的改观。尤其是义务教育财政改革后，免除了农村地区学生的学杂费和书本费，该项政策的实施不仅提高了全国整体居民的受教育水平，而且对提升贫困家庭的人力资本产生了重要作用。政府要在现有的基础上，继续巩固义务教育所取得的成就。除此之外，在政府财政能力可行的情况下，义务教育作为公共产品应实现完全免费，除免除学费和书本费以外，为贫困家庭免除如伙食、校服等其他费用，从而提高贫困家庭义务免费教育覆盖层次，以便促使基础教育的反贫困功效得到进一步发挥。

3. 尝试推进贫困家庭高中层次义务教育普及

结合当地经济发展水平，尝试推进贫困家庭高中层次即 12 年义务教育普及。从实证结果可知，受教育层次越高，陷入贫困的概率越低。大多数学者的研究结果也论证了不同受教育层次的教育回报率存在差异，总体来说，受教育层次越高，教育回报率也越高。结合目前劳动力市场来看，高等教育回报率最高，其次是高中教育且高中教育回报率已经超越初中和小学教育，并且受教育层次呈现向较高级别发展的趋势。因此，小学或者初中受教育层次的劳动力已经难以满足时代的需求，失去了以往的竞争优势。而在农村贫困地区，由于教学设施和教学质量相较于城市落后，诸多农村家庭子女在初中升高中考试过程中，处于不利地位；加上普高教育规模不大，而中职教育发展滞后，最终导致大部分农村家庭子女并未步入高中学习阶段，而是初中毕业后直接踏入社会，更不用说上大学，以至于陷入较低的社会阶层。事实上，通过知识改变命运，对于农村家庭来说是一条最可行的路径。鉴于此，政府和学校可以尝试推进贫困家庭高中层次即 12 年义务教育普及，让农村学生特别是农村贫困家庭学生，拥有更多机会接受高中教育乃至接受大学教育，提升贫困人口自身发展能力，这才是消除贫困之本。同时，应努力创新普通高中的教学模式，在不影响升学率的基础上，注重对学生社会责任感、创新精神和社会实践能力的培养，只有不断提升人力资本水平才能为新时代的发展提供源源不断的动力。

4. 加强受教育层次与地区产业结构的匹配程度

各地区经济、文化、环境等存在较大差异。经济越发达的地区，对劳动者的受教育层次要求越高；相反，就经济欠发达的地区而言，对劳动者的受教育层次要求相对偏低。从中国地理分布位置来看，东部地区大部分省区市经济较为发达，第二、第三产业比重较高，相应的，对劳动力的受教育层次要求也较高；而西部地区大部分省区市经济较落后，第二、第三产业占比相对较低，对劳动者受教育层次的要求也相对偏低。因此，在考虑贫困地区生活和生产方式的同时，各地区教育发展应该紧随当地产业结构和就业结构调整方向，采用有针对性的各层次教育发展策略，最大限度地满足各层次教育人才在产业结构优化过程中的需求，这将成为教育反贫困过程中非常重要的环节。具体来说，对于东部地区而言，作为中国经济发展的科学技术研发的重要阵地，承载着诸多技术密集型产业和高科技产业，对拥有高等受教育层次的劳动力需求更大。因此要结合当地经济发展情况和产业结构布局，扩大农村地区相关专业高学历层次学生的招生规模，以期促使他们进入收入更高的劳动力市场。对于中西部而言，要不断提升该地区在高层次人才方面的吸纳能力，充分发挥教育减贫效应的扩散作用。伴随着东部经济较之于中西部地区经济的快速增长，东部地区的部分产业已经逐渐向中西部地区转移，呈现由东到中、西梯次升级的产业格局，这势必会影响中西部地区对高层次人才的需求。中西部地区要紧跟产业发展步伐，结合本地区经济发展情况及时调整招生规模、科学设置课程和专业等。尤其要注重增加在承接产业转移中具有优势的学科和专业的招生人数，为中西部地区发展储备人力资本存量，为做好承接东部转移产业工作奠定基础，这也会提升当地居民的就业水平，进一步提高他们自身的可持续反贫困能力。

5. 提升贫困地区教师的整体水平

由于区域经济发展不均衡及优质资源稀缺等问题，农村长期存在师资力量薄弱等问题；同时，农村优秀教师流失严重，且短时期内得不到有效补充。这些问题在很大程度上阻碍了农村贫困地区教育的发展。虽然近年来贫困地区师资力量得到较大强化，但依然存在大量问题，为此，充实农村学校师资力量，提升教师素质已经迫在眉睫。政府应该合理调配师资，建立完善的教师流动制度，提高农村贫困地区的教师质量和教学水平。强化贫困地区的师资力量是推动贫困地区教育可持续发展的关键，政府应该将之作为“支点工程”予以推进。据此，提出如下建议。

第一，着力解决贫困地区教师结构性缺编问题。在招聘教师过程中，要坚持“按需设岗、严格标准、优中选优”的基本原则，尤其要补充贫困地区部分学科严重缺编的教师，保证各学科教师均衡发展。此外，国家可以继续执行针对贫困地区的对口定向培养师资计划，鼓励贫困家庭优秀学子免费就读师范专业，签订对口培养计划和就业服务协议，这对于加强贫困地区师资力量是一个非常有效的途径。

第二，加大对贫困地区教师的培训。让更多的教师能够脱产进修，尤其要通过“省培计划”“国培计划”等项目让更多的农村教师得到进修的机会。此外，也可以安排农村教师到城市办学条件先进的学校进行观摩学习，这有助于推动农村教师吸纳较为先进的教学经验。城乡教师亦可就教学方法、教学理念和教学手段等互相交流，使城乡学校实现资源共享、信息沟通、优势互补。甚至还可以针对农村教师实行以“点菜式”为主的培训模式，在短时间内提高农村教师急需的专业素质，增强培训的有效性和时效性。

第三，提高农村地区，尤其是农村贫困地区的教师待遇。相比城市而言，农村地区生活条件艰苦且工作环境较差，地理位置偏僻地区的教师理应得到较高的工资待遇。但由于种种原因，农村教师的工资待遇非但没有达到城市相同层次教师的水平，反而处于偏低状态。因此，国家要提高农村教师的待遇水平，其工资待遇最少要与城市同级别教师相当，甚至还要略高于城市。此外，对于长期扎根于农村的教师，在评优评先、级别晋升等方面要向他们予以倾斜，让他们享受到一定的优惠政策。同时，对于偏远的贫困地区的教师要给予交通和生活补贴，鼓励教师服务于农村，并加强对农村教师住房、医疗等的保障。

第四，完善教师的流动制度，鼓励推广教师走教。完善和改革教育系统人事制度，是促进教师合理流动非常关键的一环。用好机制留人、用人，优化师资组合，调动教师的工作积极性也至关重要。可以设置高薪待遇，聘请或者吸引优秀教师来农村教学，也可以鼓励推广教师走教，这样能够有效解决农村贫困地区师资力量短缺、教学能力不足的问题，同时也有利于实现优质教学资源共享。此外，对于通过“特岗教师”“三支一扶”等项目分配到农村的教师，应当给予一定的优惠条件和相关政策，让他们能够安心、愉快地在当地任教。

6. 加大对贫困家庭学子的资助力度

对于贫困家庭学子而言，由于求学存在经济压力，尤其是在高中以上教育阶段。按照着力“全覆盖”思路，让每一位贫困学子都能接受到公平和优质的教育，促进社会教育公平是提高国家整体教育质量的内在要求，落实教育公平是阻断贫困代际传递的根本之举。因此，中央财政要加大对贫困家庭学子的资助力度，完善贫困家庭学生资助政策，扩大资助帮扶政策覆盖面。

为此，提出如下三点建议。第一，强化中央和地方各级政府提供救助的责任。国家在教育救助方面应该设立专门的机构和组织，对于子女上学存在困难的贫困家庭应予以教育资助，承担应有的责任。第二，完善学生资助政策体系。目前，在义务教育阶段，免除了学费和书费，这为不少贫困家庭解决了求学费用问题，但是在高中及以上教育阶段，大学学费和生活费用对于一个农村家庭，特别是农村贫困家庭来说，是一笔不小的开支。因此，国家要努力完善高中和大学阶段教育资助政策体系，例如，通过“奖、贷、助、减、免”等多种方式资助学生，让更多的贫困家庭子女能够上高中、上大学，提升其人力资本水平，从而增强贫困家庭的反贫困功能。第三，完善非政府的教育救助制度。伴随着经济的快速增长，社会上逐渐出现了不少的非政府的教育救助形式，如“春蕾计划”“希望工程”、民间设立的教育基金会等，并且这种非政府的教育救助发挥的作用越来越大。政府应该高度关注这种教育慈善行为，做好宣传工作，并且引导广大群众积极地参与到这种慈善事业当中。通过以上努力，构建起一个由政府、民间组织机构和群众共同参与的教育保障体系，让贫困生都能够拥有接受教育的机会，阻止“因贫辍学”现象发生。

7. 为贫困家庭毕业生提供就业服务

随着高校招生规模的扩大，高校毕业生逐渐增多，贫困家庭毕业生就业问题也逐渐成为需要重点关注的问题之一。虽然中国政府就贫困家庭子女在求学过程中遇到的经济问题做了大量工作，但是仅在求学的经济负担上下功夫还不能完全让贫困家庭摆脱贫困束缚。同时还要向贫困家庭毕业生提供就业服务，将贫困家庭高校毕业生列为重点帮扶对象，学校应该积极为贫困家庭高校毕业生介绍就业机会，指导和引导贫困家庭毕业生顺利实现就业。随着高校毕业生的日益增多，就业难度也在不断加大，但是就业难度大也并非在各个地区都存在，就业难度大主要集中在经济发达的地区，而地理位置偏远的农村贫困地区在招聘过程中所受的关注度依然很低。因此在树立职业观和择业观的时候，学校要给予高校大学生正确的指导，积极引导贫困家庭毕业生服务于农村，到基层就业，有条件的可以选择到社会创业，并且对贫困家庭毕业生建立长效帮扶机制，实行“一生一策”动态管理，随时关注其就业情况，从而提高贫困生的就业水平，帮助其家庭摆脱贫困。需要注意的是，在当今的求职过程中，毕业生“拼爹”“拼关系”的现象有所抬头，由于贫困毕业生往往家庭背景较差，所以在求职过程中往往处于不利状态，失去了众多好的就业机会，造成高才低用的现象时有发生。因此，政府要加大反腐力度，为毕业生提供一个公平的竞争就业平台（毛伟、李超和居占杰等，2014）。除此之外，高等教育应迎合市场需求，及时调整课程内容和专业设置，与市场需求建立起良好的衔接，避免农村贫困家庭毕业生失业。1999 年中国开始实施高等教育扩招政策，为了抢夺生源各高校纷纷设置众多专业。虽然高等教育规模不断扩大，但也出现了一系列的问题，如专业设置不合理、课程内容与实践相背离、教育不能与市场需求接轨。导致高等教育层次结构不能及时地根据当地就业结构和产业结构变化而做出相应调整，从而使高等教育发展不断受阻。因此，在高等教育发展过程中，要随时关注市场的需求，根据当地就业结构和产业结构的变化及时做出相应的调整，改革高等教育的专业、课程内容、层次结构等，避免学非所用，阻止“因学致贫”现象发生。

8. 加大贫困地区教育经费投入力度

教育经费投入是推动教育发展的重要物质基础，改革开放以来，中国在教育经费投入方面的力度不断加大，取得了较为明显的效果。教育总经费占 GDP 的比重从 1995 年的 3. 06% 增长到 2015 年的 5. 24% ，增长了 2. 18 个百分点；而国家财政教育经费比重从 1995 年的 2. 30% 增长到了 2015 年的 4. 24% ，增长幅度为 1. 94 个百分点。但是，由于各地区教育资源分布不均衡，地区经济发展不平衡，教育发展依然存在显著的地区差异。根据《2016 年基础教育发展调查报告》得知，以 2015 年为例，教育经费的投入在发达地区（如上海、北京）要远远高于在欠发达地区（如贵州、河南）。以北京和贵州为例，小学、初中、普高、中职、高校的教育经费投入，前者分别是后者的 2. 74 倍、4. 65 倍、5. 15 倍、4. 92 倍、3. 98 倍。因此，要继续重视向贫困地区、民族地区教育的投入。贫困地区之所以贫困，往往是因为地理环境恶劣、交通不便、人力资本低下，尤其是大多数贫困居民受教育程度偏低。受教育水平低下的很大原因，又往往跟当地教育基础设施存在密切的联系，教育基础设施越完备的地区，受教育机会就越多，居民的受教育程度就越高。所以，在“精准扶贫”“精准脱贫”的大环境下，加大对农村地区教育的投入力度，同时进行科学合理的调整，确保教育投入流向最有效、最需要的地区，尤其要重视对偏远的贫困地区和民族地区的资源投入和政策倾斜。针对现有教育经费不足的格局，政府可以考虑拓宽教育资金的来源渠道，通过动员社会力量，合作办学、集资办学，走多元化办学的道路。

（二）发展职业教育促进减贫

职业教育作为一种教育类型，与普通教育一样，不仅能积累人力资本，同时还关乎一个国家和地区未来科技人才的培养。更重要的是，职业教育是实现精准脱贫、摆脱代际贫困的有效方式。在实证结果中也可以发现，职业教育的减贫效应比同等层次的普通教育效果更佳。因此，应该依托职业教育“拔除穷根”的思路，加大对贫困家庭职业教育的投入，增强贫困群众的致富本领。具体来说，可以从以下几个方面展开。

1. 加强贫困地区职业学校办学能力

当前，由于受到传统思想的影响，职业学校相较于普通教育学校而言，不管是在硬件设施还是在软件设施方面均处于落后状态，发展尤为滞后。各地可以根据市场需求，着力办好一到两所职业学校，重点为当地产业结构发展和转型提供优质人才。具体来说，要从以下几个方面努力。首先，根据职业学校当前现状来看，职业院校的师资水平明显要低于同层次的其他普通院校，师资队伍的发展滞后严重制约着教学质量的提高，也在很大程度上影响着职业院校的发展，进一步限制了职业教育的发展空间。职业院校教师应不仅能够教好课本上的知识，而且能够通过多渠道了解更多的实践技能，努力向“双师型”教师转型。其次，改革人事制度，为职业院校招聘教师量身制定相关政策。通过提高职业院校教师的收入水平，拓宽教师来源渠道，吸引更多的教师加盟职业院校；同时允许职业院校根据自己需要设定特聘岗位，招聘特定人才。除此之外，让职业院校在招收教师过程中不受到人事身份的限制，可以通过灵活的方式，招聘一些具有丰富经验的专业技术人员担任专业教师或者指导老师，以兼职或者专职两种方式灵活聘用，从而在专业技术教师方面补足短板。最后，加强对职业院校教师的培养，每个学期或者每年安排一定数量的教师去参加相应的培训和实践。对于年轻教师，学校应积极组织各类继续教育培训，以促进教师业务能力的专业化和系统化，通过多种方式提高职业院校教师的学历层次和技能素质。除此之外，加强贫困地区职业院校与发达地区职业院校的合作和交流，有条件的话可以开展深度合作培养计划，实现资源共享，推动贫困地区职业院校发展。

2. 加大对贫困人口实用技术和技能培训的力度

贫困地区人口无法实现脱贫，一个重要的原因在于缺乏过硬的致富本领。职业教育的优势就在于能够为贫困人口提供技能培训，让贫困人口能够真正掌握一门致富技能。学校应审时度势，根据市场和时代发展的需求，立足于区域经济发展，培养应用型、技能型人才，加大实用技术技能培训力度，从而真正实现贫困家庭“输出一人、脱贫一户”。职业院校的专业设置应走出传统模式教学的困境，打破专业设置与专业壁垒，调整课程设置，积极主动适应区域、行业经济和社会发展面临的挑战和机遇。各级行政教育部门和各类学校要针对区域经济发展的灵活性，不断更新人才培养计划和规模，调控与优化专业结构布局，顺应时代的发展和适应社会对人才的需要，使得职业院校培养的人才真正服务于社会。《现代职业教育体系建设规划（2014～2020年）》指出，要根据各地区需要进行科学定位，集中力量办好社会需要的特色专业，并形成特色专业群。高职院校要根据自身的办学优势和市场需求，将企业、农村、岗位、区域等紧密联系在一起，以特色专业为核心、以相关专业为支撑、以提高整个专业群的人才培养质量为目的，为行业和区域经济发展做出新贡献。因此，职业教育应紧密围绕贫困家庭脱贫致富的目标，加大对贫困人口实用技术和技能培训的力度。在此过程中可以将学历学制灵活化，实行弹性学制。传统普高教育的学制相对固定、教材采用统一模式，而职业教育要打破传统普高教育的束缚，做到灵活实用、因材施教。在学制上采用弹性化的方式，从学生的兴趣出发，结合学校的实际情况和企业需求，让学生自主选择学习内容。弹性化的学制关键要注重实践教育，使职业教育的发展与生产、生活的实际结合，始终处于动态运行轨道中。除此之外，还应将课堂教育拓展到学生日后的工作岗位上，让学生树立终身学习的理念。通过学历学制的灵活设置，节约学生教育成本，增强学生市场适应力，来实现培养技术与技能兼备的复合型人才的目标。从而在学历学制灵活化的基础上，加强技术与技能培训，突出就业技能培训的时效性和针对性。

3. 鼓励贫困地区职业院校与企业合作办学

当前，很多职业学校一直采用传统的教学模式，即集“填鸭式”“满堂灌”于一体的单一的教学模式。受传统教学思想的影响，教师热衷于采用灌输式的教学方法，而忽视了学生自觉主动地学习。这使得理论脱离现实，没有给学生思考问题的空间，违背了职业教育发展的原则，从长远来看，并不利于职业教育的发展。随着社会进步与发展，市场的需求在不断更新和变化，职业教育发展应与时俱进，不断更新教育理念，采取多样化的办学模式。例如采取“长短并举”“产学结合”“校企合作”等办学模式，突出特色、面向社会、适应市场，构建职业教育和各类职业培训并举的模式。该种办学模式以市场的需求为导向，学习形式灵活、学习时间短、见效快、成本低，容易让贫困人口接受。此外也可以采取田间教学法，考虑将课堂搬到田间地头之上，将教学与实践紧密结合起来，边讲解、边操作，这种“流动办学”也有立竿见影之效。目前流行的“联合办学”是以企业的需求为导向，职业院校与企业联合办学，利用厂矿企业、外劳公司等社会资源，学校会形成“低投入、高效益”自我发展的良性循环，以达到互惠互利、优势互补的目的。加强和企业的密切合作，开展“校企合作”计划，提高办学合作力度，职业院校可以通过“订单式培养”方式，为就业市场或者合作企业输送优秀人才。合作企业也可以为贫困地区职业院校的学生提供实习机会，学生毕业之后合作企业则可以为他们提供相应的就业机会。

4. 直接向农村贫困家庭发放“职业教育券”

对于那些成绩相对落后、升学无望的农村贫困家庭学子，应该让他们走上接受职业教育之路；直接向农村贫困家庭发放“职业教育券”，让其子女能够在接受职业教育过程中享受到更多的优惠政策。根据

《2016年农民工调查报告》可以发现，2016年农民工接受农业技能培训的比例仅为8.7%，与2015年相比没有得到提高；接受非农职业技能培训的比例为30.7%，与2015年基本持平；接受技能培训的比例，相比2015年而言反而下降了0.2个百分点。中国农民工接收职业教育培训的比例偏低，在一定程度上制约着中国农村经济的增长。由于受到传统文化的熏陶，在大众的心里职业教育就是雕虫小技，这严重制约着中国职业教育的发展。与此同时，中国盛行的重学历轻技能的人才培养观，使得普通教育“车龙水马”，相反职业教育则“门庭冷落”。因此，政府、学校、社会等要加强对职业教育的宣传工作，积极报道技能型人才的成功脱贫案例，使得“要致富，学技术，上职校”的观念深入人心。应加大对职业教育相关优惠政策的宣传力度，让更多农村贫困家庭了解职业教育，相信职业教育，进而让贫困家庭学子能够愿意接受职业教育。另外，还要消除部分用人单位根深蒂固的“学历第一”落后观念。在招聘过程中，部分招聘单位往往让“学历第一”的思想占据了上风，对于很多职业院校毕业生能够胜任的工作也非要高学历的毕业生不可，这在很大程度上让求职者误以为当今的职业教育已经不能适应时代的需要，已沦为明日黄花（王飞跃，2011）。

5. 促使普通教育和职业教育相互融合

在以往的教育模式中，职业教育与普通教育“各自为政”。职业教育注重强调就业技能的培养但忽视夯实学生的文化基础，普通教育片面强调文化基础却缺乏培养学生就业方面的能力。因此要通过构建两者之间有效的合作机制，将普通教育与职业教育相结合，利用两类资源培养特色人才。如浙江省宁波市首批普职融通育人模式改革试点学校，让学生根据自身的学习特点，自主做出选择，这尊重了学生的个性与特长发展。与此同时，还可借鉴西方国家中职教育的成功经验，融合双方的办学优点，因地制宜使用普职融通的思想指导办学，通过职普渗透的联动互补，使农村职业教育成为精准扶贫的“造血器”。中国教育走上世界舞台，职业教育不可或缺。以全球视野来规划中国职业教育的改革与未来发展，应推进职业教育发展向“两头延伸”。一方面考虑“向上”探索，构建并打造高职院校、普通高校、中职学校之间的“立交桥”，实现中职教育和高职教育的协同发展，或者中职学段（三年）和高职学段（二年）一体化的人才培养方案，产教融合；另一方面考虑“向下”贯通，通过培训下岗农民和工人，提升他们的工作技能。职业教育与普通教育之间的融通，有助于提升中国职业教育的国际化水平。

（三）采取多种手段促进减贫

农村贫困受到多种因素的影响，除受教育水平、受教育层次、受教育类型等外，还有经济增长、收入差距、居民健康、土地流转等。在此，针对这些方面提出了如下政策建议。

1. 加快农村经济增长，缩小城乡收入差距

从实证结果可知，农村经济增长能够有效地降低贫困程度，对农村贫困减缓起到有效的促进作用。“亲贫增长”策略强调的是让贫困农户能够积极参与到经济增长的过程中，让贫困农户能够直接地从经济增长中获得好处。鉴于“亲贫增长”策略能够对贫困减缓起到有效的促进作用，政府要继续发挥“亲贫增长”策略的反贫困功能。但是对于“亲贫增长”策略，我们应该时刻注意和深入认识经济增长对贫困影响的路径和方式，尤为重要的是要密切关注经济增长对贫困影响的动态变化，以便能够有效避免“不利于穷人的增长”现象的发生，从而兼顾贫困减缓和经济的良性增长。此外，防止收入差距过大。其实，收入完全平等是一种不可能的现象，收入差距就像贫困现象一样总会存在，只是程度有所差异而已。将收入差距控制在合理的层面并非一件坏事，合理的收入差距能够提高经济效率，但是，过犹不及，收入差距过大则会加大贫困程度。因此，为了防止收入差距过大，可以通过调整生产要素价格政策，改变转移支付制度。同时制定财产、权利、受教育机会和就业机会等的分配政策来进行缓解。

2. 完善医疗保障体系，提高农村家庭的健康水平

健康投资是人力资本投资的重要组成部分，只有拥有健康这一人力资本，其他形式的人力资本才能得以施展，因此，自身健康是提升人力资本投资的前提和基础。因为个人的健康不仅会影响个人工作时间的长短，还能够影响个人的预期寿命，从而影响到个人的收入情况，而这些因素往往又直接和贫困存在密切的关系。因此，关注个人健康也是降低贫困程度的一个重要环节。根据2017年《中国农村贫困监测报告》也可以发现，身体健康状况与农村贫困发生率呈现负相关关系，以2016年为例，身体健康状况较好的人群中，贫困发生率为4.2%；身体状况基本健康的人群中，贫困发生率为6.3%；而身体不健康的人群中，贫困发生率为8.3%。由此可见，身体健康是影响贫困的重要因素，身体健康的人群更能够有机会获取收入，从而逃离贫困状态，而身体状况欠佳的人往往容易陷入贫困。当前，在农村地区，由于农民健康意识相对淡薄，医疗卫生条件落后，“因病致贫、因病返贫”的现象较为普遍。所以，有效提高贫困人口的健康水平，对阻断贫困的代际传递、有效减缓农村家庭陷入贫困非常重要。为此，我们需要从以下方面努力建立健全农村医疗保障制度，让农村居民拥有一个健康的体魄。

第一，各县级或者乡镇医院要积极向贫困人口宣传健康保健知识，应每年给农民提供免费体检服务。让他们能够深刻认识到贫困与其自身的健康存在密切关系，不良的卫生和生活习惯极有可能导致贫困的发生，进而让贫困人口自身养成良好的卫生习惯，自觉提高自身健康水平。第二，政府需要加大对农村贫困地区医疗基础设施的投入力度，同时通过拓展筹资渠道，让社会、个人更多地参与农村医疗建设，在政府、社会、个人携手共同努力下，改善农村医疗卫生条件，提高农村贫困人口的健康水平。第三，规范医疗卫生机构和药品价格，让贫困人口能够有地方看病，看得起病，买得起药。不能因为看病贵、看病难而导致病情拖延以致加重；同时政府应该完善医疗机构的补偿机制，在医疗方面给予贫困人口补贴和优惠。第四，充实农村医疗卫生人员，完善各项政策制度。提高农村医疗卫生人员的福利待遇，积极引导更多的优秀医生到乡镇、农村医疗机构工作，同时定期安排专家医生到农村医疗机构坐诊。此外，也要重视基层医疗人员自身培训，每年安排部分基层医疗人员到县级或者市级医院进行进修和实践，提高其医疗技术水平。

3. 推动土地流转，盘活农村家庭撂荒土地

通过实证结果可知，土地流转能够有效改善农村家庭贫困状态，抑制贫困的发生。因此，应该推动土地流转，盘活撂荒土地。具体来说，可以通过以下途径予以推进。第一，创造非农就业机会，让农民退出农业生产，从事非农工作。农民让出土地有利于非农就业机会和土地流转两者紧密地结合，为实行农业规模经营打下坚实的基础。第二，确保农村土地确权登记落实到位，将农村土地法制化、制度化。通过相应的宣传工作，消除农民在土地流转过程中的种种顾虑和担忧，让农民能够坚信自己才是土地流转过程中的主体，从而为土地流转顺利推进创造有利条件。第三，构建完善的社会保障制度，切实保障农民的土地权益。在尚未建立完善的社会保障制度时，土地承担了农民的基本生活保障，所以，建立完善的社会保障制度是土地流转顺利进行的一个重要前提和基础。同时，相应的土地流转补偿体系也应该落实到位，这有利于减轻农户土地流转之后的心理负担，从而有利于提高农户流转土地的积极性。第四，建立土地流转的监管制度，为流转双方提供政策咨询等服务。规定土地流转具体用途，消除通过土地流转来套取国家补贴和违背土地流转合同内容的行为。对土地流转过程中不合法的行为要严惩不贷，同时避免“非耕作化”现象发生。

4. 构建“以人为本”的教育反贫困战略，走脱贫致富之路

“以人为本”，是教育反贫困的根本出发点，中国农村在反贫困过程中，要始终坚持“以人为本”的基本思想。所谓“以人为本”就是要让更多的贫困居民具有参与发展的机会、能力、愿望和岗位等。通过“以人为本”，努力解决农村贫困人口的低收入问题，让他们摆脱贫困的束缚。构建“以人为本”的发展观，走文化扶贫之路，不断向农村贫困人口灌输新的知识、新的文化、新的世界观和价值观；同时将先进的科学技术和信息传授给他们，提高贫困人口的人力资本水平，提高他们的信息获取能力、资源配置能力、知识储备能力等，从而提升贫困人口的劳动生产率和让他们有更多就业机会，满足贫困人口的基本生存需要。这才是投入少、产出多的最直接途径，能够从根本上让贫困人口摆脱贫困，避免他们返贫，最终实现贫困人口脱贫致富。

除此之外，还应该加强农村交通基础设施建设，提高农业机械化生产水平，加大产业扶贫力度，如产业化经营绿色农业，大力推动旅游扶贫、“互联网 + 电商扶贫”等，以助推农村经济快速发展，提高农民收入，让农民摆脱贫困。

参考文献

[1] 阿玛蒂亚·森：《贫困与饥荒》，王宇、王文玉译，商务印书馆，2001。

[2] 白菊红、袁飞：《农民收入水平与农村人力资本关系分析》，《农业技术经济》2003年第1期，第16~18页。

[3] 白重恩、李宏彬、吴斌珍：《医疗保险与消费：来自新型农村合作医疗的证据》，《经济研究》2012年第2期，第41~53页。

[4] 贝弗里奇：《贝弗里奇报告》，劳动和社会保障部社会保险研究所组织翻译，中国劳动社会保障出版社，2004。

[5] 毕少斌、刘爱龙：《社会救济、人权保障与反贫困》，《学术交流》2012年第10期，第121~125页。

[6] 蔡昉、王德文：《经济增长成分变化与农民收入源泉》，《管理世界》2005年第5期，第77~83页。

[7] 蔡昉：《理解中国经济发展的过去、现在和将来——基于一个贯通的增长理论框架》，《经济研究》2013年第11期，第4~16页。

[8] 曹海娟：《“教育致贫”问题探析》，《教育发展研究》2010年第11期，第40~44页。

[9] 曹阳、王春超：《中国小农市场化：理论与计量研究》，《华中师范大学学报》（人文社会科学版）2009年第6期，第39~47页。

[10] 陈标平、胡传明：《建国60年中国农村反贫困模式演进与基本经验》，《求实》2009年第7期，第82~86页。

[11] 陈斌开、林毅夫：《金融抑制、产业结构与收入分配》，《世界经济》2012年第1期，第3~23页。

[12] 陈飞、翟伟娟：《农户行为视角下农地流转诱因及其福利效应研究》，《经济研究》2015年第10期，第163~177页。

[13] 陈丰龙、徐康宁、王美昌：《高铁发展与城乡居民收入差距：来自中国城市的证据》，《经济评论》2018年第2期，第59~73页。

[14] 陈晋玲：《教育层次结构与经济增长关系的实证研究——基于2000~2011年面板数据分析》，《重庆大学学报》（社会科学版）2013年第5期，第166~172页。

[15] 陈南岳：《我国农村生态贫困研究》，《中国人口·资源与环境》2003年第4期，第42~45页。

[16] 陈强：《高级计量经济学及Stata应用》，高等教育出版社，2014。

[17] 陈伟、乌尼日其其格：《职业教育与普通高中教育收入回报之差异》，《社会》2016年第2期，第167~190页。

[18] 陈锡文：《试析新阶段的农业、农村和农民问题》，《宏观经济研究》2001年第11期，第12~19页。

[19] 陈晓宇、闵维方：《我国高等教育个人收益率研究》，《高等教育研究》1998年第6期，第34~39页。

[20] 陈英杰：《论高等职业教育是一种教育类型》，《三门峡职业技术学院学报》2006年第1期，第9~13页。

[21] 陈忠文：《山区农村贫困机理及脱贫机制实证研究——一个交易成本视角》，博士学位论文，华中农业大学，2013。

[22] 程名望、Jin Yanhong、盖庆恩等：《农村减贫：应该更关注教育还是健康？——基于收入增长和差距缩小双重视角的实证》，《经济研究》2014年第11期，第130~144页。

[23] 程名望、史清华、徐剑侠：《中国农村劳动力转移动因与障碍的一种解释》，《经济研究》2006年第4期，第68~78页。

[24] 初帅、孟凡强：《高校扩招与教育回报率的城乡差异——基于断点回归的设计》，《南方经济》2017年第10期，第16~35页。

[25] 初帅：《高等教育发展与人口城镇化——来自中国高校扩招的证

据》,《中国人口科学》2016 年第 4 期,第 105 ~ 112 页。

[26] 储德银、何鹏飞、梁若冰:《主观空气污染与居民幸福感——基于断点回归设计下的微观数据验证》,《经济学动态》2017 年第 2 期,第 88 ~ 101 页。

[27] 储德银、赵飞:《财政分权与农村贫困——基于中国数据的实证检验》,《中国农村经济》2013 年第 4 期,第 79 ~ 91 页。

[28] 从立丽、李新然:《反贫困途径中的人力资本浅析》,《云南农业大学学报》(社会科学版) 2008 年第 6 期,第 9 ~ 12 页。

[29] 崔艳娟、孙刚:《金融发展是贫困减缓的原因吗? ——来自中国的证据》,《金融研究》2012 年第 11 期,第 116 ~ 127 页。

[30] 邓维杰:《贫困村分类与针对性扶贫开发》,《农村经济》2013 年第 5 期,第 42 ~ 44 页。

[31] 丁建军:《中国 11 个集中连片特困区贫困程度比较研究——基于综合发展指数计算的视角》,《地理科学》2014 年第 12 期,第 1418 ~ 1427 页。

[32] 丁志国、徐德财、赵晶:《农村金融有效促进了我国农村经济发展吗》,《农业经济问题》2012 年第 9 期,第 52 ~ 59 页。

[33] 董志华:《人力资本与经济增长互动关系研究——基于中国人力资本指数的实证分析》,《宏观经济研究》2017 年第 4 期,第 88 ~ 98 页。

[34] 杜凤莲、孙婧芳:《贫困影响因素与贫困敏感性的实证分析——基于 1991 ~ 2009 的面板数据》,《经济科学》2011 年第 3 期,第 57 ~ 67 页。

[35] 樊怀玉、郭志仪:《贫困论:贫困与反贫困的理论与实践》,民族出版社,2002。

[36] 樊丽明、解垩:《公共转移支付减少了贫困脆弱性吗?》,《经济研究》2014 年第 8 期,第 67 ~ 78 页。

[37] 樊士德、江克忠:《中国农村家庭劳动力流动的减贫效应研究——

基于 CFPS 数据的微观证据》，《中国人口科学》2016 年第 5 期，第 26 ~ 34 页。

[38] 范静波：《2003 ~ 2008 年间中国教育收益变动趋势研究》，《统计与信息论坛》2011 年第 8 期，第 47 ~ 52 页。

[39] 方鸣、应瑞瑶：《中国城乡居民的代际收入流动及分解》，《中国人口·资源与环境》2010 年第 5 期，第 123 ~ 128 页。

[40] 冯贺霞、王小林、夏庆杰：《收入贫困与多维贫困关系分析》，《劳动经济研究》2015 年第 6 期，第 38 ~ 58 页。

[41] 高帅、王征兵：《贫困地区农村人口粮食消费及成因分析》，《中国人口科学》2013 年第 2 期，第 101 ~ 109 页。

[42] 高艳云、王曦璟：《教育改善贫困效应的地区异质性研究》，《统计研究》2016 年第 9 期，第 70 ~ 77 页。

[43] 葛宏、吴宝晶、欧阳放：《绿色扶贫是环境与经济的双赢选择》，《经济问题探索》2001 年第 10 期，第 37 ~ 40 页。

[44] 关爱萍、李静宜：《人力资本、社会资本与农户贫困——基于甘肃省贫困村的实证分析》，《教育与经济》2017 年第 1 期，第 66 ~ 74 页。

[45] 关搏：《中国教育不平等与收入分配差距相互影响的数量研究》，硕士学位论文，西南财经大学，2013。

[46] 郭君平、曲颂、夏英：《参与式社区综合发展减缓消费贫困的净效应及其精准性——以恩格尔系数为贫困测量指标的实证分析》，《现代财经：天津财经大学学报》2017 年第 11 期，第 103 ~ 113 页。

[47] 郭书君、米红：《我国高等教育规模与城市化互动发展的实证研究》，《现代大学教育》2005 年第 5 期，第 45 ~ 48 页。

[48] 郭熙保、周强：《长期多维贫困、不平等与致贫因素》，《经济研究》2016 年第 6 期，第 143 ~ 156 页。

[49] 郭熙保、周强：《中国农村代际多维贫困实证研究》，《中国人口

科学》2017 年第 4 期，第 77～86 页。

[50] 杭永宝：《中国教育对经济增长贡献率分类测算及其相关分析》，《教育研究》2007 年第 2 期，第 38～47 页。

[51] 贺立龙、黄科、郑怡君：《信贷支持贫困农户脱贫的有效性：信贷供求视角的经验实证》，《经济评论》2018 年第 1 期，第 62～77 页。

[52] 洪兴建、邓倩：《中国农村贫困的动态研究》，《统计研究》2013 年第 5 期，第 25～30 页。

[53] 侯亚景、周云波：《收入贫困与多维贫困视角下中国农村家庭致贫机理研究》，《当代经济科学》2017 年第 2 期，第 116～123 页。

[54] 侯亚景：《中国农村长期多维贫困的测量、分解与影响因素分析》，《统计研究》2017 年第 11 期，第 86～97 页。

[55] 胡兵、赖景生、胡宝娣：《经济增长、收入分配与贫困缓解——基于中国农村贫困变动的实证分析》，《数量经济技术经济研究》2007 年第 5 期，第 33～42 页。

[56] 胡晓山：《浅论“重债穷国计划”对受援国的宏观经济影响》，《世界经济研究》2005 年第 7 期，第 31～36 页。

[57] 胡宗义、罗柳丹：《小额信贷缓减农村贫困的效用研究——基于面板模型的分析》，《财经理论与实践》2016 年第 3 期，第 10～15 页。

[58] 江刚：《全球气候变暖对穷国的影响最严重》，《中国环境科学》2001 年第 6 期，第 497 页。

[59] 姜大源：《职业教育：类型与层次辨》，《中国职业技术教育》2008 年第 1 期，第 1 页。

[60] 蒋翠侠、许启发、李亚琴：《中国家庭多维贫困的统计测度》，《统计与决策》2011 年第 22 期，第 92～95 页。

[61] 蒋俊朋、田国强、郭沛：《中国区域财政支农投入：地区差距的度量及分解》，《中国农村经济》2011 年第 8 期，第 33～40 页。

[62] 康继军、郭蒙、傅蕴英：《要想富，先修路？——交通基础设施建设、交通运输业发展与贫困减少的实证研究》，《经济问题探索》2014 年第 9 期，第 41 ~ 46 页。

[63] 康晓光：《90 年代我国的贫困与反贫困问题分析》，《战略与管理》1995 年第 4 期，第 64 ~ 71 页。

[64] 兰桂华、吴树华：《农村小额信贷：以金融手段反贫困的国际考察与借鉴》，《农村经济》2007 年第 9 期，第 47 ~ 50 页。

[65] 雷明：《绿色发展下生态扶贫》，《中国农业大学学报》（社会科学版）2017 年第 5 期，第 87 ~ 94 页。

[66] 雷晓燕、谭力、赵耀辉：《退休会影响健康吗？》，《经济学（季刊）》2010 年第 4 期，第 1539 ~ 1558 页。

[67] 李长健、胡月明：《城乡贫困代际传递的比较研究》，《财经问题研究》2017 年第 3 期，第 99 ~ 105 页。

[68] 李春玲：《高等教育扩张与教育机会不平等——高校扩招的平等化效应考查》，《社会学研究》2010 年第 3 期，第 82 ~ 113 页。

[69] 李春玲：《文化水平如何影响人们的经济收入——对目前教育的经济收益率的考查》，《社会学研究》2003 年第 3 期，第 64 ~ 76 页。

[70] 李江一、李涵：《新型农村社会养老保险对老年人劳动参与的影响——来自断点回归的经验证据》，《经济学动态》2017 年第 3 期，第 62 ~ 73 页。

[71] 李静、楠玉、刘霞辉：《中国经济稳增长难题：人力资本错配及其解决途径》，《经济研究》2017 年第 3 期，第 18 ~ 31 页。

[72] 李锴、齐绍洲：《贸易开放、经济增长与中国二氧化碳排放》，《经济研究》2011 年第 11 期，第 60 ~ 72 页。

[73] 李磊、胡博、郑妍妍：《肥胖会传染吗？》，《经济学（季刊）》2016 年第 1 期，第 429 ~ 452 页。

[74] 李锐、赵茂林：《中国西部农村"教育反贫困"战略报告》，中国

社会科学出版社，2006。

[75] 李实、丁赛：《中国城镇教育收益率的长期变动趋势》，《中国社会科学》2003 年第 6 期，第 58 ~72 页。

[76] 李小云、张雪梅、唐丽霞：《当前中国农村的贫困问题》，《中国农业大学学报》2005 年第 4 期，第 67 ~74 页。

[77] 李晓嘉：《教育能促进脱贫吗——基于 CFPS 农户数据的实证研究》，《北京大学教育评论》2015 年第 4 期，第 110 ~122 页。

[78] 李振宇、张昭：《教育对个体健康人力资本的影响——以义务教育法实施为工具变量》，《教育与经济》2017 年第 3 期，第 61 ~67 页。

[79] 廉信：《职业教育助力精准扶贫研究现状与反思》，《教育科学论坛》2017 年第 33 期，第 65 ~70 页。

[80] 林闽钢、张瑞利：《农村贫困家庭代际传递研究——基于 CHNS 数据的分析》，《农业技术经济》2012 年第 1 期，第 29 ~35 页。

[81] 刘斌、李磊、莫骄：《幸福感是否会传染》，《世界经济》2012 年第 6 期，第 132 ~160 页。

[82] 刘纯阳：《人力资本投资对贫困地区农民增收作用的实证分析——对湖南西部贫困县的实证分析》，《教育与经济》2005 年第 2 期，第 9 ~14 页。

[83] 刘华军、杨骞：《环境污染、时空依赖与经济增长》，《产业经济研究》2014 年第 1 期，第 81 ~91 页。

[84] 刘生龙、周绍杰、胡鞍钢：《义务教育法与中国城镇教育回报率：基于断点回归设计》，《经济研究》2016 年第 2 期，第 154 ~167 页。

[85] 刘万霞：《职业教育对农民工就业的影响——基于对全国农民工调查的实证分析》，《管理世界》2013 年第 5 期，第 64 ~75 页。

[86] 刘晓昀、辛贤：《贫困地区农村基础设施投资对农户收入和支出的影响》，《中国农村观察》2003 年第 1 期，第 31 ~36 页。

[87] 刘修岩、章元、贺小海：《教育与消除农村贫困：基于上海市农户调查数据的实证研究》，《中国农村经济》2007 年第 10 期，第

61～68页。

[88] 刘一伟、汪润泉:《收入差距、社会资本与居民贫困》,《数量经济技术经济研究》2017年第9期,第75～92页。

[89] 刘一伟:《社会保障支出对居民多维贫困的影响及其机制分析》,《中央财经大学学报》2017年第7期,第7～18页。

[90] 刘渝琳、林永强:《FDI与中国贫困变动非线性关系研究》,《经济科学》2011年第6期,第90～102页。

[91] 柳建平、刘卫兵:《西部农村教育与减贫研究——基于甘肃14个贫困村调查数据的实证分析》,《教育与经济》2017年第1期,第75～80页。

[92] 卢盛峰、陈思霞、张东杰:《教育机会、人力资本积累与代际职业流动——基于岳父母/女婿配对数据的实证分析》,《经济学动态》2015年第2期,第19～32页。

[93] 卢盛峰、卢洪友:《政府救助能够帮助低收入群体走出贫困吗?——基于1989～2009年CHNS数据的实证研究》,《财经研究》2013年第1期,第4～16页。

[94] 卢盛峰、潘星宇:《中国居民贫困代际传递:空间分布、动态趋势与经验测度》,《经济科学》2016年第6期,第5～19页。

[95] 鲁钊阳:《民族地区农村金融发展的反贫困效应研究》,《农村经济》2016年第1期,第95～102页。

[96] 陆铭、陈钊:《城市化、城市倾向的经济政策与城乡收入差距》,《经济研究》2004年第6期,第50～58页。

[97] 陆小华:《作为反贫困对策的职业教育与农村职教改革(节选)》,《中国农业教育》1998年第3期,第24～27页。

[98] 罗楚亮:《经济增长、收入差距与农村贫困》,《经济研究》2012年第2期,第15～27页。

[99] 罗楚亮:《农村贫困的动态变化》,《经济研究》2010年第5期,第123～138页。

[100] 吕健:《中国城市化水平的空间效应与地区收敛分析:1978～2009年》,《经济管理》2011年第9期,第32～44页。

[101] 吕晓娟、王嘉毅:《失落的声音——东乡族女童成长历程的教育人类学考察》,《西北民族研究》2009年第1期,第192～199页。

[102] 吕勇斌、赵培培:《我国农村金融发展与反贫困绩效研究:基于2003～2010年的经验证据》,《农业经济问题》2014年第1期,第54～60页。

[103] 马光荣、纪洋、徐建炜:《大学扩招如何影响高等教育溢价?》,《管理世界》2017年第8期,第52～63页。

[104] 马磊、魏天保:《高校扩招后我国大学学历溢价的波动研究——基于2003～2013年CGSS数据的分析》,《教育科学》2017年第1期,第59～67页。

[105] 毛伟、李超、居占杰等:《教育能缓解农村贫困吗?——基于半参数广义可加模型的实证研究》,《云南财经大学学报》2014年第1期,第101～109页。

[106] 莫光辉:《绿色减贫:脱贫攻坚战的生态扶贫价值取向与实现路径——精准扶贫绩效提升机制系列研究之二》,《现代经济探讨》2016年第11期,第10～14页。

[107] 彭兴庭:《"因教致贫":农家子弟上大学的一道坎》,《教育与职业》2005年第19期,第65页。

[108] 祁毓、卢洪友:《污染、健康与不平等——跨越"环境健康贫困"陷阱》,《管理世界》2015年第9期,第32～51页。

[109] 单德朋、郑长德、王英:《贫困乡城转移、城市化模式选择对异质性减贫效应的影响》,《中国人口·资源与环境》2015年第9期,第81～92页。

[110] 单德朋:《教育效能和结构对西部地区贫困减缓的影响研究》,《中国人口科学》2012年第5期,第84～94页。

[111] 尚卫平、姚智谋:《多维贫困测度方法研究》,《财经研究》2005

年第 12 期，第 88 ~ 94 页。

[112] 邵琳：《人力资本与区域经济增长》，《人口学刊》2014 年第 2 期，第 74 ~ 81 页。

[113] 石大千、张卫东：《高校扩招缩小了城乡收入差距吗?》，《教育与经济》2017 年第 5 期，第 37 ~ 47 页。

[114] 世界银行：《1990 年世界发展报告：贫困问题 · 社会发展指标》，中国财政经济出版社，1990。

[115] 宋本江：《人力资源开发：少数民族地区反贫困的根本途径——以湖南湘西地区为例》，《经济研究导刊》2009 年第 3 期，第 183 ~ 184 页。

[116] 宋玉兰、张梦醒、范宏民等：《连片特困少数民族地区教育层次结构对农民收入增长的作用——以南疆三地州为例》，《人口与经济》2017 年第 2 期，第 90 ~ 96 页。

[117] 苏静：《中国农村金融发展的减贫效应研究》，博士学位论文，湖南大学，2015。

[118] 谭燕芝、张子豪、眭张媛：《非正规金融能否促进农户脱贫——基于 CFPS2012 年微观数据的实证分析》，《农业技术经济》2017 年第 2 期，第 41 ~ 50 页。

[119] 唐玉凤、黄如兰、吴娜：《我国农村弱势群体非农就业的现状、问题与对策——以湖南省 16 个贫困县（市）为例》，《经济地理》2008 年第 6 期，第 973 ~ 977 页。

[120] 童星、林闽钢：《我国农村贫困标准线研究》，《中国社会科学》1994 年第 3 期，第 86 ~ 98 页。

[121] 童玉芬、尹德挺：《西北地区贫困人口问题研究》，《人口学刊》2009 年第 2 期，第 10 ~ 15 页。

[122] 万广华、刘飞、章元：《资产视角下的贫困脆弱性分解：基于中国农户面板数据的经验分析》，《中国农村经济》2014 年第 4 期，第 4 ~ 19 页。

[123] 汪三贵、王彩玲:《交通基础设施的可获得性与贫困村劳动力迁移——来自贫困村农户的证据》,《劳动经济研究》2015 年第 6 期,第 22 ~ 37 页。

[124] 王春超、叶琴:《中国农民工多维贫困的演进——基于收入与教育维度的考察》,《经济研究》2014 年第 12 期,第 159 ~ 174 页。

[125] 王春超:《农村土地流转、劳动力资源配置与农民收入增长:基于中国 17 省份农户调查的实证研究》,《农业技术经济》2011 年第 1 期,第 93 ~ 101 页。

[126] 王春超:《增加农民收入的关键因素及主要对策——以湖北省为例的研究》,《经济科学》2004 年第 1 期,第 17 ~ 29 页。

[127] 王大超、袁晖光:《关于我国贫困地区职业技术教育问题的思考》,《中国职业技术教育》2012 年第 30 期,第 53 ~ 57 页。

[128] 王大江、孙雯雯、闫志利:《职业教育精准扶贫:理论基础、实践效能与推进措施》,《职业技术教育》2016 年第 34 期,第 47 ~ 51 页。

[129] 王弟海:《健康人力资本、经济增长和贫困陷阱》,《经济研究》2012 年第 6 期,第 143 ~ 155 页。

[130] 王飞跃:《职业教育保障与反贫困研究》,经济科学出版社,2011。

[131] 王广慧、张世伟:《义务教育法收入效应的实证研究》,《社会科学辑刊》2009 年第 4 期,第 106 ~ 109 页。

[132] 王国光:《发展中国家职业教育反贫困的路径分析——基于尼日利亚的实践》,《职教论坛》2016 年第 33 期,第 87 ~ 91 页。

[133] 王海港、黄少安、李琴等:《职业技能培训对农村居民非农收入的影响》,《经济研究》2009 年第 9 期,第 128 ~ 139 页。

[134] 王海港:《中国居民收入分配的代际流动》,《经济科学》2005 年第 2 期,第 18 ~ 25 页。

[135] 王嘉毅、封清云、张金:《教育与精准扶贫精准脱贫》,《教育研究》2016 年第 7 期,第 12 ~ 21 页。

[136] 王金营：《中国经济增长与综合要素生产率和人力资本需求》，《中国人口科学》2002 年第 2 期，第 13 ~ 19 页。

[137] 王丽艳、马光荣：《帆随风动、人随财走？——财政转移支付对人口流动的影响》，《金融研究》2017 年第 10 期，第 18 ~ 34 页。

[138] 王美昌、高云虹：《中国城乡贫困变动：2004 ~ 2012》，《中国人口·资源与环境》2017 年第 4 期，第 49 ~ 57 页。

[139] 王伟宜：《高等教育入学机会获得的阶层差异分析——基于 1982 ~ 2010 年我国 16 所高校的实证调查》，《高等教育研究》2013 年第 12 期，第 35 ~ 44 页。

[140] 王玺玮：《教育对农村地区反贫困的影响研究——基于湖北省 13 个市州面板数据的实证分析》，《社会保障研究》2017 年第 4 期，第 82 ~ 89 页。

[141] 王向楠：《农业贷款、农业保险对农业产出的影响——来自 2004 ~ 2009 年中国地级单位的证据》，《中国农村经济》2011 年第 10 期，第 44 ~ 51 页。

[142] 王小华、王定祥、温涛：《中国农贷的减贫增收效应：贫困县与非贫困县的分层比较》，《数量经济技术经济研究》2014 年第 9 期，第 40 ~ 55 页。

[143] 王小林、Sabina Alkire：《中国多维贫困测量：估计和政策含义》，《中国农村经济》2009 年第 12 期，第 4 ~ 10 页。

[144] 王小林：《贫困标准及全球贫困状况》，《经济研究参考》2012 年第 55 期，第 41 ~ 50 页。

[145] 王延中、王俊霞：《更好发挥社会救助制度反贫困兜底作用》，《国家行政学院学报》2015 年第 6 期，第 67 ~ 71 页。

[146] 王雨林：《转型期中国农村贫困问题研究》，博士学位论文，浙江大学，2007。

[147] 温涛、朱炯、王小华：《中国农贷的“精英俘获”机制：贫困县与非贫困县的分层比较》，《经济研究》2016 年第 2 期，第 111 ~

125 页。

[148] 文宏、谭学兰：《农村家庭“因教致贫”现象解读与政策建议——基于脆弱性理论视角》，《西北农林科技大学学报》（社会科学版）2015 年第 2 期，第 113 ~ 120 页。

[149] 西奥多·舒尔茨：《人力资本投资：教育和研究的作用》，蒋斌、张蘅译，商务印书馆，1990。

[150] 夏庆杰、宋丽娜、Simon Appleton：《中国城镇贫困的变化趋势和模式：1988 ~ 2002》，《经济研究》2007 年第 9 期，第 96 ~ 111 页。

[151] 夏庆杰、宋丽娜、Simon Appleton 等：《经济增长与农村反贫困》，《经济学（季刊）》2010 年第 3 期，第 851 ~ 870 页。

[152] 向运华、刘欢：《农村人口外出流动与家庭多维贫困动态演进》，《吉林大学社会科学学报》2016 年第 6 期，第 84 ~ 95 页。

[153] 解垩：《公共转移支付与老年人的多维贫困》，《中国工业经济》2015 年第 11 期，第 32 ~ 46 页。

[154] 解垩：《养老金与老年人口多维贫困和不平等研究——基于非强制养老保险城乡比较的视角》，《中国人口科学》2017 年第 5 期，第 62 ~ 73 页。

[155] 解垩：《中国老年家庭的经济脆弱性与贫困》，《人口与发展》2014 年第 2 期，第 67 ~ 75 页。

[156] 谢沁怡：《人力资本与社会资本：谁更能缓解贫困?》，《上海经济研究》2017 年第 5 期，第 51 ~ 60 页。

[157] 谢婷婷、司登奎：《收入流动性、代际传递与农村反贫困——异质性视角下新疆 30 个贫困县的实证分析》，《上海财经大学学报》2014 年第 1 期，第 62 ~ 68 页。

[158] 邢春冰：《教育扩展、迁移与城乡教育差距——以大学扩招为例》，《经济学（季刊）》2013 年第 4 期，第 207 ~ 232 页。

[159] 徐飞、李强谊：《后金融危机时期我国工农业乘数效应研究》，《经济理论与经济管理》2016 年第 10 期，第 99 ~ 112 页。

[160] 徐月宾、刘凤芹、张秀兰：《中国农村反贫困政策的反思——从社会救助向社会保护转变》，《中国社会科学》2007年第3期，第40~53页。

[161] 许锋华、盘彦镞：《反贫困视域下连片特困地区职业教育定向培养模式的建构》，《中南民族大学学报》（人文社会科学版）2017年第1期，第64~67页。

[162] 颜敏：《技能高中还是普通高中？——中国农村学生的教育选择》，《中国农村经济》2012年第9期，第37~49页。

[163] 杨国涛、东梅、张会萍：《家庭特征对农户贫困的影响：基于西海固分户调查数据的分析》，《农业技术经济》2010年第4期，第42~48页。

[164] 杨娟、赖德胜、邱牧远：《如何通过教育缓解收入不平等?》，《经济研究》2015年第9期，第86~99页。

[165] 杨俊、黄潇：《基于教育差距引致农村贫困的背景观察》，《改革》2010年第3期，第110~119页。

[166] 杨小敏：《"教育致贫"的形成机制、原因和对策》，《复旦教育论坛》2007年第3期，第36~40页。

[167] 姚毅：《城乡贫困动态演化的实证研究——基于家庭微观面板数据的解读》，《财经科学》2012年第5期，第99~108页。

[168] 姚云云、班保申：《新常态下我国农村人文贫困识别——"包容性发展"价值理念的解释》，《西南交通大学学报》（社会科学版）2016年第3期，第36~43页。

[169] 叶初升、赵锐：《中国农村的动态贫困：状态转化与持续——基于中国健康与营养调查微观数据的生存分析》，《华中农业大学学报》（社会科学版）2013年第3期，第42~52页。

[170] 叶茂林、郑晓齐、王斌：《教育对经济增长贡献的计量分析》，《数量经济技术经济研究》2003年第1期，第89~92页。

[171] 叶普万：《贫困经济学研究》，中国社会科学出版社，2004。

[172] 易宏军、赵茂林：《西部农村反贫困战略模式："教育反贫困"》，《西北大学学报》（哲学社会科学版）2006 年第 5 期，第 53 ~ 56 页。

[173] 尹飞霄：《人力资本与农村贫困研究：理论与实证》，博士学位论文，江西财经大学，2013。

[174] 余利苹：《思想政治教育视域下的农村性别比失衡问题研究——基于人们重男轻女的生育观念》，《湖北经济学院学报》（人文社会科学版）2017 年第 8 期，第 15 ~ 17 页。

[175] 袁媛、王仰麟、马晶等：《河北省县域贫困度多维评估》，《地理科学进展》2014 年第 1 期，第 124 ~ 133 页。

[176] 岳映平：《我国农村反贫困路径选择的演变分析》，《现代经济探讨》2015 年第 6 期，第 52 ~ 55 页。

[177] 翟荣新、刘彦随：《贫困县农业系统障碍因素诊断与可持续发展——以云南省 73 个国定贫困县为例》，《农业系统科学与综合研究》2008 年第 3 期，第 275 ~ 279 页。

[178] 詹新宇：《市场化、人力资本与经济增长效应——来自中国省际面板数据的证据》，《中国软科学》2012 年第 8 期，第 166 ~ 177 页。

[179] 张兵、翁辰：《农村金融发展的减贫效应——空间溢出和门槛特征》，《农业技术经济》2015 年第 9 期，第 37 ~ 47 页。

[180] 张车伟、蔡翼飞：《中国城镇化格局变动与人口合理分布》，《中国人口科学》2012 年第 6 期，第 44 ~ 57 页。

[181] 张川川、John Giles、赵耀辉：《新型农村社会养老保险政策效果评估——收入、贫困、消费、主观福利和劳动供给》，《经济学（季刊）》2015 年第 1 期，第 203 ~ 230 页。

[182] 张川川、陈斌开：《"社会养老"能否替代"家庭养老"？——来自中国新型农村社会养老保险的证据》，《经济研究》2014 年第 11 期，第 102 ~ 115 页。

[183] 张凡、骆永民、方大春等：《分级教育中性别比对经济增长的影

响》,《西华大学学报》(哲学社会科学版)2016年第5期,第53~60页。

[184] 张克中、冯俊诚、鲁元平:《财政分权有利于贫困减少吗?——来自分税制改革后的省际证据》,《数量经济技术经济研究》2010年第12期,第3~15页。

[185] 张克中、郭熙保:《如何让发展成果由人民共享——亲贫式增长与社区驱动型发展》,《天津社会科学》2009年第4期,第84~89页。

[186] 张立冬:《中国农村贫困代际传递实证研究》,《中国人口·资源与环境》2013年第6期,第45~50页。

[187] 张丽君、董益铭、韩石:《西部民族地区空间贫困陷阱分析》,《民族研究》2015年第1期,第25~35页。

[188] 张莉:《科技进步、人力资本与西部地区农村贫困减缓——基于省级面板数据的实证研究》,《科学学与科学技术管理》2015年第3期,第172~180页。

[189] 张全红、周强:《中国多维贫困的测度及分解:1989~2009年》,《数量经济技术经济研究》2014年第6期,第88~101页。

[190] 张先锋、李燕云、刘有璐:《高校扩招能促进工业企业集聚吗?——基于省级面板数据的实证分析》,《教育与经济》2017年第2期,第19~26页。

[191] 张雪梅、李晶、李小云:《妇女贫困:从农村到城乡,从收入贫困到多维贫困——2000年以来中国“妇女贫困”研究评述与展望》,《妇女研究论丛》2011年第5期,第99~105页。

[192] 张茵、万广华:《全球化加剧了城市贫困吗?》,《经济学(季刊)》2007年第1期,第105~126页。

[193] 张莹、万广华:《我国城市贫困地区差异之研究》,《管理世界》2006年第10期,第50~56页。

[194] 张友琴、肖日葵:《人力资本投资的反贫困机理与途径》,《中共

福建省委党校学报》2008 年第 11 期，第 46 ~ 50 页。

[195] 张兆曙、陈奇：《高校扩招与高等教育机会的性别平等化——基于中国综合社会调查年（CGSS2008）数据的实证分析》，《社会学研究》2013 年第 2 期，第 173 ~ 196 页。

[196] 章冬斌、程瑶：《中国高等教育招生规模与结构的实证研究》，《教育科学》2008 年第 3 期，第 53 ~ 56 页。

[197] 章元、万广华、史清华：《暂时性贫困与慢性贫困的度量、分解和决定因素分析》，《经济研究》2013 年第 4 期，第 119 ~ 129 页。

[198] 章元、万广华、史清华：《中国农村的暂时性贫困是否真的更严重》，《世界经济》2012 年第 1 期，第 144 ~ 160 页。

[199] 赵磊：《旅游发展能否减小城乡收入差距？——来自中国的经验证据》，《旅游学刊》2011 年第 12 期，第 15 ~ 25 页。

[200] 赵茂林：《中国西部地区农村贫困与“教育反贫困”战略的选择》，《甘肃社会科学》2005 年第 1 期，第 138 ~ 141 页。

[201] 钟甫宁、何军：《增加农民收入的关键：扩大非农就业机会》，《农业经济问题》2007 年第 1 期，第 62 ~ 70 页。

[202] 周彬彬：《向贫困挑战》，人民出版社，1991。

[203] 周强、张全红：《中国家庭长期多维贫困状态转化及教育因素研究》，《数量经济技术经济研究》2017 年第 4 期，第 3 ~ 19 页。

[204] 周强：《多维贫困、不平等与反贫困政策绩效评估》，博士学位论文，武汉大学，2017。

[205] 周少甫、王伟、董登新：《人力资本与产业结构转化对经济增长的效应分析——来自中国省级面板数据的经验证据》，《数量经济技术经济研究》2013 年第 8 期，第 65 ~ 77 页。

[206] 周稳海、赵桂玲、尹成远：《农业保险对农业生产影响效应的实证研究——基于河北省面板数据和动态差分 GMM 模型》，《保险研究》2015 年第 5 期，第 60 ~ 68 页。

[207] 周亚虹、许玲丽、夏正青：《从农村职业教育看人力资本对农村

家庭的贡献——基于苏北农村家庭微观数据的实证分析》，《经济研究》2010 年第 8 期，第 55 ~ 65 页。

[208] 周怡：《贫困研究：结构解释与文化解释的对垒》，《社会学研究》2002 年第 3 期，第 49 ~ 63 页。

[209] 周禹彤：《教育扶贫的价值贡献》，博士学位论文，对外经济贸易大学，2017。

[210] 朱农：《论教育对中国农村家庭生产活动和收入的作用》，《中国人口科学》2003 年第 2 期，第 17 ~ 26 页。

[211] 朱容皋：《农村职业教育反贫困责任问题研究》，博士学位论文，湖南农业大学，2009。

[212] 邹波、张彬、柴盈：《我国连片特困区的绿色贫困问题研究》，《上海经济研究》2016 年第 2 期，第 29 ~ 37 页。

[213] 邹红、喻开志：《退休与城镇家庭消费：基于断点回归设计的经验证据》，《经济研究》2015 年第 1 期，第 124 ~ 139 页。

[214] 邹薇、方迎风：《关于中国贫困的动态多维度研究》，《中国人口科学》2011 年第 6 期，第 49 ~ 59 页。

[215] 邹薇、张芬：《农村地区收入差异与人力资本积累》，《中国社会科学》2006 年第 2 期，第 67 ~ 79 页。

[216] Adams Jr. R. H. , "Economic Growth, Inequality and Poverty: Estimating the Growth Elasticity of Poverty," *World Development* 32 (2004): 1989 - 2014.

[217] Addabbo T. , Baldini M. , "Poverty Dynamics and Social Transfers in Italy in the Early 1990s," *International Journal of Manpower* 21 (2000): 291 - 321.

[218] Akudugu M. A. , "Estimation of the Determinants of Credit Demand by Farmers and Supply by Rural Banks in Ghana's Upper East Region," *Asian Journal of Agriculture and Rural Development* 2 (2012): 179 - 190.

[219] Aldaz-Carroll E., Morán R., "Escaping the Poverty Trap in Latin America: The Role of Family Factors," *Cuadernos De Economía* 38 (2001): 155-190.

[220] Alkire S., Roche J. M., Vaz A., "Changes over Time in Multidimensional Poverty: Methodology and Results for 34 Countries," *World Development* 94 (2017): 232-249.

[221] Alkire S., Santos M. E., "Measuring Acute Poverty in the Developing World: Robustness and Scope of the Multidimensional Poverty Index," *World Development* 59 (2014): 251-274.

[222] Angrist J. D., Lavy V., "Using Maimonides' Rule to Estimate the Effect of Class Size on Scholastic Achievement," *The Quarterly Journal of Economics* 114 (1999): 533-575.

[223] Anselin L., Griffith D. A., "Do Spatial Effects Really Matter in Regression Analysis?" *Papers in Regional Science* 65 (1988): 11-34.

[224] Anselin L., Lozano-Gracia N., "Errors in Variables and Spatial Effects in Hedonic House Price Models of Ambient Air Quality," *Empirical Economics* 34 (2008): 5-34.

[225] Anselin L., "Lagrange Multiplier Test Diagnostics for Spatial Dependence and Spatial Heterogeneity," *Geographical Analysis* 20 (1988): 1-17.

[226] Anselin L., "Local Indicators of Spatial Association—LISA," *Geographical Analysis* 27 (1995): 93-115.

[227] Ashenfelter O., "Estimating the Effect of Training Programs on Earnings," *The Review of Economics and Statistics* 60 (1978): 47-57.

[228] Atkinson A. B., Bourguignon F., "The Comparison of Multi-Dimensioned Distributions of Economic Status," *Review of Economic Studies* 49 (1982): 183-201.

[229] Autor D. H., Levy F., Murnane R. J., "The Skill Content of Recent

Technological Change: An Empirical Exploration," *The Quarterly Journal of Economics* 118 (2003): 1279 - 1333.

[230] Balisacan A. M., Pernia E. M., "The Rural Road to Poverty Reduction: Some Lessons from the Philippines Experience," *Journal of Asian and African Studies* 37 (2002): 147 - 167.

[231] Ballarino G., Bernardi F., Requena M., et al., "Persistent Inequalities? —Expansion of Education and Class Inequality in Italy and Spain," *European Sociological Review* 25 (2008): 123 - 138.

[232] Bane M. J., Ellwood D. T., "Slipping into and out of Poverty: The Dynamics of Spells," *Journal of Human Resources* 21 (1986): 1 - 23.

[233] Barbier E. B., "Climate Change Impacts on Rural Poverty in Low-Elevation Coastalzones," *Estuarine Coastal & Shelf Science* 165 (2015): A1 - A13.

[234] Barham V., Boadway R., Marchand M., et al., "Education and the Poverty Trap," *European Economic Review* 39 (1995): 1257 - 1275.

[235] Baulch B., Masset E., "Do Monetary and Nonmonetary Indicators Tell the Same Story about Chronic Poverty? —A Study of Vietnam in the 1990s," *World Development* 31 (2003): 441 - 453.

[236] Bayudan-Dacuycuy C., Lim J. A., "Family Size, Household Shocks and Chronic and Transient Poverty in the Philippines," *Journal of Asian Economics* 29 (2013): 101 - 112.

[237] Becker G. S., Tomes N., "An Equilibrium Theory of the Distribution of Income and Intergenerational Mobility," *The Journal of Political Economy* 87 (1979): 1153 - 1189.

[238] Becker G. S., Tomes N., "Human Capital and the Rise and Fall of Families," *Journal of Labor Economics* 4 (1986): 1 - 39.

[239] Benjamin D., Brandt L., Giles J., "Did Higher Inequality Impede Growth in Rural China?" *The Economic Journal* 121 (2011): 1281 -

1309.

[240] Blanden J., Machin S., "Educational Inequality and the Expansion of United Kingdom Higher Education," *Scottish Journal of Political Economy* 60 (2013): 597-598.

[241] Bonal X., "On Global Absences: Reflections on the Failings in the Education and Poverty Relationship in Latin America," *International Journal of Educational Development* 27 (2007): 86-100.

[242] Bourguignon F., Chakravarty S. R., "The Measurement of Multidimensional Poverty," *The Journal of Economic Inequality* 1 (2003): 25-49.

[243] Brown P. H., Park A., "Education and Poverty in Rural China," *Economics of Education Review* 21 (2002): 523-541.

[244] Calonico S., Cattaneo M. D., Titiunik R., "Robust Data-Driven Inference in the Regression-Discontinuity Design," *Stata Journal* 14 (2014a): 909-946.

[245] Calonico S., Cattaneo M. D., Titiunik R., "Robust Nonparametric Confidence Intervals for Regression Discontinuity Designs," *Econometrica* 82 (2014b): 2295-2326.

[246] Castelló-Climent A., Doménech R., "Human Capital Inequality, Life Expectancy and Economic Growth," *The Economic Journal* 118 (2008): 653-677.

[247] Chakravarty S. R., Mukherjee D., and Ranade R., "On the Family of Subgroup and Factor Decomposable Measures of Multidimensional Poverty," *Research on Economic Inequality* 8 (1998): 175-194.

[248] Chaudhuri S., Ravallion M., "How Well Do Static Indicators Identify the Chronically Poor?" *Journal of Public Economics* 53 (1994): 367-394.

[249] Christiaensen L., Alderman H., "Child Malnutrition in Ethiopia:

Can Maternal Knowledge Augment the Role of Income?" *Economic Development and Cultural Change* 52 (2004): 287 - 312.

[250] Clark D., Royer H., "The Effect of Education on Adult Mortality and Health: Evidence from Britain," *American Economic Review* 103 (2013): 2087 - 2120.

[251] Cremina P., "Education, Development and Poverty Reduction: A Literature Critique," *International Journal of Educational Development* 32 (2012): 499 - 506.

[252] Croes R., "The Role of Tourism in Poverty Reduction: An Empirical Assessment," *Tourism Economics* 20 (2014): 207 - 226.

[253] Decancq K., Lugo M. A., "Weights in Multidimensional Indices of Wellbeing: An Overview," *Econometric Reviews* 32 (2013): 7 - 34.

[254] Dimick J. B., Ryan A. M., "Methods for Evaluating Changes in Health Care Policy: The Difference-in-Differences Approach," *Jama* 312 (2014): 2401 - 2402.

[255] Dollar D., Kraay A., "Growth Is Good for the Poor," *Journal of Economic Growth* 7 (2002): 195 - 225.

[256] Doorn M. V., Pop I., Wolbers M. H. J., "Intergenerational Transmission of Education across European Countries and Cohorts," *European Societies* 13 (2011): 93 - 117.

[257] Du Y., Park A., Wang S., "Migration and Rural Poverty in China," *Journal of Comparative Economics* 33 (2005): 688 - 709.

[258] Duclos J. Y., Araar A., Giles J., "Chronic and Transient Poverty: Measurement and Estimation, with Evidence from China," *Journal of Development Economics* 91 (2010): 266 - 277.

[259] Duncan G. J., Rodgers W., "Has Children's Poverty Become More Persistent?" *American Sociological Review* 56 (1991): 538 - 550.

[260] Elhorst J. P., "Dynamic Spatial Panels: Models, Methods, and In-

ferences," *Journal of Geographical Systems* 14 (2012): 5 –28.

[261] Fan S., Gulati A., Thorat S., "Investment, Subsidies, and Pro-Poor Growth in Rural India," *Agricultural Economics* 39 (2008): 163 –170.

[262] Fang C., Zhang X., Fan S., "Emergence of Urban Poverty and Inequality in China: Evidence from Household Survey," *China Economic Review* 13 (2002): 430 –443.

[263] Fleisher B., Li H., Zhao M. Q., "Human Capital, Economic Growth, and Regional Inequality in China," *Journal of Development Economics* 92 (2010): 215 –231.

[264] Fosu A. K., "Does Inequality Constrain Poverty Reduction Programs? —Evidence from Africa," *Journal of Policy Modeling* 32 (2010): 818 –827.

[265] Fosu A. K., "Growth, Inequality and Poverty in Sub-Saharan Africa: Recent Progress in a Global Context," *Oxford Development Studies* 43 (2015): 44 –59.

[266] Fosu A. K., "Growth, Inequality, and Poverty Reduction in Developing Countries: Recent Global Evidence," *Research In Economics* 71 (2017): 306 –336.

[267] Frazis H., "Human Capital, Signaling, and the Pattern of Returns to Education," *Oxford Economic Papers* 54 (2002): 298 –320.

[268] Fricke H., "Identification Based on Difference in Differences Approaches with Multiple Treatments," *Oxford Bulletin of Economics and Statistics* 79 (2017): 426 –433.

[269] Fujii T., "Dynamic Poverty Decomposition Analysis: An Application to the Philippines," *World Development* 100 (2017): 69 –84.

[270] Galor O., Zeira J., "Income Distribution and Macroeconomics," *The Review of Economic Studies* 60 (1993): 35 –52.

[271] Ghalib A. K., Malki I., Imai K. S., "Microfinance and Household

Poverty Reduction: Empirical Evidence from Rural Pakistan," *Oxford Development Studies* 43 (2015): 84 - 104.

[272] Goedhart T., Halberstadt V., Kapteyn A., et al., "The Poverty Line: Concept and Measurement," *Journal of Human Resources* 12 (1977): 503 - 520.

[273] Grace G., "Education and Poverty in Affluent Countries," *Journal of Education Policy* 26 (2010): 1 - 3.

[274] Gustafsson B., Shi L., "Expenditures on Education and Health Care and Poverty in Rural China," *China Economic Review* 15 (2004): 292 - 301.

[275] Hahn J., Todd P., Van Der Klaauw W., "Identification and Estimation of Treatment Effects with a Regression-Discontinuity Design," *Econometrica* 69 (2001): 201 - 209.

[276] Harper C., Marcus R., Moore K., "Enduring Poverty and the Conditions of Childhood: Lifecourse and Intergenerational Poverty Transmissions," *World Development* 31 (2003): 535 - 554.

[277] Hirschman A. O., "Investment Policies and 'Dualism' in Underdeveloped Countries," *American Economic Review* 47 (1957): 550 - 570.

[278] Hirschman A. O., *The Strategy of Economic Development* (New Haven: Yale University Press, 1958), pp. 15 - 35.

[279] Hollenbeck K., "Postsecondary Education as Triage: Returns to Academic and Technical Programs," *Economics of Education Review* 12 (1993): 213 - 232.

[280] Horii R., Sasaki M., "Dual Poverty Trap: Intra and Intergenerational Linkages in Frictional Labor Markets," *Journal of Public Economic Theory* 14 (2012): 131 - 160.

[281] Hou B., Liao H., Huang J., "Household Cooking Fuel Choice and Economic Poverty: Evidence from a Nationwide Survey in China,"

Energy and Buildings 166 (2018): 319 - 329.

[282] Hoy M., Zheng B., "Measuring Lifetime Poverty," *Journal of Economic Theory* 146 (2011): 2544 - 2562.

[283] Hulme D., Shepherd A., "Conceptualizing Chronic Poverty," *World Development* 31 (2003): 403 - 423.

[284] Imai K. S., Arun T., Annim S. K., "Microfinance and Household Poverty Reduction: New Evidence from India," *World Development* 38 (2010): 1760 - 1774.

[285] Imai K. S., Gaiha R., Thapa G., et al., "Microfinance and Poverty—A Macro Perspective," *World Development* 40 (2012): 1675 - 1689.

[286] Imbens G. W., Lemieux T., "Regression Discontinuity Designs: A Guide to Practice," *Journal of Econometrics* 142 (2008): 615 - 635.

[287] Imbens G., Kalyanaraman K., "Optimal Bandwidth Choice for the Regression Discontinuity Estimator," *The Review of Economic Studies* 79 (2012): 933 - 959.

[288] Inoue T., "Financial Development, Remittances, and Poverty Reduction: Empirical Evidence from a Macroeconomic Viewpoint," *Journal of Economics and Business* 96 (2018): 59 - 68.

[289] Jalan J., and Ravallion M., "Transient Poverty in Post-Reform Rural China," *Journal of Comparative Economics* 26 (1998): 338 - 357.

[290] Jalan J., Ravallion M., "Is Transient Poverty Different? —Evidence for Rural China," *The Journal of Development Studies* 36 (2000): 82 - 99.

[291] Kahyarara G., Teal F., "The Returns to Vocational Training and Academic Education: Evidence from Tanzania," *World Development* 36 (2008): 2223 - 2242.

[292] Kimenyi M. S., Mwabu G., Manda D. K., "Human Capital Externalities and Private Returns to Education in Kenya," *Eastern Econom-*

ic *Journal* 32 (2006): 493 - 513.

[293] Lee D. S., Lemieux T., "Regression Discontinuity Designs in Economics," *Journal of Economic Literature* 48 (2010): 281 - 355.

[294] Lewis O., "Five Families: Mexican Case Studies in the Culture of Poverty," *American Journal of Sociology* 34 (1959): 99 - 100.

[295] Lewis W. A., "Economic Development with Unlimited Supplies of Labour," *The Manchester School* 22 (1954): 139 - 191.

[296] Lewthwaite G. R., "Environmentalism and Determinism: A Search for Clarification," *Annals of the Association of American Geographers* 56 (1966): 1 - 23.

[297] Li S., Sicular T., "The Distribution of Household Income in China: Inequality, Poverty and Policies," *The China Quarterly* 217 (2014): 1 - 41.

[298] Libois F., Somville V., "Fertility, Household Size and Poverty in Nepal," *World Development* 103 (2018): 311 - 322.

[299] Lucas Jr. R. E., "On the Mechanics of Economic Development," *Journal of Monetary Economics* 22 (1988): 3 - 42.

[300] Magombeyi M. T., Odhiambo N. M., "Dynamic Impact of FDI Inflows on Poverty Reduction: Empirical Evidence from South Africa," *Sustainable Cities and Society* 39 (2018): 519 - 526.

[301] Mamun A. A., Mazumder M. N. H., Malarvizhi C. A., "Measuring the Effect of Amanah Ikhtiar Malaysia's Microcredit Programme on Economic Vulnerability among Hardcore Poor Households," *Progress In Development Studies* 14 (2014): 49 - 59.

[302] Mankiw N. G., Romer D., Weil D. N., "A Contribution to the Empirics of Economic Growth," *The Quarterly Journal of Economics* 107 (1992): 407 - 437.

[303] Mcculloch N., Calandrino M., "Vulnerability and Chronic Poverty in

Rural Sichuan," *World Development* 31 (2003): 611 -628.

[304] Meer J., "Evidence on the Returns to Secondary Vocational Education," *Economics of Education Review* 26 (2007): 559 -573.

[305] Meng L., "Evaluating China's Poverty Alleviation Program: A Regression Discontinuity Approach," *Journal of Public Economics* 101 (2013): 1 -11.

[306] Mincer J., *Schooling, Experience, and Earning* (Newyork: Columbia University Press, 1974).

[307] Moenjak T., Worswick C., "Vocational Education in Thailand: A Study of Choice and Returns," *Economics of Education Review* 22 (2003): 99 -107.

[308] Neuman S., Ziderman A., "Vocational Schooling, Occupational Matching, and Labor Market Earnings in Israel," *Journal of Human Resources* 26 (1991): 256 -281.

[309] Odhiambo N. M., "Finance-Growth-Poverty Nexus in South Africa: A Dynamic Causality Linkage," *Journal of Socio-Economics* 38 (2009): 320 -325.

[310] Orshansky M., "Children of the Poor," *Social Security Bulletin* 26 (1963): 3 -13.

[311] Pema E., Mehay S., "Career Effects of Occupation-Related Vocational Education: Evidence from the Military's Internal Labor Market," *Economics of Education Review* 31 (2012): 680 -693.

[312] Pfeffer F. T., "Persistent Inequality in Educational Attainment and Its Institutional Context," *European Sociological Review* 24 (2008): 543 -565.

[313] Piopiunik M., "Intergenerational Transmission of Education and Mediating Channels: Evidence from a Compulsory Schooling Reform in Germany," *The Scandinavian Journal of Economics* 116 (2014): 878 -907.

[314] Polat S., "The Expansion of Higher Education in Turkey: Access, Equality and Regional Returns to Education," *Structural Change and Economic Dynamics* 43 (2017): 1 – 14.

[315] Popescu M. E., Roman M., "Vocational Training and Employability: Evaluation Evidence from Romania," *Evaluation and Program Planning* 67 (2018): 38 – 46.

[316] Puhani P. A., "The Treatment Effect, the Cross Difference, and the Interaction Term in Nonlinear 'Difference-in-Differences' Models," *Economics Letters* 115 (2012): 85 – 87.

[317] Raffo C., Dyson A., Gunter H., et al., "Education and Poverty: Mapping the Terrain and Making the Links to Educational Policy," *International Journal of Inclusive Education* 13 (2009): 341 – 358.

[318] Ranchhod V., Finn A., " Estimating the Short Run Effects of South Africa's Employment Tax Incentive on Youth Employment Probabilities Using a Difference in Differences Approach," *South African Journal of Economics* 84 (2016): 199 – 216.

[319] Ravallion M., "Expected Poverty under Risk-Induced Welfare Variability," *Economic Journal* 98 (1988): 1171 – 1182.

[320] Riphahn R. T., Trübswetter P., "The Intergenerational Transmission of Education and Equality of Educational Opportunity in East and West Germany," *Applied Economics* 45 (2013): 3183 – 3196.

[321] Rodgers J. R., Rodgers J. L., "Chronic Poverty in the United States," *Journal of Human Resources* 28 (1993): 25 – 54.

[322] Rolleston C., "Educational Access and Poverty Reduction: The Case of Ghana 1991 – 2006," *International Journal of Educational Development* 31 (2011): 338 – 349.

[323] Romer P. M., "Increasing Returns and Long-Run Growth," *Journal of Political Economy* 94 (1986): 1002 – 1037.

[324] Rosenstein-Rodan P. N., *Notes on the Theory of the Big Push* (Palgrave Macmillan U K: Economic Development for Latin America, 1961), pp. 1003 - 1026.

[325] Rosenstein-Rodan P. N., "Problems of Industrialisation of Eastern and South-Eastern Europe," *The Economic Journal* 53 (1943): 202 - 211.

[326] Rowntree B. S., *Poverty: A Study of Town Life* (London: Macmillan, 1901), pp. 10 - 30.

[327] Rubin D. B., "Estimating Causal Effects of Treatments in Randomized and Nonrandomized Studies," *Journal of Educational Psychology* 66 (1974): 688 - 701.

[328] Santos M. E., "Tracking Poverty Reduction in Bhutan: Income Deprivation alongside Deprivation in Other Sources of Happiness," *Social Indicators Research* 112 (2013): 259 - 290.

[329] Schultz T. W., "Capital Formation by Education," *Journal of Political Economy* 68 (1960): 571 - 583.

[330] Schultz T. W., "Investment in Human Capital," *American Economic Review* 51 (1961): 1 - 17.

[331] Sen A. K., "Poverty: An Ordinal Approach to Measurement," *Econometica* 44 (1976): 219 - 231.

[332] Shamim A., Azeem P., Naqvi S. M . M. A., "Impact of Foreign Direct Investment on Poverty Reduction in Pakistan," *International Journal of Academic Research in Business and Social Sciences* 4 (2014): 465 - 490.

[333] Sharpley R., Naidoo P., "Tourism and Poverty Reduction: The Case of Mauritius," *Tourism and Hospitality Planning & Development* 7 (2010): 145 - 162.

[334] Son H. H., Kakwani N., "Global Estimates of Pro-Poor Growth," *World Development* 36 (2008): 1048 - 1066.

[335] Tarabini A., Jacovkis J., "The Poverty Reduction Strategy Papers: An Analysis of a Hegemonic Link between Education and Poverty," *International Journal of Educational Development* 32 (2012): 507 - 516.

[336] Thomas F., "Addressing the Measurement of Tourism in Terms of Poverty Reduction: Tourism Value Chain Analysis in Lao PDR and Mali," *International Journal of Tourism Research* 16 (2014): 368 - 376.

[337] Tilak J. B. G., "Post-Elementary Education, Poverty and Development in India," *International Journal of Educational Development* 27 (2007): 435 - 445.

[338] Townsend, P., "Poverty in the Kingdom: A Survey of the Household and Living Standard," *American Journal of Sociology* 88 (1982): 157 - 183.

[339] Tsai P. L., Huang C. H., "Openness, Growth and Poverty: The Case of Taiwan," *World Development* 35 (2007): 1858 - 1871.

[340] Wan G., Zhang Y., "Chronic and Transient Poverty in Rural China," *Economics Letters* 119 (2013): 284 - 286.

[341] Ward P., "Transient Poverty, Poverty Dynamics, and Vulnerability to Poverty: An Empirical Analysis Using a Balanced Panel from Rural China," *World Development* 78 (2016): 541 - 553.

[342] Wedgwood R., "Education and Poverty Reduction in Tanzania," *International Journal of Educational Development* 27 (2007): 383 - 396.

[343] Yao S., Zhang Z., Hanmer L., "Growing Inequality and Poverty in China," *China Economic Review* 15 (2004): 145 - 163.

[344] Yu J., "Multidimensional Poverty in China: Findings Based on the CHNS," *Social Indicators Research* 112 (2013): 315 - 336.

[345] Zhang H., "The Poverty Trap of Education: Education-Poverty Connections in Western China," *International Journal of Educational De-*

velopment 38 (2014): 47 -58.

[346] Zhang J., Zhao Y., Park A., et al., "Economic Returns to Schooling in Urban China, 1988 to 2001," *Journal of Comparative Economics* 33 (2005): 730 -752.

[347] Zhang Y., Zhou X., Lei W., "Social Capital and Its Contingent Value in Poverty Reduction: Evidence from Western China," *World Development* 93 (2017): 350 -361.

[348] Zhou X., Chen J., Li Z., et al., "Impact Assessment of Climate Change on Poverty Reduction: A Global Perspective," *Physics and Chemistry of the Earth* 101 (2017): 214 -223.

本书出版得到湖南省洞庭湖生态经济区建设与发展协同创新中心、湖南省科技创新团队项目“农地流转与农业经营方式转变研究”、中国博士后科学基金资助项目“中国低碳城市试点政策减排效果评估及其作用机制研究”（2019M662721）和湖南省重点建设学科——产业经济学和国家社会科学基金项目“‘三区三州’深度贫困地区贫困再生产及治理研究”（18BMZ122）的资助。

图书在版编目(CIP)数据

教育与中国农村减贫 / 李强谊著. -- 北京 : 社会科学文献出版社, 2020.5
ISBN 978 - 7 - 5201 - 6637 - 9

Ⅰ.①教… Ⅱ.①李… Ⅲ.①教育事业 - 关系 - 扶贫 - 研究 - 中国 Ⅳ.①G52②F126

中国版本图书馆 CIP 数据核字(2020)第 078404 号

教育与中国农村减贫

著　　者 / 李强谊

出 版 人 / 谢寿光
组稿编辑 / 陈凤玲　田　康
责任编辑 / 田　康

出　　版 / 社会科学文献出版社 · 经济与管理分社 (010) 59367226
地址: 北京市北三环中路甲 29 号院华龙大厦　邮编: 100029
网址: www. ssap. com. cn
发　　行 / 市场营销中心 (010) 59367081　59367083
印　　装 / 三河市龙林印务有限公司

规　　格 / 开　本: 787mm × 1092mm　1/16
印　张: 17.25　字　数: 249 千字
版　　次 / 2020 年 5 月第 1 版　2020 年 5 月第 1 次印刷
书　　号 / ISBN 978 - 7 - 5201 - 6637 - 9
定　　价 / 88.00 元